应用型本科规划教材（经管类）

U0661453

国 际 商 法

主 编　刘建民　睢利萍　徐文捷

副主编　段宝玫　王红珊

上海交通大学出版社

内 容 提 要

本书为应用型本科规划教材(经管类)之一。

本书充分体现了应用型人才培养对国际商法知识与技能的要求,既阐述了国际商法基本理论,又着重实务知识与操作技能的训练。每章节内容以基础理论知识作为铺垫、引入实例讲解的方法,构建由浅入深、循序渐进的知识框架,突出国际商法专业理论的应用性和实务性。为方便读者学习,在每章中附有本章要点、拓展阅读(包括教学案例),以帮助读者完整、深入地理解各章内容,提高学生分析和解决问题的能力。在每章节后编写了经典案例和思考题供读者对整章的知识点的理解和巩固。本书在内容安排上力求岗位技术要求与职业资格证书考核标准的整合。

本书可以作为国际经济与贸易、工商管理、市场营销等专业以及英语、日语及俄语等语言专业的国际商法教材,对公司、企业从事国际贸易业务的工作人员也有一定参考价值。

图书在版编目(CIP)数据

国际商法/刘建民,睢利萍,徐文捷主编. —上海:上海交通大学出版社,2013
应用型本科规划教材.经管类
ISBN 978-7-313-09335-6

Ⅰ.国... Ⅱ.①刘...②睢...③徐... Ⅲ.国际商法—高等学校—教材 Ⅳ.D996.1

中国版本图书馆 CIP 数据核字(2012)第 293863 号

国 际 商 法

刘建民 睢利萍 徐文捷 **主编**

上海交通大学出版社出版发行

(上海市番禺路 951 号 邮政编码 200030)

电话:64071208 出版人:韩建民

上海颛辉印刷厂 印刷 全国新华书店经销

开本:787mm×960mm 1/16 印张:17.25 字数:324 千字

2013 年 1 月第 1 版 2013 年 1 月第 1 次印刷

印数:1~3 030

ISBN 978-7-313-09335-6/D 定价:38.00 元

前　言

国际商法以国际商事关系以及国际商事交往中的法律问题为研究对象，是综合性、专业性较强的法律学科。随着国际商法统一化及国际公、私法相互渗透等的发展趋势，经济全球化和商法统一化的进程在不断加快，为了顺应"以能力培养为本位、以行业发展为中心"的发展趋势，同时符合培养"应用型、复合型、创新型和国际化"专业人才的迫切需要，本书吸收了国际商法的最新研究成果，力图系统、全面、准确地介绍和阐述国际商法的基本理论、基本知识和主要制度。同时，力求选用典型案例帮助学生学习国际商法的相关知识。本书在内容设计上结合相关专业教学的实际需要，注重基本知识、基本原理的传授，并且尽可能与国际经济与贸易相关专业紧密结合，与国际经济与贸易相关专业所需要的岗位技能、职业资格证书考核紧密结合。

本书以国际贸易法律、法规和我国现代贸易政策为核心内容，系统地、完整地介绍了国际贸易及我国对外贸易管理的基本法律理论、基本知识、国际货物买卖的《公约》、国际商事活动的代理、国际货物运输与保险的规定、国际贸易支付的方式、国际产品责任、有关国际贸易管理的国际法律法规以及国际商事争端的处理方法等。在各个章节中穿插实例说明解释相关的法律条文和规范。课后根据章节的内容和体系，设计了相关的案例讨论和练习等。

本书是为应用型本科经济类专业开设国际商法课程而编写的教材，具有实用性和前瞻性。本教材突出以下特点：

(1) 突出介绍有关国际公约、国际贸易惯例和两大法系商事法律制度的基本知识，跟踪国际贸易惯例和各国商事法律制度的最新发展动态，剖析国际贸易争端案例。

(2) 注重实用性。突出实践教学环节及特点，在案例和练习的设计上，模拟实际工作环境，强化学生实践能力。突出职业能力和素质培养，提高教学效果，以满足国际商务实际工作的需要，构建通用能力、专业核心能力和专业方向能力的教材体系。

(3) 教材编写上采用总结归纳法，为了便于教师开展启发性教学模式，体现"案例主导"的教学理念，融入最新的、操作性较强的案例，对案例进行有效的分析。

　　本书由刘建民、睢利萍、徐文捷担任主编；段宝玫、王红珊担任副主编；参加编写的还有刘晋波、林沈节、刘琳、李峰、何爱华等。

　　由于水平限制，本书可能会出现错讹之处和不足部分，真诚希望批评和指正。

编　者

2012 年 11 月

目　　录

1 国际商法导论

⭐ **本章要点**

- 国际商法的概念
- 国际商法的渊源
- 国际条约和国际商事惯例的关系
- 大陆法系的概念及其主要特征
- 英美法系的概念及其主要特征

1.1 国际商法概述

1.1.1 国际商法的概念

国际商法指调整国际商事关系的法律规范的总称，或者说，它是调整国际商事交易和商事组织的各种法律规范的总称。

从事国际商事活动的主体应当是商事主体。所谓商事主体是指依照各国的法律具有商法上的权利和地位，参与商事法律关系，能够以自己的名义从事商业行为、承担义务与后果的组织和个人。所谓商事行为，是指以营利为目的的经营行为。国际商法应当是调整商事主体从事商事行为的法律规范。

在"国际商法"这一概念中，"国际"一词的含义并不是指"国家与国家之间"的意思，而是指"涉外或跨越国界"的意思。也就是说，国际商事法律关系，是一种涉外法律关系。具体而言，就是在法律关系构成诸要素中，至少有一个要素是涉外的。包括几种情形：①主体具有涉外性，也就是说在一个法律关系中的当事人具有不同的国籍或者具有不同的住所或作为组织机构的营业地处于不同的国家；②客体具有涉外性，也就是说在一个法律关系中的客体位于国外，客体可以是货币也可以是事物，可以是有形财产也可以是无形财产；③内容具有涉外性，也就是权利义务的产生、变更、终止的法律事实发生在国外。

随着当代国际经济贸易的发展，国际商法的调整对象已由传统商法研究的内容，扩展到国际技术转让、工业产权与专有技术许可贸易、国际投资、国际合作生产、国际融资、国际工程承包、国际租赁等领域中。随着科技的发展和全球化的深入，国际商事活动的内容会更趋多样，国际商法调整的范围也会愈加广泛。

需要注意的是，国际商法既不同于国际私法，也不同于国际经济法。传统的国际私法属于冲突法，其任务主要是为具有涉外因素的法律纠纷确定可以适用的准据法，而国际商法主要是实体法。国际商法也不同于国际经济法，两者在调整对象、调整方法和基本原则上存在着差异性，国际商法具有自身独有的法律属性，因此国内外部分学者主张将国际商法作为一个独立的法律部门加以研究。

拓展阅读

长期以来，国际商法包含在国际经济法或者国际私法学的学科体系中，是对国际商法自身属性认识不够，判断失误所致。事实上，由于新科技革命的发展，国际贸易的迅速增加和国际经济一体化格局的形成，国际商法从国际经济法或国际私法中分离出来，对不断发展的国际商事贸易活动进行独立的调整，是对现实诉求的回应；在理论上，国际商法有自己独立的调整对象、调整方法、基本原则，完全可以将之归结为一个独立的法律部门；同时，从国际商法起源、发展及根本目的来看，其成为一个独立的学科，是合乎逻辑的，有其正当性基础的。

(王敏. 国际商法独立性之刍议. 黑龙江省政法管理干部学院学报，2010，12)

1.1.2 国际商法的产生与发展

1.1.2.1 第一阶段

国际商法是随着国家之间的商事交往的产生而产生的。古罗马时代曾经制定过调整涉外商事关系的法律规范，但当时并没有独立的国际商法。国际商法的真正诞生发生于中世纪的意大利。当时意大利的一些港口城市贸易往来频繁，地中海地区成为了世界贸易的起源地并在那里产生了规范各国间贸易的一系列习惯规则，这些习惯规则对各国商事往来起到了重要的作用。此后又随之产生了商人法庭，依据这些习惯规则进行审判。这些商人法庭不是由法院的专职法官组成的，而是由商人自己组织起来的，包括如何适用法律做出解释和裁判，其性质类似于现代的国际商事仲裁机构。这些法律被称之为"商人法"或"商人习惯法"，其内容涉及商业合同、汇票、海商、破产等。

1.1.2.2 第二阶段

17 世纪后，随着欧洲中央集权国家的兴起，各国开始以立法的形式调整各种商事关系，纷纷将商法纳入到本国法律体系当中，使得商人法逐渐成为各国国内法的一部分。同时，商人法也逐渐失去了国际性和统一性。这一阶段的各国立法活动十分活跃，法国于1673年颁布了《商事条例》，于1681年颁布了《海事条例》，后于1807年制定了《法国商法典》；德国于1897年制定了《德国商法典》。这两部商法典成为了现代资本主义商法的典范。

一些大陆法系国家，如法国、德国、日本，在立法上采取民商分立的形式，把民法与商法分别编为两部独立的法典；而另一些大陆法系国家，如瑞士、荷兰、意大利，则采取民商合一的形式，把商法包含在民法典中，作为民法典的一部分。

英美法系国家商法的发展具有不同于大陆法系国家的特色。在英美法的历史上只有普通法(Common Law)和衡平法(Equity Law)的区分，而无民法(Civil Law)与商法(Commercial Law)的区别。在英国，早在18世纪中期，英国首席法官曼斯费尔特便将商人习惯法吸收进了普通法体系中，成为普通法的重要组成部分。因此，在英美法系国家不存在独立的商法。

1.1.2.3　第三阶段

第二次世界大战后，商法进入到一个新的发展阶段。随着各国之间的交往日益密切，国际经济的发展要求建立统一的国际商法以提供一个统一的商事活动规范。经过各国政府间国际组织和非政府国际组织的努力，20世纪以来，国际组织发起了一系列国际商事统一立法的活动。其中最有影响的是联合国国际贸易法委员会(United Nations Commission on International Trade Law，UNCITRAL)、国际商会(The International Chamber of Commerce，ICC)和国际统一私法协会(International Institute for the Unification of Private，UNIDROIT)。

1) 联合国国际贸易法委员会(UNCITRAL)。于1966年由联合国大会设立，中国是其成员国之一。大会在设立贸易法委员会时承认，各国的国际贸易法律存在差异，给贸易流通造成了障碍，因此，大会把贸易法委员会视作联合国可借此对减少或消除这些障碍发挥更积极作用的工具。大会赋予贸易法委员会促进国际贸易法逐步协调和统一的总任务。贸易法委员会自此成为联合国系统在国际贸易法领域的核心法律机构。贸易法委员会由大会选出的60个成员国组成，成员的构成代表了世界各个不同地理区域及其主要经济和法律体系。委员会成员选举产生，任期6年，每3年半数成员任期届满。

贸易法委员会在年会上进行工作，年会每年轮流在纽约联合国总部和维也纳国际中心举行。委员会各工作组一般每年举行一届或两届会议，视讨论的主题而定，工作组届会也轮流在纽约和维也纳举行。除成员国以外，还邀请所有非委员会成员的国家以及有关国际组织作为观察员出席委员会及其工作组的届会。观察员可与成员一样参与委员会及其工作组届会的讨论。贸易法委员会设立了 6 个工作组就委员会工作计划中的专题进行实质性筹备工作。每一工作组由委员会的全体成员国组成。

拓展阅读

联合国国际贸易法委员会通过的法规主要包括国际商事仲裁和调解、国际货物销售、担保权益、破产、国际支付、国际货物运输、电子商务、采购和基础设施发展这几个方面。

(1) 国际商事仲裁和调解方面，主要的立法文件有：

2006 年——承认及执行外国仲裁裁决公约。

2002 年——贸易法委员会国际商事调解示范法。

1996 年——贸易法委员会关于安排仲裁程序的说明。

1985 年——贸易法委员会国际商事仲裁示范法 (2006 年修订)。

1982 年——关于协助仲裁庭和其他有关机构根据贸易法委员会仲裁规则进行仲裁的建议。

1980 年——贸易法委员会调解规则。

1976 年——贸易法委员会仲裁规则。

1958 年——承认和执行外国仲裁裁决公约。

(2) 国际货物销售及有关交易方面，主要的立法文件有：

1992 年——贸易法委员会国际对销贸易交易法律指南。

1983 年——关于因未能履行义务而应付约定款项的合同条款的统一规则。

1980 年——联合国国际货物销售合同公约。

1974 年——国际货物销售时效期限公约。

(3) 担保权益方面，主要的立法文件有：

2000 年——贸易法委员会立法指南(关于知识产权担保权益的补编)。

2007 年——担保交易立法指南草案。

2001 年——联合国国际贸易应收款转让公约。

(4) 破产方面，主要的立法文件有：

2004 年——破产法立法指南。

1997 年——联合国贸易法委员会跨国界破产示范法。

(5) 国际支付方面，主要的立法文件有：

1995 年——联合国独立担保和备用信用证公约。

1992 年——贸易法委员会国际贷记划拨示范法。

1988 年——联合国国际汇票和国际本票公约。

（6）国际货物运输方面，主要的立法文件有：

2008 年——联合国全程或部分海上国际货物运输合同公约（鹿特丹规则）。

1991 年——联合国国际贸易运输港站经营人赔偿责任公约。

1982 年——记账单位条款和关于国际运输和赔偿责任公约中赔偿责任限额调整的条款。

1978 年——联合国海上货物运输公约（汉堡规则）。

（7）电子商务方面，主要的立法文件有：

2007 年——增进对电子商务的信心：国际使用电子认证和签名方法的法律问题。

2005 年——联合国国际合同使用电子通信公约。

2001 年——贸易法委员会电子签名示范法及立法指南。

1996 年——贸易法委员会电子商务示范法及立法指南，附 1998 年通过的附加第 5 条之二。

1985 年——关于电脑记录法律价值的建议。

（8）采购和基础设施发展方面，主要的立法文件有：

2003 年——贸易法委员会私人融资基础设施项目示范立法条文。

2000 年——贸易法委员会私人融资基础设施项目立法指南。

1994 年——贸易法委员会货物、工程和服务采购示范法。

1993 年——贸易法委员会货物和工程采购示范法。

1987 年——贸易法委员会关于起草建造工厂国际合同的法律指南。

2）国际商会（ICC）。国际商会成立于 1919 年，发展至今已拥有来自 130 多个国家的成员公司和协会，是全球唯一的代表所有企业的权威代言机构。国际商会属下的国际仲裁法庭是全球最高的仲裁机构，它为解决国际贸易争议起着重大的作用。国际商会是为世界商业服务的非政府间组织，是联合国等政府间组织的咨询机构。国际商会于 1919 年在美国发起，1920 年正式成立，其总部设在法国巴黎。国际商会目前在 83 个国家设有国家委员会，拥有来自 140 个国家的 8 000 多家会员公司和会员协会。这些会员多是各国和地区从事国际经贸活动的中坚企业和组织。

国际商会的宗旨是：在经济和法律领域里，以有效的行动促进国际贸易和投资的发展。其工作方式为：制订国际经贸领域的规则、惯例并向全世界商界推广；与各国政府以及国际组织对话，以求创造一个利于自由企业、自由贸易、自由竞争的国际环境；促进会员之间的经贸合作，并向全世界商界提供实际的服务等。

国际商会通过其下设的十几个专业委员会和数十个工作组，制定许多国际商业领域的规则和惯例，如国际贸易术语、国际贸易结算规则等，为全世界广泛采用。国际商会是联合国的重要对话伙伴，并与其他许多重要的国际组织，如世界贸易组织、欧盟、经合组织、西方七国集团等，保持着密切的关系，对这些组织在制定有关国际商业的政策时有着重要的影响。国际商会为广大商界提供的实际服务如仲裁、临时进口单证系统、贸易信息网等，极大地便利了商界的国际经贸实务操作。

1994 年 11 月 8 日，国际商会在巴黎举行的第 168 次理事会会议上通过决议，接纳中国加入国际商会并成立国际商会中国国家委员会(ICC CHINA)。1995 年 1 月 1 日，由中国贸促会牵头组建的 ICC CHINA 正式宣告成立。国际商会在以下几个方面制定相关的政策：反腐败、仲裁、银行技巧与实务、生物技术、社会商业、经济法律及实务、竞争竞赛、金融服务与保险、知识产权、海关与贸易立法、电子商务和电信、经济政策、环境与能源、营销与广告、税务、贸易与投资政策、交通与物流。

3) 国际统一私法协会(UNIDROIT)。国际统一私法协会是一个专门从事私法统一的政府间国际组织，成立于 1926 年，总部设在意大利的罗马，宗旨是统一和协调不同国家和国际区域之间的私法规则，并促进这些私法规则的逐渐采用。国际统一私法协会有 59 个会员国，中国于 1985 年 7 月 23 日正式接受该协会章程，并从 1986 年 1 月 1 日起正式成为其会员国。协会自成立至今已经完成了 70 多项研究和立法工作，涉及的领域主要有：有关货物买卖的法律、信贷法、货物运输法、与民事责任有关的法律、程序法和旅游法。国际统一私法协会制定的国际商事公约主要有：《关于国际货物销售合同成立的统一法公约》(1964 年)、《关于国际货物销售的统一法公约》(1964 年)、《旅游合同国际公约》(1970 年)、《国际票据格式统一法公约》(1973 年)、《国际货物销售代理公约》(1983 年)、《融资租赁公约》(1988 年)、《国际保付代理公约》(1988 年)、《国际商事合同通则》(1994 年)。

1.1.3　国际商法的渊源

法律渊源是指法律的表现形式，国际商法的渊源主要包括国际条约和国际惯例，各国的国内法对于国际商法而言只是一个补充。

1.1.3.1　国际条约

国际条约是国家间关于权利义务的协议文件的总称，根据 1969 年《维也纳条约法公约》第 2 条第 1 款(甲)规定："称'条约'者，为国家间所缔结而以国际法为准之国际书面协定，不论其载于一项单独文书或两项以上之单独文书内，亦不论其特点名称为何。"各国缔结的有关国际商业和贸易的国际条约或公约是统一的国际商法的重要渊源。国际商法中比较重要的条约很大一部分是由联合国国际贸易法委员会起草通过的。联合国国际贸易法委员会负责起草的国际贸易统一法的主要文件有：1980 年《联合国国际货物销售合同公约》、1978 年《联合国海上货物运输公约》(汉堡规则)、1974 年《国际货物买卖时效公约》等。下面具体介绍一下几个比较重要的国际条约及其主要内容：

1974 年 6 月 12 日通过的《联合国国际货物销售时效期限公约》，确立了关于必须提起国际销售合同所产生的法律诉讼的时限的统一规则。1980 年外交会议通过的一项议定书对公约做了修正，在这次外交会议上通过了《联合国国际货物销售合同公约》，以统一这两项公约。原公约和经议定书修正的公约均于 1988 年 8 月 1 日生效。

1978 年 3 月 31 日通过的《联合国国际海上货物运输公约》(汉堡规则)，确立了关于托运人、承运人和收货人在海上货物运输合同下的权利和义务的统一法律制度。该公约是应发展中国家要求拟订的，各国对公约的通过得到一些政府间组织的赞同，比如贸发会议、亚非法律协商委员会和美洲国家组织。《联合国国际海上货物运输公约》于 1992 年 11 月 1 日生效。

1980 年 4 月 11 日通过的《联合国国际货物销售合同公约》，确立了关于订立国际货物销售合同、买卖双方义务、违约的补救措施以及合同的其他方面的一整套法律行为规则。《联合国国际货物销售合同公约》于 1988 年 1 月 1 日生效。

1988 年 12 月 9 日通过的《联合国国际汇票和国际本票公约》，旨在消除国际支付所用票据中现有的重大不一致和不确定之处。对于当事方使用的可转让票据的特定形式可表明该票据受贸易法委员会管辖的情形适用《联合国国际汇票和国际本票公约》。

2001 年 12 月 12 日通过的《联合国国际贸易应收款转让公约》，主要目的是通过便利更多地获得低成本信贷，促进货物和服务的跨国界流动。

2005 年 11 月 23 日通过的《联合国国际合同使用电子通信公约》，宗旨是在对国际合同使用电子通信的情形中增强法律确定性和商业可预见性。公约处理的问题包括如何确定一方当事人在电子环境中的所在地；电子通信的收发时间和地点；使用自动信息系统订立合同；确立电子通信和纸面文件(包括"原始"纸面文件)以及电子认证方法和手写签名功能上等同所使用的标准。

1.1.3.2 国际惯例

国际惯例是指在长期的国际商事活动中形成的并被普遍接受和遵循的习惯性规范。国际惯例属于任意性规范，只有当事人自愿采用时才对当事人产生效力，当事人还可以对其进行变更或补充。国际惯例与国际条约的强制力区别已渐渐在淡化，采用国际惯例已经成为国际上的一种普遍趋势。

国际惯例在适用的时候可以分为间接适用和直接适用。间接适用是指通过当事人的协议选择适用国际商事惯例而间接取得法律约束力,通常国际商事惯例因法院地国或仲裁地国承认当事人的选择而被间接地赋予法律效力。它是国际商事惯例取得法律效力的最主要途径。直接适用是指不以当事人协议选择适用为条件而是直接通过国内立法或国际条约赋予国际商事惯例以法律约束力。国际商会(ICC)在统一国际商业惯例方面起着重要的作用,由它负责制定的主要国际贸易惯例有:《国际贸易术语解释通则》(International Rules for the Interpretation of Trade Terms,INCOTERMS)、《跟单信用证统一惯例》(Uniform Customs and Practice for Documentary Credits)、《托收统一规则》(The Uniform Rules for Collection,ICC Publication No.322)等。下面简要介绍几个比较重要的国际惯例及其主要内容:

《国际贸易术语解释通则》是国际商会为统一各种贸易术语的不同解释于1936年制定的,随后,国际商会先后于1953年、1967年、1976年、1980年和1990年进行过多次修订和补充。1999年,国际商会广泛征求意见,对实行60多年的通则进行了全面的回顾与总结,再次对《国际贸易术语解释通则》进行修订,并于1999年7月公布《2000年国际贸易术语解释通则》(简称《INCOTERMS 2000》或《2000年通则》),于2000年1月1日起生效。

《跟单信用证统一惯例》是国际商会为明确信用证有关当事人的权利、责任、付款的定义和术语,减少因解释不同而引起各有关当事人之间的争议和纠纷,调和各有关当事人之间的矛盾,于1930年拟订一套《商业跟单信用证统一惯例》(Uniform Customs and Practice for Commercial Documentary Credits),并于1933年正式公布。以后随着国际贸易变化,国际商会分别在1951年、1962年、1974年、1978年、1983年、1993年进行了多次修订,称为《跟单信用证统一惯例》,被各国银行和贸易界所广泛采用,已成为信用证业务的国际惯例。现行的是1993年版本,称为《国际商会第500号出版物》(简称《UCP 500》),并于1994年1月1日实行。《UCP 500》共49条,包括:总则和定义、信用证的形式和通知、责任与义务、单据、杂项规定、可转让信用证和款项让渡等七个部分。各条款规定了各当事方的责任范畴。

《托收统一规则》是国际商会为统一托收业务的做法,减少托收业务各有关当事人可能产生的矛盾和纠纷,曾于1958年草拟《商业单据托收统一规则》。1978年对该规则进行了修订,改名为《托收统一规则》;1995年再次修订,称为《托收统一规则国际商会第522号出版物》(简称《URC 522》),1996年1月1日实施。《URC 522》自公布实施以来,被各国银行所采用,已成为托收业务的国际惯例。《URC 522》共7部分,共26条,包括:总则;定义、托收的形式和结构;提示方式;义务与责任;付款;利息、手续费及其他费用;其他规定。规则中所涉及的金融单据是指汇票、本票、支票或其他用于付款或款项的类似凭证;商业单据是指发票、运输单据、物权单据或其他类似单据，或除金融单据之外的任何其他单据。

1.1.3.3　各国国内法

除了国际法以外，各国的国内法中仍保留了一部分涉外商事立法，但这部分立法与国际法相比只能起到一个补充的作用。尽管已有了国际法，有些国家仍然不愿放弃对国际商事活动的立法权，仍习惯用国内法的方式来确认这些国际法。尽管如此，为了效率，绝大多数国家现在已经很少在商事领域适用国际、国内两套不同的法律。当然，国际商事法律关系涉及面广泛而细微，仅靠国际条约和惯例在涉及基础性问题时难免显得不足，因此，国内法仍然是国际商法的一大重要渊源。

通过国内立法赋予直接法律效力的有以下实例：《日本商法典》第 1 条规定：关于商事，本法无规定者，适用商习惯法，无商习惯法，适用民法。《瑞士民法典》第 1 条规定：本法无相应规定时，法官应依据惯例。我国《民法通则》第 142 条第 3 款以及《海商法》第 268 条都规定，我国法律和我国缔结或参加的国际条约没有规定的，可以适用国际惯例。此外，美国《统一商法典》明确规定采用国际贸易中普遍承认的原则和惯例。特别是，西班牙和伊拉克已将《国际贸易术语解释通则》全盘移植到其国内法中，赋予其国内法上的普遍约束力。国际条约确认直接法律效力的实例有：1964 年《国际货物买卖统一法》第 9 条第 2 款撇开当事人的协议，直接认可惯例的约束力："当事人还须受一般人在同样情况下认为应适用于契约的惯例的约束。"1980 年《联合国际货物销售合同公约》第 8 条第 3 款规定："在确定一方当事人的意旨或一个通情达理的人应有的理解时，应适当地考虑到当事人之间确立的任何习惯做法、惯例和当事人其后的任何行为。"从而直接认可了国际商事惯例的效力。

■ **拓展阅读**

国际商事条约和国际商事惯例是国际商法的主要渊源，但两者作为国际商法渊源各有其利弊。国际商事条约的一些内容往往是对国际商事习惯和惯例的编纂，但国际商事习惯和惯例并不因为被编纂就消失了。相反，在作为国际商事条约的一部分而被编纂的国际商事习惯和惯例对缔约国具有确定的约束力的同时，国际商事习惯和惯例对非缔约国仍然具有约束力。这样，国际商事条约也往往同时具有成文的国际商事习惯和惯例的作用。因此，法院和仲裁机构在处理国际商事纠纷时应注意区分国际商事条约中的规定哪些是对国际商事习惯和惯例的编纂，哪些是新发展的规则，从而决定国际商事条约对非缔约国是否适用。

在一个具体的商事案件中，国际商事条约和国际商事惯例的适用因国际商事条约的性质不同而有所不同。如果国际商事条约是像《海牙规则》那样的强制性条约，则应优先于国际商事习惯和惯例的适用，因为它反映了缔约国共同同意的公共政策，应优先于任意性的国际商事习惯和惯例。但如果国际商事条约是像《联合国国际货物买卖合同公约》那样的任意性条约，则任意性的国际商事习惯和惯例(如 INCOTERMS2000、UCP500)应优先于条约适用，因为这些习惯和惯例往往就更为具体的事项做出规定，而且更能体现商人的实践和合理期待。

(左海聪. 国际商事条约和国际商事惯例的特点及相互关系[J]. 法学, 2007, 4)

1.2　世界两大法系

1.2.1　大陆法系

大陆法系(Civil Law Family)形成于欧洲大陆，一般是指以罗马法为基础而形成和发展起来的一个完整的法律体系。大陆法系的一大特征就是法典化，因此，也被称之为法典法系。大陆法系以法国和德国为代表，此外还包括意大利、比利时、西班牙、葡萄牙、奥地利、瑞士、荷兰等欧洲大陆国家，亚洲的日本、伊朗、印度尼西亚、泰国、土耳其和非洲的部分国家如刚果、卢旺达等，以及拉丁美洲国家，美国的路易斯安那州、加拿大的魁北克省和英国的苏格兰也属于大陆法系。

1.2.1.1　大陆法系的形成与发展

大陆法系起源于罗马法，罗马法是罗马奴隶制国家法律的总称。公元前 7 世纪以后，随着生产力的发展，诞生了私有制，罗马社会逐渐产生了奴隶主、奴隶以及平民阶层，平民为了争取权利同贵族进行了长期的斗争。公元前 6 世纪，罗马第六代国王赛尔维乌斯·图利乌斯开始了大规模的改革，废除了氏族部落，罗马奴隶制国家随之确立，罗马法随之诞生。

公元前 450 年罗马颁布了一部里程碑式的法律，标志着罗马法由习惯法向成文法发展，这就是《十二表法》。在这之前，法律没有固定形式，导致掌管法律的贵族可以任意解释欺压平民，平民为了反抗，要求制定成文法并公之于众。《十二表法》的篇目依次为传唤、审理、索债、家长权、继承和监护、所有权和占有、土地和房屋、私法、公法、宗教法、前五表的追补以及后五表的追补。《十二表法》是罗马第一部成文法，为罗马法以至大陆法系奠定了立法的思想基础。

在这之后，随着奴隶和平民愈演愈烈的反抗斗争，统治者为保护本阶级利益建立起了军事独裁政权，罗马进入帝国时期。罗马进入帝国时期后，罗马法发生了重大的变化：罗马法的体系由原来的单一的体系演变成了两个分支，即市民法(Jus civile)和万民法(Jus gentium)。所谓市民法是指适用于罗马公民的罗马国家内部的私法，以《十二表法》为基础的法律体系。万民法原意为"各民族共有的法律"，是由罗马国家机关制定的用于对市民法做出补充的法律。

公元1到2世纪是罗马帝国兴盛时期，罗马法学家层出不穷，活跃在罗马法的舞台上，并诞生了罗马的五大法学家，他们分别是盖尤斯、伯比尼安、保罗士、乌尔比安、莫迪斯蒂努斯。公元3世纪以后，罗马法进入了全面整理和系统编纂时期，东罗马皇帝优士丁尼成立了法典编纂委员会进行法典编纂工作，先后完成了三部法律汇编，分别是《优士丁尼法典》、《优士丁尼法学总论》(又名《法学阶梯》)、《优士丁尼学说汇纂》(又名《法学汇编》)，优士丁尼死后，法学家将他生前颁布的敕令汇编成了一部法典称为《优士丁尼新律》(简称《新律》)。这四部法律汇编统称为《国法大全》，《国法大全》的问世标志着罗马法已经发展到了最发达、最完备的阶段。

罗马法的整个发展历程为大陆法系的形成与发展奠定了基调，进入资本主义时期，欧洲各国的立法活动均以罗马法为蓝本并深受罗马法的影响。大陆法系不仅继承了罗马法成文法典的传统，还继承了罗马法的体系、概念和术语。大陆法系国家的法律都是以《国法大全》为指导的，例如，《法国民法典》以《法学阶梯》为蓝本，《德国民法典》以《学说汇纂》为模式。

1.2.1.2 大陆法系的结构

大陆法系的一大特点就是源自罗马法的法典编纂活动，大陆法系尤其强调成文法的作用。所谓成文法又称制定法，是指经过专门的立法机构依据立法程序制定并公布施行的法条形式的法。在此基础上，大陆法系尤其注重立法语言的逻辑性、内容的条理性、立法的系统性。

大陆法系的又一特点就是将全部法律划分为公法和私法两类，并且重视实体法与程序法的区分。私法包括调整包括所有权、债权、家庭与继承在内的民法、商法等。公法则被细分为宪法、行政法、刑法、诉讼法和国际公法。

1.2.1.3 大陆法系的渊源

大陆法系注重法典的编纂。后来广泛在大陆法系国家内制定的法典、成文法律和条例等成为了大陆法的重要渊源，而法院的判例这一英美法系的主要法律渊源则被排除在外，大陆法系国家基本上不承认判例具有法律约束力，只对立法活动提供一些参考价值。

1.2.1.4　大陆法系各国的法院组织

大陆法系各国的法院基本分成三级，即一审法院、上诉法院和最高法院。一审法院根据诉讼的金额、地区、内容的不同而设立。有的国家还有专门法院，专门审理某一领域的案件。上诉法院是审理不服一审法院裁判的案件而设立的。最高法院是整个审判系统的最高机构。此外，还有与普通法院并行的行政法院，例如德国、法国均设立行政法院，专门审理行政诉讼案件。

1.2.2　英美法系

英美法系(Common Law Family)又称普通法法系。是指以英国普通法为基础发展起来的法律的总称。它首先产生于英国，自 17 世纪英国开始对外进行殖民扩张以后，英国法也随之在英国国外传播。后扩大到曾经是英国殖民地、附属国的许多国家和地区，包括美国、加拿大、印度、巴基斯坦、孟加拉、马来西亚、新加坡、澳大利亚、新西兰以及非洲的个别国家和地区。香港和大多数英联邦国家包括开曼群岛、英属维尔京群岛都普遍属于英美法系。英国是普通法系的发源地，英美国家的许多重要法律制度都源自英国。英国法律的发展过程十分缓和平稳，很少急剧变化或中断。

1.2.2.1　英美法系的形成与发展

1) 英国法的形成与发展。英国法的源头可以追溯到盎格鲁·撒克逊时代，自 5 世纪中叶起，盎格鲁·撒克逊等日耳曼部落逐渐从欧洲大陆侵入不列颠群岛，其部落原有习惯相应演变为习惯法。英国法的真正历史被认为开始于诺曼征服，因为 1066 年的诺曼征服对英国法律的发展产生了深刻影响。诺曼征服以前，不列颠基本上处于割据状态，缺乏统一的司法体系。诺曼征服后建立了诺曼王朝，加强中央集权制，建立并完善皇家司法机构，逐渐建立起了统一的封建法律体系。由此，逐渐形成了英国法的三大渊源：普通法、衡平法和制定法。在此之后，英国法发展缓和平稳，很少发生实质性的变化。诺曼征服以后，威廉一世宣布盎格鲁·撒克逊习惯法继续有效，保留诺曼征服前英国的一些古老的法院，这些法院仍旧适用各地的习惯法。同时，他也把在诺曼底统治时期的做法带入了英国。要求法院根据国王的令状并以国王的名义进行审判。亨利二世统治时期对英国的司法体制进行了重大的改革，将巡回审判变成一种永久的定期的制度，创立了陪审团制度。巡回法官们在各地陪审团的帮助下熟悉人文环境，了解案情，又熟悉各地的习惯法。他们回来之后，一起讨论案件、交换意见并承认彼此的判决，并在以后的审判中加以适用。这就形成了以归纳性思维为特征的普通法。

衡平法是英国 14 世纪前后由大法官的审判实践发展起来的一套司法体系。衡平法的出现原因在于弥补普通法的缺陷。普通法因为要求采用令状才能诉讼，所以，原告只有申请到合适的令状才能在普通法院起诉，令状是大法官以国王的名义发出的要求某人履行某种行为的命令。13 世纪后半期之前，大法官发布的令状可以是任何形式和内容的，但是 13 世纪后半期之后，开始不允许大法官发布新的令状，只能在原有的令状的范围内继续沿用，并且把所有的现存的令状加以固定。但是这种固化的僵硬的令状很快就不能适应社会的发展，许多诉讼因为没有相对应的令状而不被受理。于是，人们按照原有的习惯在得不到公正时，开始直接向国王请求裁决。国王于是委托大法官在普通法体系外，仅用公平、正义的原则处理这些案件，不实行陪审制也不适用普通法诉讼形式。到 15 世纪，大法官及其助手们正式形成了衡平法院，即大法官法院，并创设出了一系列衡平法规则，形成了一个独立的衡平法律体系。

制定法是英国法的第三大渊源。制定法是由享有立法权的国家机关以明文颁布的法律。英国封建时代享有立法权的主要是国王，13 世纪后作为等级代表机关的国会成立后也分享了部分立法权。之后国会为了各等级的人的利益开始不断与国王争夺立法权并最终以国会胜利告终。国王的权力受到了限制，非经法律程序不得任意地限制或剥夺自由民的人身和财产。由于阶层不同，同由国会代表的贵族和平民经常分开集会，于是国会开始分为上下两院。随着国会地位的上升，国会的立法权不断加强，并使得制定法成为了第三大法律渊源。

2) 美国法的形成与发展。美洲大陆原来是印第安人生活的大陆，1492 年意大利航海家哥伦布发现了美洲大陆后，欧洲殖民者对北美展开了激烈的争夺。1772 年英国战胜其他殖民者在美洲建立起了 13 个殖民地，它们就是美国的前身。殖民地原先十分抵触英国法，但随着英殖民者势力的增强，18 世纪中叶，英国法在北美殖民地取得了支配地位。独立战争后，美国人民强烈抵制英国法的适用。《独立宣言》和《美利坚合众国宪法》颁布后美国掀起了一场改革法律、编纂法典的强大运动，编制了众多的法典，试图朝着罗马日尔曼法系靠拢。但是随着矛盾的日益缓和以及英美国家语言、习惯等方面的渊源关系，美国法最终还是从最初对英国普通法的排斥转为对其加以吸收和改造，并最终形成了适应美国社会发展的法律形式和观念。可以说，美国法是英国普通法的美国化，美国法保留了普通法的精髓，成为普通法系的重要组成部分。

1.2.2.2 英美法系的结构

英美法系采取普通法与衡平法两套体系。普通法有两种救济方法：一种是金钱赔偿，另一种是返还财产。衡平法发展出了新的救济方法，包括实际履行、禁令。普通法法院有陪审团制度，采取口头审理方式。衡平法院不设陪审团，采取书面诉讼程序。1875 年，法院组织法颁布，取消了原先的两种法院平行存在的现状，将普通法法院与衡平法法院合并在一起，由同一个法院适用普通法和衡平法诉讼程序。

1.2.2.3 英美法系的渊源

1) 判例法(case law)。这是英美法系国家首要重要的法律渊源。它源自普通法的一个重要原则——遵循先例(Doctrine of Precedent)。这一原则包含下列内容：

(1) 英国普通法院在适用判例法时的表现。包括：①上议院的判决具有法律约束力，对全国的审判机关具有约束力；②上诉法院的判决对所有下级法院具有约束力，且其本身也应遵循自己先前做出的判决；③高级法院的判决对所有下级法院具有约束力，但对其自身无约束力；④所有下级法院均受高级法院判决的约束力，但对自身做出的判决没有约束力，其判决对其他任何法院也不具有约束力。因此只有上议院、上诉法院和高级法院的判例才会产生约束力。

(2) 美国法院在适用判例法时的表现。包括：①州的上级法院判决对下级法院具有约束力，州的最高法院判决对所有下级法院具有约束力；②联邦法院在审理联邦法案件时，上级联邦法院判例对下级联邦法院具有约束力，美国最高法院判例对下级联邦法院均具有约束力；联邦法院在审理涉及州法的案例时，受到相应的州法院判例的约束力；③联邦和州的最高法院不受自身先前做出的判决的约束。

2) 成文法(statute law)。成文法在英美法系国家的作用目前正在变得越来越重要。现代英美法系制定法的渊源主要包括三方面：欧洲联盟法、国会立法、委托立法。欧盟法的渊源既包括制定法也包括判例法，制定法包括各成员国签署的国际条约和欧盟立法机构制定的各种法规；判例法是欧洲法院依据欧盟法做出的判决。国会立法历史长远，是英国最重要的制定法，国会所颁布的制定法数量多，规范最基础和重要的社会领域。委托立法又称附属立法，是指国会将特定的立法权委托给原本没有立法权的政府机关或其他机构团体立法。被委托的机关不得超出委托授权的范围进行立法，而且仍需受到国会的监督。美国除了国会立法外，各行政机关的委托立法也是一大重要来源，例如"联邦贸易委员会"、"洲际贸易委员会"等行政机关的立法活动相当活跃和重要。

1.2.2.4 英美法系国家的法院组织体系

1) 英国的法院组织体系。英国的法院分为高等法院和低等法院。高等法院分为高级法院(High Court of Justice)、王冠法院(Crown Court)和上诉法院(Court of Appeal)。高级法院一般采取独任制，王冠法院一般审理刑事案件，上诉法院审理不服一审的上诉案件。高级法院主要审理民商事案件，分为王座法庭和枢密大臣法庭，王座法庭是适用普通法的法庭，而枢密大臣法庭是适用衡平法的法庭。当事人一审可以起诉至高级法院和王冠法院，也可以直接诉至低等法院。低等法院包括郡法院(County Court)和治安法院(Magistrate Court)。郡法院负责审理民事案件，法官成为巡回法官；治安法院负责审理违反治安的轻微犯罪案件，法官称为治安法官。

2) 美国的法院组织体系。美国法院分为联邦法院和州法院。联邦法院分为地区法院(District Court)、上诉法院(U.S.Court of Appeal)、最高法院(U.S.Supreme Court)。地区法院分散在各州内，采取独任制，美国的州法院共有94所。上诉法院是对不服一审裁判的上诉案件的审理法院，上诉法院共有13所。最高法院是最高司法机关，设在华盛顿，由首席法官(Chief Justice)1人和助理法官(Associate Justice)8人组成。州法院是每个州自己的法院系统，各州的州法院设置不尽相同，州法院包含两个审级，即第一审法院和上诉审法院(Appellate Court)。第一审法院包括两类法院：有限管辖法院(Court of Limited Jurisdiction)，主要审理轻微的刑事案件和涉案金额较小的民事案件；以及普通管辖法院(General Jurisdiction Courts)，对一般普通的民事刑事案件具有管辖权。

1.2.3　两大法系的比较与发展趋势

1.2.3.1　两大法系的比较

两大法系在法律历史传统方面或者也可以说是它们两者在宏观方面的差别：

1) 在法律渊源传统方面，大陆法系以制定法为其主要法律渊源，判例一般不被作为正式法律渊源；而英美法系具有判例传统，判例法为其正式法律渊源，判例法在整个立法体系中具有绝对首要的地位。

2) 在法典编纂方面，大陆法系的基本法律一般采用系统的法典形式，法典化的程度很高。而英美法系一般不倾向法典形式，法典虽有但很少见。虽然也有部分的制定法，但制定法一般是单行的法律和法规，而非法典。

3) 在法律结构方面，大陆法系的基本结构是在公法和私法的分类基础上建立的，公法指调整公权力关系的法律，包括宪法、行政法、刑法以及诉讼法；私法是指调整私权利关系的法律，包括民法和商法。英美法系的基本结构是在普通法和衡平法的分类基础上建立的。普通法是12世纪前后由普通法院创设并建立起来的适用于遍领域的法律。衡平法是英国自 14 世纪末开始与普通法平行发展的、适用于民事案件的一种法律。衡平法是对普通法的补充规则，仅调整普通法不能调整的个别领域。衡平法给出了由于普通法这一"诉讼程序的奴隶"的刻板和救济方式的有限而难以获得"公允"的另一种解决途径，其目的是突破法律的僵硬实现真正的"公平"。

4) 在立法权方面，大陆法系国家的立法权和司法权界限明确，包括法官在内的司法机关没有创设法律的权力。英美法系司法系统分为普通法法院和衡平法法院，法官在判决案件时，可以依据现有的法律和判例，也可以推理出新的判例，上级法院做出的判决可以对下级法院产生约束力。

5) 在法律思维方面，大陆法系采取的是演绎法思维，也就是以现有的法律为基础，适用到每个独立的案件中去进行认定，将概括性的法条演绎到具体的案件中逐一适用，做出判决。英美法系采取的是归纳性思维，在具体的案件归纳出原则、原理和解释，适用到最恰当的个案中解决具体问题。在案件审理中再度归纳总结和发展产生出新的立法。

1.2.3.2　两大法系的发展趋势

随着社会的发展，大陆法系和英美法系都在经历着新的发展和变化，出现了两大法系相互移植、相互融合的趋势。大陆法系国家无视判例法的态度也在逐渐转变。例如，德国政府曾明确地宣布，联邦宪法法院的判决对下级法院有强制性约束力。英美法系也在逐步重视成文法的作用，无论是成文法的数量和作用都在与日俱增。欧盟立法、国会立法和委托立法都在不断展开。

对于大陆法系国家，其法律的产生本身就与判例密不可分，如最密切联系原则，就是由美国的两个经典案例 1954 年的"奥顿诉奥顿"(Auten V. Auten)案和 1963 年的"巴贝克诉杰克逊"(Babcock V. Jackson)案发展而来。在一些大陆法系国家，判例对于许多重要制度在本国的确立，也发挥了重要作用，以法国为例，1878 年法国最高法院审理"福尔果案"(Forgo case)后，反致制度即在法国得以确立下来，而 1878 年法国最高法院的"鲍富莱蒙诉比贝斯科"(Bauffremont V. Bibesco)案和 1922 年法国法院的"弗莱案"(Ferrai case)，则使法律规避制度得以确立并初步完善。事实上，在这些大陆法系国家，许多成文的国际私法规则就是直接由判例发展而来的。有的法国学者甚至认为，法国国际私法就是以《法国民法典》第 3 条为基础，并采用法院判例建立起来的。

对于英美法系国家，在加入了欧洲共同体后，欧共体法就成为了英国法一个组成部分，在某些领域国际法优先于国内法，这也使得英国法正在逐步地与大陆法系相融合。此外，英国和美国均在 19 世纪展开了大规模的立法编纂工作，美国颁布了《统一商法典》，并通过制定示范法的方式促使全国各州法律趋向一致。英国也先后颁布了包括《货物买卖法》在内的不少重要的制定法。

两大法系随着全球化的进程正在逐步地趋向统一，有关国际组织推出的一些国际法律文件以及一些国际性学术团体展开的探讨也都在朝着全球化和一体化的方向推进，反映出国际社会为协调两大法系的不同立法例、判例和学说所做出的有益尝试。

随着全球化进程的推进，许多国际组织起草的由各缔约国参加的国际条约都出现了将两大法系相关制度兼收并蓄的立法趋势，坚持互相尊重、求同存异的态度，取得各缔约国共同的认可和接受，这一趋势更加促使了两大法系的趋同与融合。在国际舞台上谋求共识、促进合作的世界各国也都愿意在立法上互相取长补短、不断创新，达到最终的统一与和谐。

本章小结

国际商法是调整国际商事交易和商事组织各种关系的法律规范的总称。国际商法的渊源包括调整商事关系的国际商事公约或条约，以及当事人自愿接受的国际商事惯例，也包括各国国内法中的冲突法规范和国际性规范。20 世纪以来，国际组织发起了一系列国际商事统一立法活动，其中最有影响的是联合国国际贸易法委员会(UNCITRAL)、国际商会(ICC)和国际统一私法协会(UNIDROIT)。在全球化的背景下，这些国际组织和机构不断影响各国国内法，使得大陆法系和英美法系各国立法活动表现出新的趋势和特征。

练习与思考

1) 简述国际商法的渊源。
2) 谈谈你对国际商法独立性的看法和认识。
3) 简述国际条约和国际商事惯例的相互关系。
4) 为什么说美国法律制度的发展是成文法与判例法相互作用的结果？
5) 在全球化的背景下，浅析国际商法的未来发展趋势。

2 合 同 法

2.1 合同法概述

合同是进行各种经济活动的基本法律形式，是从事一切商事交易活动必不可少的工具。在各国民法中，合同法往往占有很大的篇幅。法国民法典中涉及合同的条文有 1 000 余条，几乎占全部法典的 1/2。该法典还明文规定："依法成立的合同。对于订约双方当事人具有相当于法律的效力。"这足以说明，合同法在民商法律中的重要地位。

2.1.1 合同的基本概念

由于社会条件、传统等方面差异，世界各国对合同下的定义各有特点。我国《合同法》第 2 条第 1 款规定，本法所称合同是平等主体的自然人、法人、其他组织之间设立、变更、终止民事权利义务关系的协议。合同具有以下基本法律特征：

1) 合同是一种民事法律行为。民事法律行为是民事主体实施的能够引起民事权利和民事义务的产生、变更或终止的合法行为。合同作为民事法律行为，在本质上属于合法行为。只有在合同当事人所做出的意思表示是合法的、符合法律要求的情况下，合同才具有法律约束力，并应受到国家法律的保护。而如果当事人做出了违法的意思表示，即使达成协议，也不能产生合同的效力。

2) 合同主要是一种双方或多方当事人意思表示一致的民事法律行为。合同是双方或多方当事人意志的产物。合同当事人必须有共同一致的意思表示，意思表示一致即构成合意，合意是合同成立的一个标志。

3) 合同是当事人之间的一种债的关系。当事人订立合同以设立、变更或终止债权债务关系为目的和宗旨。尽管合同主要是债权债务关系的协议，但也不完全限于债权债务关系。

4) 当事人在合同关系中法律地位平等。合同是由平等主体的自然人、法人或其他组织所订立的，订立合同的主体在法律地位上是平等的，任何一方都不得将自己的意志强加给另一方。只有确立合同当事人的平等地位，才能使当事人在平等、自愿基础上进行协商，才能保证当事人在订立合同、履行合同时能够真实表达自己的意愿，使合同行为充分体现当事人的意志和经济利益。

应予说明的是，民事权利义务关系包括人身权、财产所有权、债权等。我国合同法规定，婚姻、收养、监护等有关身份关系的协议，不适用合同法，而适用其他法律的规定。

在大陆法系中，德国民法典用法律行为这个抽象的概念，把合同纳入法律行为的范畴。《德国民法典》第305条规定："依法律行为设定债务关系或变更法律关系的内容者，除法律另有规定外，应依当事人之间的合同。"按照大陆法学者的解释，所谓法律行为是指当事人间为了发生私法上的效果而进行的一种合法行为。法律行为包括意思表示和其他合法行为。例如，德国法认为动产转让就是由双方当事人的意思表示，加上由一方把动产交付给另一方的行为合成的。其中，意思表示是法律行为的基本要素，如果没有当事人的意思表示，就不可能成立合同。在意思表示这个概念中，又包含两个方面的内容：一个是当事人内在的意思，另一个是表示这种意思的行动，两者缺一不可。因为即使当人具有订立合同的意思，但如果他们不把这种内在的意思向对方表示出来，那么双方当事人仍然不能订立合同。

《法国民法典》没有法律行为这一抽象的概念，而是使用合意这个比较具体的概念，把合同作为一种合意，如在第1101条规定："合同是一人或数人对另一人或数人承担给付某物、作或不作某事的义务的一种合意。"这里所谓合意就是指当事人之间意思表示一致，即只有当事人间意思表示一致，合同才可以成立。

英美法国家对合同所下的定义与大陆法国家的定义有所不同。英美法强调合同的实质在于当事人所做出的许诺，而不仅是达成协议的事实。例如，美国《合同法重述》对合同作了如下定义："合同是一个许诺或一系列的许诺，对于违反这种许诺，法律给予救济，或者法律以某种方式承认履行这种许诺乃是一项义务。"按照英美法的理论，合同的要素是当事人所表示的许诺，但并不是一切许诺都可以成为合同，而是只有法律上认为有约束力的、在法律上能够强制执行的许诺，才能成为合同。英美法认为，法律上强制执行的是当事人所做出的许诺，而大陆法则认为，法律上强制执行的是当事人间的协议或合意。

尽管各国对合同的概念在理论上存在不少分歧。但实际上无论是英美法国家还是大陆法国家都把双方当事人的意思表示一致作为合同成立的要素。如果双方当事人不能达成协议，就不存在合同。在这一点上是没有实质性分歧的。

2.1.2　各国合同法的编制体例

合同法是指调整各种合同法律关系的法律规范的总称。合同法在民商法中占有非常重要的地位。由于法律传统等差异，不同国家法律的表现形式也存在区别。

2.1.2.1　大陆法系的合同法

在大陆法系国家，合同法是以成文法的形式出现的，如法国、德国、日本、意大利、瑞士等。他们的合同法一般在民法典或债务法典中。

大陆法国家的民法理论把合同作为产生"债"的原因之一，把合同的侵权行为、不当得利及无因管理等法律规范并列在一起，作为民法的一编，称为债务关系法或债编。例如，《法国民法典》把有关合同事项集中在第三卷中加以规定。该卷第三编的标题就是"合同或合意之债的一般规定"。其内容包括合同有效成立的条件、债的效果、债的种类、债的消灭等，这些都是属于合同法的一般原则。除此以外，该卷其后各编中再进一步对各种具体合同做出规定，其中包括买卖、互易、合伙、借贷、委任、保证等合同。《德国民法典》与《法国民法典》相比较有一个很大的特点，这就是《德国民法典》设有"总则"一编，它使用法律行为这一概念，把有关合同成立的共同性问题，在"总则"中加以规定。该法典第二编就是"债务关系法"，对因合同而产生的债的关系、债的消灭、债权让与、债务承担以及各种债务关系等作了规定。其中，各种债务关系一章，实上是合同法各论，分别对买卖、互易、赠与、使用租赁使用借贷、消费借贷、雇佣、承揽、居间、委任、寄托、信托、合伙等 18 种合同作了具体的规定。总的来说，《德国民法典》对合同的规定比较系统，逻辑性较强，结构也较严谨。

2.1.2.2　英美法系的合同法

在英美法国家，关于合同的法律原则主要包含在普通法中，这是几个世纪以来由法院以判例形式发展起来的判例法。在英美法系各国除印度以外，都没有一套系统的、成文的合同法。所以，英美法系的合同法主要是判例法、不成文法而不是成文法。虽然，英美等国也制订了一些有关某种具体合同的成文法，如英国《1893 年货物买卖法》、美国 1906 年《统一买卖法》和 20 世纪 50 年代制订的《统一商法典》等，但它们只是对货物买卖合同及其他一些有关的商事交易合同作了具体规定，至于合同法的基本原则、合同成立的各项规则等，仍须按照判例法所确定的规则来处理。

2.1.2.3 中国的合同法

我国实行改革开放政策以来，先后于 1981 年制定了经济合同法(并于 1993 年进行了修改)，1985 年制定了涉外经济合同法，1987 年制定了技术合同法。实践证明，这三部合同法对保护合同当事人的合法权益，维护社会经济秩序，促进社会主义现代化建设，发挥了重要作用。但是随着改革开放的不断深入，社会经济不断发展，这三部合同法已不能完全适应社会主义市场经济需要。1999 年 3 月 15 日第九届全国人大第二次会议通过了《中华人民共和国合同法》(以下简称《合同法》)，自 1999 年 10 月 1 日起施行。这标志着我国社会主义市场经济法律体系建设进入一个新的阶段。

2.1.3 《国际商事合同通则》

由于各国合同法的内容不统一，使各国在进行经济贸易往来时遇到许多法律上的障碍和不便。因此，从 20 世纪开始，就有一些国际组织从事统一各国合同法的工作。他们试图通过国家间的协商，制订出一套在国际上统一适用的合同法。他们所采取的步骤是首先从制订某种特定合同的统一法(如国际货物买卖合同公约)入手，在此基础上进而制定一部统一的国际商事合同法。例如，在销售代理、货物买卖、运输和票据等合同领域中已出现了有许多国家参加的国际公约。其中，联合国国际贸易法委员会制定并于 1988 年生效的《联合国国际货物销售合同公约》，是调整国际货物买卖合同关系的一个非常重要的国际商事法律规范。罗马统一国际私法研究所于 1980 年成立了一个工作班负责起草《国际商事合同通则》(Principles of International Commercial Contracts，以下简称《合同通则》)，经过 14 年坚持不懈的努力，历经多次反复讨论和修改，终于在 1994 年 5 月通过。《合同通则》在继承《国际货物销售合同公约》合理成分的基础上，进一步全面地确立了国际商事合同领域的各项法律原则，是国际合同法统一化进程中的又一重大成果。该通则尽可能地兼容了不同法律体系和不同社会文化背景的一些通用的法律原则，同时还总结和吸收了国际商事活动中广泛适用的惯例和最新立法成果，对今后国际贸易法的进一步统一具有重大和深远的意义。

2.1.3.1 《合同通则》的适用范围

通则是以一般规则的形式出现的，适用于所有的国际商事合同。此处的"国际", 是设想赋予其尽可能广义的解释, 包括合同当事人的营业地、惯常住所地在不同国家的情形, 以及合同含有国际因素的各种情形。至于"商事", 此处要求合同当事人有正式的"商人"身份或该交易具有商业性质, 将所谓的"消费者交易"排除在外。《合同通则》未对"商事"下明确的定义, 只是假定对"商事"合同概念应在尽可能广泛的意义上来理解, 以使它不仅包括提供或交换商品、服务的一般贸易交易, 还可包括其他类型的经济交易, 如投资和特许协议、技术许可协议、专业服务合同等等。在 1995 年结束的"关税与贸易总协定"乌拉圭回合多边贸易谈判中, 确立了国际贸易的最新概念——它除涵盖货物贸易之外, 还延伸到知识产权转让、投资和服务贸易。在上述领域交易而成立的合同, 除消费、赠予和援助性质的以外, 基本上都是国际商事合同, 都属于《合同通则》所调整的范围。由此可见,《合同通则》的适用范围非常广泛。

《合同通则》旨在为国际商事合同制定一般规则, 可用于解释或补充国际统一法的文件, 也可作为国内和国际立法的范本。《合同通则》不是一项国际性公约, 因而不需要国家政府参加的任何程序。各国当事人完全可依其自身意愿很方便的适用。而且, 当无法确定合同的适用法律对某一问题的相关规则时, 通则可对该问题提供解决办法。所以在国际商事合同领域, 通则适用的机会很多, 其对适用范围的定位开拓了非常广阔的空间, 有利于其作为合同法通用准则的推广和运用, 有利于推动世界范围合同法统一化的进程。

2.1.3.2　《合同通则》的内容与结构

通则分为前言和 7 个篇章, 共 109 条, 对合同法的各组成部分作了全面、明确的规定。在法律术语的表达上尽量采用无歧义的表述, 对许多条文规定附加注释并举例说明, 每个条文冠之以概括其内容的简短标题, 便于理解和记忆。

2.1.3.3　《合同通则》的总则

总则共含 10 个条文, 概括性地确立了基本原则等重要事项。

首先, 总则规定了国际商事领域中的三项基本原则:

1) 缔约自由原则。此原则在国际商事合同中具有极为重要的意义。通则第 1.1 条标题就是"缔约自由"。它明确规定:"当事人有权自由订立合同, 有权自由决定该合同的内容。"在当今世界, 经营者自由决定向谁供货或提供服务的权利, 以及自由地商定各项交易的贸易条件的可能性, 是开放的、市场为导向的、充满竞争的国际经济的基石。

2) 合同必须信守原则。通则第 1.3 条确定了合同法的另一项基本原则"合同必须信守"。此条条文是:"有效订立的合同对当事人均有约束力。当事人仅能根据合同条款或通过协议或根据通则的规定，修改或终止合同。"合同的约束性是建立在该合同有效成立的基础之上，它不受任何合同无效原因的影响。在对外经济贸易领域，中国一贯强调"重合同、守信用"，这与《合同通则》关于"合同必须信守"的基本原则是完全一致的。

3) 诚实信用和公平交易原则。通则在第 1.7 条确立了诚实信用和公平交易原则，而且特别规定"当事人不得排除或限制该义务"，强调此项属强制性规定。

另外，总则第 1.4 条确立了强制性规则优先的规则，即通则不得否定由主权国家自主制定的、或为履行国际公约而制定的、或被超国家所采纳的强制性规定。总则第 1.5 条规定，除另有规定外，当事人可排除本通则的适用，或者部分排除或修改本通则任何条款的效力。

2.2　合同的成立

2.2.1　关于合同成立的要件

合同是一种协议，但并非所有的协议都具有合同效力，只有具备了当事人意思表示一致、当事人具有签订合同的行为能力、合同内容必须合法、合同必须符合法律规定的形式要求、当事人的意思表示必须真实等基本要求的协议，才能使合同有效成立。同时，英美法中的对价和法国合同法中的约因也是必须要注意的。

对于合同的成立，各个国家法律均要求具备一定的条件。即所谓合同有效成立的要件，但各国具体要求不尽相同。综合起来，对合同有效成立的要件主要有以下几项。

2.2.1.1　通过要约和承诺达成合意

合意是合同成立的最基本的条件。当事人订立合同的过程是对合同内容进行协商的过程。各国法律一般都规定，当事人订立合同采取要约、承诺的方式。如果一方当事人向对方提出一项要约，而对方对该要约表示承诺，那就表明双方当事人之间意思表示一致，达成了一项具有法律约束力的合同。

2.2.1.2　对价与约因

对价是英美法系国家合同法中的一个重要概念，它是指合同一方为了从另一方得到某种权利、利益、利润或好处而付出的具有法律价值的代价，包括积极的作为和消极的不作为。通俗地讲，对价是对履行义务当事人一方的某种回报，主要是强调当事人之间必须存在"我给你是为了你给我"的关系。根据合同形式的不同，英美法将合同分为两类：一是签字蜡封的合同，由当事人签字、加盖印章并把它交付给对方即成立，无需任何对价。另一类为简式合同，包括口头合同和非签字蜡封的一般书面合同，这类合同必须要有对价，否则没有约束力。故英美法认为，"没有对价的许诺只是一件礼物；而为对价所做出的许诺则已构成一项合同。"一项有效的对价具有以下特点：

1) 合法性。法律所禁止的物与行为不能作为对价。对价既是合同成立的要件，又是合同的必要内容。因此，对价不合法将导致整个合同非法，从而使得合同无效。

2) 适时性。对价必须是待履行的对价或是已履行的对价，而不是过去的对价。对价在形式上可分为待支付的对价、已支付的对价、过去完成的对价三类。

所谓待履行的对价，是指双方当事人允诺在将来履行的对价。例如，双方当事人于某年 2 月签订了一项合同。其中规定卖方 4 月交货，买方于卖方交货时付款。在这个合同中，交货和付款都属于待履行的对价，都是有效的对价。

所谓已履行的对价，是指当事人中的一方以其作为要约或承诺的行动，已全部完成了他依据合同所承担的义务，只剩下对方未履行的义务。这有两种情况：一种是当事人一方的行为是作为要约做出的。例如，卖方主动向卖方发货，当买方接受货物时，买卖合同即告成立。但这时卖方已履行了交货义务，对此，买方有义务支付合理的价金。另一种情况是当事人一方的行为是作为承诺做出的。在这方面最常见的例子是悬赏广告。例如，某甲在报纸上刊登广告一则，许诺如有人找到他所丢失的物品将付给报酬若干英镑。若某乙见报后找到失物交还给甲，合同即告成立。某乙的行为就属于已履行的对价。某甲有义务付给约定的报酬。

所谓过去完成的对价，是指一方在对方做出允诺之前已全部履行完毕的对价。它不能作为对方后来做出的这项允诺的对价。英美法有一项原则，"过去的对价不是对价"。这通常是指某人过去曾为他人做过某些事情而使后者得到某种好处，后者为了表示感谢，允诺给予某种报答。但这项允诺是缺乏对价的，因为过去做过的事情不能作为现在这些允诺的对价。英美法认为，这种允诺是属于无偿的允诺，无偿的允诺除非是以签字蜡封式作成，否则是没有约束力的。

这里应当把已履行的对价与过去完成的对价加以区别，因为两者的法律效果是完全不同的。其区别主要在于：已履行的对价是在对方做出允诺时提供的，是以此作为换取对方允诺的对价。而过去完成的对价，是在对方做出允诺之前就已经完成了的，并不是以此来换取对方的允诺。例如，甲付给乙 500 英镑，乙答应为甲去巴黎做一笔交易。这里 500 英镑就是已履行的对价，因为，它是在乙允诺去巴黎时才交给他的。但如果乙未经与甲联系，自行跑到巴黎为甲做了一笔交易，回来后，甲为了报答乙所提供的服务，允诺给乙 500 英镑，这就属于过去完成的对价。因为乙所提供的服务是在甲表示接受并允诺给予报酬之前完成的。

3) 价值性。对价必须是为促使对方履行义务所付出的真实代价。即对价必须真实、有价。但对价并非完全等价。根据意思自治原则，多少价值为适当对价，一般由当事人自行决定。对价的价值与对方履行或将要履行的价值是否对等，是否合理适当，这是当事人自己的事。如甲许诺以 1 幢别墅交换乙的 1 辆轿车，只要交易双方达成合意，没有乘人之危，甲的许诺即构成有效对价，至于 1 幢别墅与 1 辆轿车是否价值相当，法律在所不问。

4) 对象性。对价必须来自受允诺人，因为允诺人履行义务将是受允诺人权利和利益的实现，而对价实质上是受允诺人对允诺人履行义务的回报。只有对某项允诺付出了对价的人，才能要求强制执行此项允诺。如根据双方合意 A 公司允诺并给付 B 公司 100 吨钢材后，A 公司就成为允诺人，就有权利从 B 公司取得对价(即货款)，而不能从其他主体那里得到这种对价回报；如果 B 公司拒绝给付对价，则 A 公司可要求有关部门强制执行。

5) 约定性。已存在义务及法定义务不能作为对价。已存在义务是指原来合同上已经存在的义务，不能作为一项新允诺的对价。法定义务指依照法律规定必须履行的义务，例如，很多国家法律规定，律师有为贫弱者提供法律援助的法定义务，律师据此所提供的法律服务则不构成对价。

所谓约因，是指当事人通过合同想要达到的最直接和最接近的目的。如买卖合同中，一方约因是以商品换取金钱，另一方约因则是以金钱换取商品；在劳动合同中，一方约因是以金钱换取劳务，另一方约因则是以劳务换取金钱。《法国民法典》第 1131 条规定："凡属无约因的债，基于错误约因或不法的约因的债，都不发生任何效力。"法国法把约因作为合同有效成立的要素之一。如果一项债的产生没有约因，或者其约因为法律所禁止，或者其约因违反善良风俗或公共秩序，都不能发生任何效力。但赠与合同是约因原则的例外，根据《法国民法典》第 931条规定，赠与合同应以通常合同的方式，在公证人前作成，并应在公证处留存合同的原本，否则赠与合同无效。正是由于赠与合同采用了特定的订立形式，加上赠与人的赠与意思表示，使其替代约因而成为合法有效的合同。

约因原则是法国合同法的一大特色，即使是同属于大陆法系的德国法也没有约因的相关规则。我国《合同法》既无对价又无约因的规定。

拓展阅读

英国法关于对价的原则已经不能适应当代社会经济生活的需要。为了适应当代商业发展的需要，美国《统一商法典》第 2.209 条明文规定，关于改变现存合同的协议，即使没有对价也具有约束力。此外，为了防止在某些情况下，由于缺乏对价而产生不公平的结果，还形成了一项所谓"不得自食诺言"的原则。其含义是，如允诺人在做出允诺时，应当合理地预料到受允诺入会信赖其允诺而做出某种实质性的行为放弃去做某种行为，并已在事实上引起了这种结果。只有强制执行该项允诺才能避免产生不公平的后果。那么即使该项允诺缺乏对价，亦应予以强制执行。这项原则是衡平法上的救济方法，是从向教堂捐款的案件中发展而来的。某甲答应捐赠 10 000 美元修建一座新教堂，教会信赖其允诺，开始筹建新教堂。后来某甲反悔。法院认为，此项允诺虽然没有对价，但仍具有拘束力。因为教会由于信赖某甲的允诺已经改变了它的地位，因此，某甲就不得否认自己所做的许诺。由此可见，英美法在对价的问题上正在逐渐演变之中，总的倾向是采取比较灵活的态度，以便使对价原则与现代商业的习惯做法相协调。

(参阅：冯大同. 国际商法[M]. 北京：对外经济贸易出版社，1991)

2.2.1.3　缔约能力

订立合同的能力包括权利能力和行为能力。权利能力是指当事人或代理人订立合同的资格，行为能力则是指当事人或代理人以自己的行为订立合同的资格。订立合同的当事人有自然人和法人，他们的订约能力是不同的。

1) 自然人的订约能力。各国法律对自然人的订约能力，都做出了具体的规定。就订约权利能力而言，自然人依法可以具有签订合同的权利能力，但未成年人、禁治产人或精神病患者的该项权利必须由其监护人代为行使。这里所谓的"禁治产人"，指被禁止本人治理自己财产的人，它是大陆法系国家对无行为能力人的一种称谓。就订约行为能力而言，未成年人、禁治产人或精神病患者一般为无订约行为能力人或限制订约行为能力人。无订约行为能力人所订立的合同不发生任何法律效力，限制订约行为能力人所订立的合同须取得法定代理人的追认，否则可被撤销。但世界各国法律对未成年人签署纯获利的合同，都认可其具有法律效力。

2) 法人的订约能力。各国法律一般规定，法人必须通过它授权的代理人才能订立合同，而且其活动范围不得超出公司章程的规定。如英国公司法在公司的行为能力问题上，强调公司行为不得越权，订约能力必须受公司章程支配，如果公司订立的合同超出了公司章程规定的目的，该合同在法律上是无效的。

2.2.1.4　合法性

订立合同的目的是为了生产某种法律上的效果，合同是合法行为，不是违法行为。因此，内容合法是合同产生法律效力的基本前提。因合同内容不合法而造成合同无效的情况有两种：一是合同违法，一是合同违反善良风俗和公共秩序或公共政策。所谓合同违法，是指合同的标的(如毒品)或合同所追求的目标(如唆使他人犯罪允诺报酬的合同)违反法律强制性规定。合同违反善良风俗和公共秩序，是大陆法国家的概念，即订立合同所追求的目标违背了道德准则和社会公共秩序。对此，一般由法院通过审判实践来确定。如赌博合同、限制人身自由合同、违背伦理合同等。违反公共政策的合同，是英美法国家的概念，是指损害公共利益，违反法律明确规定的政策或目标，或旨在妨碍公共健康、安全、道德以及一般社会福利的合同。如限制竞争合同、犯罪合同、损害社会道德的合同等。

2.2.1.5 合同形式

合同的形式多种多样，如书面形式、口头形式、默示形式或其他形式。一般情况下，各国法律并不干涉当事人对各种合同形式的自由选择。但是，为了严肃某些重要的社会关系，确保公正或防止欺诈，很多国家也规定，某些特殊类型的合同必须采用相应的特殊形式，否则无效或不能执行。如对于不动产交易所签订的合同，一般都必须采用书面形式，有些国家还规定了公证和过户程序，否则买方永远无法取得该项不动产的产权。在英国订立土地处置合同就必须采取书面形式。

2.2.1.6 意思表示必须真实

合同的有效成立是当事人双方合意的结果。有时，当事人在磋商时会出现意思表示错误、受欺诈或胁迫的情形，在此情形下即使双方当事人达成了协议，但这种合意并非真实的，并因此而导致合同无效或撤销。当事人意思表达不真实的情形主要有以下几种：

1) 错误。根据《国际商事合同通则》的规定，错误是指在合同订立时对已经存在的事实或法律所作的不正确的假设。并非所有的错误都一定导致合同无效，错误有大小之分，只有错误特别重大才会产生合同无效的法律后果。对于错误重大到何程度可导致合同无效，各国又有不同规定。如《国际商事合同通则》对"错误特别重大"的解释是：该错误以至于一个通情达理的人，处在与犯错误方的相同情况下，如果知道事实真相，就会按实质不同的条款订立合同，或根本不会订立合同。

2) 欺诈。一方当事人在订立合同之前，为了吸引订立合同而明知详情的情况下对重要事实作虚假性的说明，即为欺诈。欺诈行为是行为人意欲诱导对方犯错误并从中获益的行为。因此，如果一方当事人因对方当事人欺诈而订立了合同，受欺诈方可以宣告合同无效或撤销合同。英国法甚至规定，受欺诈方可以要求获得赔偿或直接拒绝履行合同义务。

3) 胁迫。这是指为使相对人陷于恐怖而预告危害的违法行为。人们受胁迫时所作的意思表示属于一种非自由的表达，不能产生法律上的意思表示的效果。因此，当事人一方因受另一方胁迫而订立的合同，受胁迫方可主张合同无效或撤销合同。《德国民法典》规定，受胁迫表意人得撤销其意思表示。《法国民法典》明确规定，因胁迫而签订的合同无效。英美法认为，受胁迫者不仅包括订约者本人，还包括订约当事人的丈夫、妻子或近亲属。《国际商事合同通则》认为，导致宣告合同无效的胁迫必须具有急迫性和严重性，此种胁迫致使受胁迫人没有其他合理选择余地时，即可宣告该合同无效。

🗻 拓展阅读

第 3.4 条　（错误的定义）

错误是指在合同订立时对已存在的事实或法律所做的不正确的假设。

第 3.5 条　（相关错误）

（1）一方当事人可宣布合同因错误无效，此错误在订立合同时如此之重大，以至于一个通情达理的人处在与犯错误之当事人的相同情况之下，如果知道事实真相，就会按实质不同的条款订立合同，或根本不会订立合同，并且：

（a）另一方当事人犯了相同的错误或造成此错误，或者另一方当事人知道或理应知道该错误，但却有悖于公平交易的合理商业标准，使错误方一直处于错误状态之中，或者

（b）在宣告合同无效时，另一方当事人尚未依其对合同的信赖行事。

（2）但是，一方当事人不可宣告合同无效，如果

（a）该当事人由于重大疏忽而犯此错误，或

（b）错误与某事实相连，而对于该事实发生错误的风险已被设想到，或考虑到相关情况，该错误的风险应当由错误方承担。

第 3.6 条　（表述或转达错误）

在表述或转达一项声明时发生的错误视为做出声明之人的错误。

第 3.7 条　（对不履行的救济）

一方当事人无权因错误宣告合同无效，如果该方当事人所信赖的情况表明对不履行可以或本来可以提供救济。

第 3.8 条　（欺诈）

一方当事人可宣布合同无效，如果其合同的订立是基于对方当事人的欺诈性陈述，包括语言、做法或对依据公平交易的合理商业标准，该对方当事人对应予披露的情况欺诈性地未予披露。

第 3.9 条　（胁迫）

一方当事人可宣布合同无效，如果其合同的订立是因另一方当事人的不正当之胁迫，而且考虑到在具体情况下，该胁迫如此急迫、严重到足以使该方当事人

无其他的合理选择。尤其是当使一方当事人受到胁迫的行为或不行为本身属非法，或者以其作为手段来获取合同的订立属非法时，均为不正当的胁迫。

第 3.10 条　（重大失衡）

(1) 如果在订立合同时，合同或其个别条款不合理地对另一方当事人过分有利，则一方当事人可宣告该合同或该个别条款无效。除其他因素外，尚应考虑下列情况：

(a) 该另一方当事人不公平地利用了对方当事人的依赖、经济困境或紧急需要，或者不公平地利用了对方当事人的缺乏远见、无知、无经验或缺乏谈判技巧的事实，以及

(b) 合同的性质和目的。

(2) 依有权宣告合同无效一方当事人的请求，法庭可修改该合同或其条款，以使其符合公平交易的合理的商业标准。

(3) 依收到宣告合同无效通知的一方当事人的请求，法庭亦可修改该合同或该个别条款，条件是该方当事人在收到此项通知之后，并在对方当事人依赖该项通知行事之前，立即将其请求通知对方当事人。本章第 3.13 条(2)款的规定此时应予以适用。

第 3.11 条　（第三人）

(1) 如果欺诈、胁迫、重大失衡或一方当事人的错误应归咎于第三人或者为该第三人知道或理应知道，而该第三人的行为应由另一方当事人负责，则可按该另一方当事人本身所做行为或所知悉的相同条件，宣告该合同无效。

(2) 如果欺诈、胁迫或重大失衡应归咎于第三人，而该第三人的行为不由另一方当事人负责，则在该另一方当事人知道或理应知道此欺诈、胁迫或重大失衡，或在宣告合同无效时尚未依照对该合同的信赖而行事的情况下，该合同可被宣告无效。

(参阅：国际统一私法协会国际商事合同通则)

2.2.2　要约

合同是当事人之间意思表示一致的结果。各国合同法都认为，意思表示一致必须由双方当事人就同一标的交换各自的意思，从而达成一致的协议。意思表示一致的过程可以分解为要约和承诺两个概念。如果一方当事人向另一方当事人提出一项要约，后者对该要约做出承诺，双方就达成了一项具有法律约束力的合同。有时要通过反复协商，即多次要约—反要约及最终承诺的过程，才能将合同确立下来。

2.2.2.1 要约的概念和成立要件

各国对要约含义的解释基本相似。《国际商事合同通则》第 2.2 条对要约含义作了一个明确的界定："一项订立合同的建议，如果十分确定，并表明要约人在得到承诺时受其约束的意旨，即构成要约。"我国《合同法》第 14 条规定，"要约是希望和他人订立合同的意思表示"。一般来说，要约是一方当事人以缔结合同为目的，向对方当事人所作的意思表示。要约可以采取口头形式，也可以采取书面形式。在要约关系中，发出要约的一方称为要约人，接受要约的一方称为受要约的人、相对人和承诺人。在国际贸易实务中，通常将"要约"称为"发盘"。

一项有效的要约，须具备五个要件：

1) 要约是特定人的意思表示。要约人不论是自然人还是法人或其他组织，都必须具有相应的民事权利能力和民事行为能力。

2) 要约的相对人一般为特定的人。关于要约是否必须向特定人发出，能否向非特定人发出问题，各国法律有差异。这个问题往往与广告有关，因为广告的对象是社会公众而不是某个或某些特定的人。广告能否成要约，要根据不同情况来确定。有一种广告叫悬赏广告，是指广告人以广告的方式声明，对于完成特定行为的人，将给予一定的报酬。例如寻人广告、寻找失物广告等。广告人在这类广告中都声明，凡是找到失踪的人或遗失的物品者，将给若干报酬。对于这种悬赏广告，各国法律一般都认为是一项要约。一旦有人看到广告后完成了广告所要求做事情，即构成承诺，合同即告成立，广告人有义务支付广告中所规定的报酬。至于普通的商业广告，原则上不认为是一项要约，而应视为要约邀请。但英美法院的一些判例认为，要约既可以向某一个人发出，也可以向某一群人发出甚至可以向全世界发出。只要广告的文字明确、肯定，足以构成一项允诺，亦可视为要约。在这个问题上，北欧各国的法律同英美法有所不同。北欧各国的法律认为，要约必须向一个或一个以上的特定人发出，广告原则上不能认为是要约，而只是要约引诱。根据我国《合同法》规定，寄送价目表、拍卖公告、招标公告、招股说明书、商业广告等为要约邀请。其中，商业广告的内容符合要约规定的，视为要约。要约邀请(亦称要约之引诱)不同于要约。要约邀请是希望他人向自己发出要约的意思表示。要约是希望和他人订立合同的意思表示，该意思表示的内容已经包括了一份可以履行的可能成立的合同的基本要件，只要经过受要约人承诺，合同即告成立。要约邀请则只是希望他人向自己发出要约，不直接发生合同成立的法律后果。

3) 要约必须以缔结合同为目的。要约要明确表示要约人打算按所提条件同受要约人订立合同的意思表示。要约一旦经过受要约人有效承诺，要约人就必须受其约束,合同也因此而成立,要约人不得反悔对其加以否认。因此,凡不是以订立合同为目的的意思表示,都不能称之为要约。

4) 要约的内容必须具体确定。有些教材的提法是,要约的内容必须明确、具体、全面,基本涵盖了未来将要订立的合同的主要条款,如标的、价款、数量、质量、履行的时间、地点、方式等。一旦受要约人表示承诺,就足以成立一项对双方当事人有约束力的合同。但是,我国《合同法》中的用词是具体确定。这表明要约人不必在要约中详细载明合同的全部内容,而只要达到足以确定合同内容的程度即可。至于有些交易条件可以根据交易习惯确定,或者留待日后确定。在这一点上,大陆法和英美法基本上是一致的。《美国统一商法典》在这个问题上采取了更为开放、灵活态度。按照《美国统一商法典》规定,货物买卖合同的要约须明确货物的数量或计量方法,其他可以日后确定,发生争议后,由法院依所谓合理的依据确定。

5) 要约必须送达受要约人。要约是一种意思表示,按照多数国家的法律,要约送达受要约人时方能生效,从而使受要约人取得对该要约做出承诺的权利。因为受要约人只有在得知要约的内容后,才可能决定是否予以承诺。《国际商事合同通则》规定,要约于送达受约人时生效。因此,如果有人向对方发出一项要约,同意以 1 万美元将一部汽车卖给对方,而对方在收到上述要约以前,主动去信表示愿意以 1 万美元购买其汽车。尽管此信的内容与要约的内容相同,但也不能认为是一项承诺,而只能视为"交错的要约"。

2.2.2.2　要约的拘束力

要约的拘束力包含两个方面的含义:一个是指对要约人的拘束力,一个是指对受要约人的拘束力。一般来说,要约对于受要约人是没有拘束力的,受要约人接到要约,只是在法律上取得了承诺的权利,但并不受要约拘束,并不因此而承担了必须承诺的义务。至于要约对要约人是否有拘束力的问题,就比较复杂。所谓要约对要约人的拘束力,是指要约人发出要约之后在对方承诺之前能否反悔,能否把要约的内容予以变更,或把要约撤销的问题。

这个问题主要是产生于要约已经到达受要约人之后到受要约人做出承诺这段时间。至于要约人在其要约送达受要约人之前,可以将其要约撤回或变更,那是没有疑问的。因为按照各国的法律,要约到达受要约人时才能发生效力。在要约人发出要约至该要约到达受要约人之前这段时间里,由于要约尚未发生效力,要约人当有权把要约撤回,或更改要约的内容。例如,以平邮寄出的要约,在其寄达受要约人之前,要约人可以用电报等更为快捷的通信方式把该项要约撤回或更改其内容。但一旦要约已经到达受要约人之后,要约人是否须受其要约的拘束,是否可以撤销其要约或变其要约的内容，对此，英美、德国和法国的法律各有不同的规定。

英美普通法认为，要约原则上对要约人无约束力，要约人在受要约人对要约做出承诺之前，任何时候都可以撤销要约或更改要约的内容。德国法律认为，要约原则上对要约人具有拘束力，除非要约人在要约中注明不受约束。如果在要约中规定了有效期，则在有效期内不得撤销或更改其要约。如果在要约中没有规定有效期，依通常情形在可望得到答复以前，不得撤销或更改其要约。瑞士、希腊、巴西等国均采取这一原则。法国民法典对这个问题没有做出具体规定，但法国的法院判例认为，如果要约人在要约中指定了承诺期限，要约人也可以在期限届满以前把要约撤销，但须承担损害赔偿的责任。即使在要约中未规定承诺的期限，但如根据具体情况或正常的交易习惯，要约视为应在一定期限内等待承诺者，要约人如不适当地撤销，亦须负损害赔偿责任。

由于各国在要约方面的法律规则存在重大的分歧，这给国际贸易带来了不便。罗马统一国际私法所花费了 30 多年的时间试图拟订一部关于国际货物买卖的统一法，其出发点是在于消除各国之间的差异，为国际货物买卖提供一套普遍适用的法律。联合国国际贸易法委员会于 1980 年 3 月 10 日在维也纳通过的《关于国际货物买卖合同公约》也是其中的一项成果。按照该公约的规定，要约在其被受要约人接受之前，原则上可以撤销。但有下列情况之一者则不能撤销：①要约写明承诺的期限，或以其他方式表示要约是不可撤销的；②受要约人有理由信赖该项要约是不可撤销的，并已本着对该项要约的信赖行事。上述公约的规定实际上是把各国，特别是英美法国家和大陆法国家之间，在要约的法律规则方面的分歧加以调和折中。《国际商事合同通则》也有类似的规定。

2.2.2.3 要约的消灭

要约消灭，又称要约失效，是指要约丧失法律约束力，要约人不再受要约的约束。一项要约的消灭，通常由下列四个方面的原因造成的：

1) 因要约人撤回或撤销而消灭。
2) 要约期间已过而消灭。
3) 因受要约人的拒绝而消灭。
4) 因受要约人对要约的内容做出实质性的变更而消灭。

【例 2.1】 根据国际货物买卖合同公约的规定，( )是属于发价。

A. 普通商业广告   B. 商品目录   C. 商品价目表

D. 一项包含货物名称、数量和价格的订约建议

参考答案：D。

2.2.3 承诺

2.2.3.1 承诺的概念和成立要件

承诺(Acceptance)是指受要约人以成立合同为目的,对要约人提出的要约表示同意的意思表示。要约一经承诺,合同即告成立。在国际贸易实务中,通常将"承诺"称为"接盘",将"承诺人"称为"接盘人"。要使一项承诺有效成立,必须具备下列四个要件:

1) 承诺须由受要约人向要约人表示。受要约人和要约人除其本人外,也包括其授权的代理人。除受要约人或其授权的代理人之外,任何第三人即使知道要约的内容并对此做出同意的意思表示,也不能构成有效承诺。

2) 承诺应在要约有效期限内做出。如果要约明确规定了有效期,就必须在该期限内承诺;如果要约未规定有效期,则必须在"依照常情可期待得到承诺的期间内"或在"合理的时间内"做出承诺。迟到的承诺可视为新要约。对于如何认定要约的有效期,两大法系有不同规定。大陆法系采取到达主义,即在承诺的通知到达要约人时发生法律效力。英美法系对以邮电方式发出承诺通知的,采取发信主义,即通知发出后立即生效;以其他方式发出承诺通知的,则采用到达主义。

3) 承诺的内容必须与要约的内容一致。承诺不能附带任何条件,只能就原要约的主要条款毫无保留地表示同意,承诺必须与要约的内容一致。在此问题上,传统的英美普通法要求非常严格,实行所谓"镜像规则",即:承诺必须像一面镜子一样,反照出要约的内容,不容许丝毫差异,如果对原要约内容有所扩大、限制或变更,都被认为是对原要约的拒绝并作为新要约的提出。否则即视为反要约。大陆法的法律原则与此规则相类似。但随着世界各国贸易的发展,该要件已有所松动。

4) 承诺必须有订立合同的明确意思表示。受要约人的承诺必须清楚明确,不能模棱两可,要确切地表示出订约的意图。

2.2.3.2 承诺生效的时间

要约一经承诺生效,当事人双方的合同即宣告成立。因此,承诺何时发生法律效力,对确认合同的有效成立至关重要。目前,在这个问题上存在着两种不同的法律主张,即到达主义和发信主义。

1) 到达主义。所谓到达主义,即必须在承诺到达要约人时才开始发生法律效力，合同也在此时生效。承诺到达相对人，具体指承诺的通知到达要约人所支配的范围之内，如要约人的营业场所、信箱、电子邮箱等。此时，即使承诺人尚未知悉其内容，承诺亦发生了法律效力。《联合国国际货物销售合同公约》、《国际商事合同通则》及大多数大陆法国家和我国基本上采取这一规则。如《德国民法典》第 130 条规定："对于相对人以非对话方式所作的意思表示，于意思表示到达相对人时发生效力。"在这里虽未明确指出承诺的生效时间，但承诺亦是一种意思表示，当然适用这一规定。我国《合同法》第 26 条规定："承诺通知到达要约人时生效。承诺不需要通知的，根据交易习惯或者要约的要求做出承诺的行为时生效。"

2) 发信主义。发信主义又称投邮主义，主要为英美法国家所采用。它是指在以书信或电报做出承诺时，承诺一经投邮立即生效，合同即告成立。采取发信主义，即使承诺函在邮局传递时丢失，只要受要约人能证明自己对承诺函的投邮行为确实存在而且无误，合同仍可以成立。因英美法认为，要约人曾默示指定邮局为其接受承诺的代理人，故一旦受要约人把承诺函交至邮局，等同于交给要约人，即使邮局不慎将承诺函丢失，也应当由要约人负责，而不能影响承诺的有效成立。如此规定，其实质是为了缩短要约人能够撤销要约的时间。

2.2.3.3　承诺的迟延与撤回

受要约人在承诺期限届满之后以订立合同为目的的发出对要约表示同意的意思表示，为承诺迟延。承诺迟延会产生两种法律后果：一种是该承诺被要约人认可为有效，从而使合同成立；另一种是该承诺未被要约人明示有效，即视为一项新要约。如我国《合同法》第 28 条规定："受要约人超过承诺期限发出承诺的，除要约人及时通知受要约人该承诺有效的以外，为新要约。"

承诺撤回，是承诺人阻止承诺发生法律效力的一种意思表示。承诺撤回的意思表示必须在其承诺生效之前做出，才能产生使承诺消灭的法律效果。据此，采取到达主义的方式确认承诺生效时间的，因承诺的通知必须送达要约人才能生效，因此，在承诺通知到达要约人之前即承诺生效之前，原则上承诺仍可撤回。如以平邮方式发出的承诺函，可用更为快捷的电报方式将其撤回。而采取发信主义的方式确认承诺生效时间的，其承诺函一经投邮就立即生效。故一旦承诺投邮后就无法撤回。

【例 2.2】　乙公司对甲公司发价的接受通知于 8 月 5 日从乙地发出，8 月 9 日到达甲公司所在地，8 月 10 日下午到达甲公司传达室，8 月 11 日上午甲公司经理阅及此通知。依《国际货物买卖合同公约》，乙公司接受的生效时间是(　　)。

A. 8 月 5 日　　　　B. 8 月 9 日　　　　C. 8 月 10 日　　　　D. 8 月 11 日

参考答案：C。

【例 2.3】　一项承诺有效成立的要件包括(　　)。

A. 承诺须由受要约人向要约人表示

B. 承诺可以对要约内容进行实质性变更

C. 承诺的内容必须与要约的内容一致

D. 承诺应在要约的有效期限内做出

E. 承诺必须有订立合同的明确意思表示

参考答案：A、C、D、E。

2.3　合同的内容

所谓合同的内容是指合同关于双方当事人的权利与义务的规定。本节主要阐述《合同通则》第 5 章"合同的内容"的有关规定。

2.3.1　明示义务与默示义务

在英美法系，合同当事人的义务既有明示的，也有默示的。例如，英国《货物买卖法》专门规定卖方所售货物须符合"默示条件"(Implied Condition)。美国《统一商法典》规定了卖方对货物的明示担保与默示担保两种义务。《合同通则》重申了被许多国家接受的原则，其第 5.1 条规定："各方当事人的合同义务可以是明示的，也可以是默示的。"在国际商事交易中，合同各方当事人的义务不一定只限于合同条款所明确规定的义务，其他义务可以是默示的。默示义务来源于合同的性质和目的，各方当事人之间确立的习惯做法和惯例，诚实信用和公平交易原则以及合理性(第 5.2 条)。例如，A 出租一套电子计算机网络给 B，合同未规定 A 对 B 所承担的可能的义务，诸如至少应提供关于计算机网络操作的基本信息。然而显而易见，高精尖产品的供应商必须向使用者提供最起码的信息，这是实现该合同目的所必需的，应视为是一种默示义务。

2.3.2　获取特定结果的义务与尽最大努力的义务

《合同通则》第 5.4 条汲取了法国、美国等国法律的合理成分，规范了标题所言两种义务：

1) "如果一方当事人的义务涉及获得某一特定的结果，则该方当事人有义务获得此特定结果。"这种获取特定结果的义务，一般在合同中明确做出规定。例如，批发商 A 在合同中承诺，在合同规定的销售区内 1 年完成销售 10 万双皮鞋的定额，期满时仅销出 6 万双，A 显然未履行获取特定结果的义务。

2) "如果一方当事人的义务涉及在履行某一项活动中应尽最大的努力，则该方当事人有义务尽一个与其具有同等资格的、通情达理的人在相同情况下所应尽的义务。"这种义务往往产生于合同并未明确地规定定额之类的要求的情形，是一种弹性标准，评估的关键是以"具有同等资格的、通情达理的人"为对照点，是否尽了其最大努力(Best efforts)。

在确定所涉义务种类到底是获取特定结果，还是尽最大努力时，应考虑以下四方面情况：

(1) 合同中明确规定义务的方式。

(2) 合同的价格以及合同的其他条款。

(3) 获得预期结果时通常所涉及的风险程度。

(4) 另一方当事人影响义务的履行的能力(第 5.5 条)。

2.3.3　当事人之间的合作义务

在国际商事交易中，一项合同不仅是利益冲突的交汇点，而且在某种程度上应视为合同当事人各方合作的共同项目。这个观点清楚地体现在贯穿于《合同通则》之中的诚实信用和公平交易的原则，也体现在不履约情况下应减轻损害的义务。为了更清楚地表达上述意图，第 5.3 条专门规定："每一方当事人应与另一方当事人合作，如果一方当事人在履行其义务时，有理由期待另一方当事人的合作。"此处要求的合作义务，是指一方当事人所合理期望的有关事宜，其基本着眼点是不妨碍另一方履约，但也可能会存在需要更积极合作的情形。

2.3.4　以合理的标准确定履行质量和价格

《合同通则》第 5.6 条、第 5.7 条分别就合同未规定履行质量和价格的情形做出规范。

履约必须达到平均质量水准，同时履约应合理。此处合理性的意义在于，防止一方当事人在只按照市场平均质量水准履行义务，实际却并不令人满意的情况下声称已适当履行，也在于给法官或仲裁员提供判断履约质量的标准。

价格应是"各方引用在订约时可比较的相关贸易中进行此类履行时一般所应收取的价格"；如果无此价格，以及在其他一些无法确定价格的情形下，均应采用合理的价格。值得引起注意的是第 5.7 条(2)款，明确规定由一方当事人确定的价格明显地不合理时，应以合理的价格予以代替。此条款是强制性的，授权给法官或仲裁员以合理的价格取代明显不合理的价格，旨在避免一方当事人滥用其单独定价的权利。

以上两条规定的共同点，是合理的标准，这也是解决其他许多问题的重要出发点。

2.4 合同的履行、变更与转让

2.4.1 合同的履行

合同的履行是指合同当事人实现合同内容的行为。各国法律均主张，合同当事人在订立合同之后，都有履行合同的义务；如果违反应履行的合同义务，就须承担相应的法律责任。

我国《合同法》强调全面履行的原则。《民法通则》第 88 条明确规定："合同的当事人应当按照合同的约定，全部履行自己的义务。"此规定确定了合同的法律约束力，以法律形式体现了中国"重合同、守信用"的一贯立场。

大陆法同样强调当事人须履行合同。《法国民法典》第 1134 条明文规定："依法成立的合同，在订立合同的当事人间具有相当于法律的效力。"《德国民法典》也明确规定，债权人根据债务关系，有向债务人要求给付的权利。这里的给付，就是指履行合同的内容。

英美法众多判例形成的是"严格履行合同"的原则，要求双方当事人按照合同规定不折不扣地履行各自的义务。在上述基本原则的基础上，又形成了"合同义务已基本履行"的例外规则，使一些违约情节不严重的案件得到较公正的判决。

《合同通则》专门设立了第 6 章"合同的履行"，包含 23 条规定。对有关合同履行问题作了全面具体的规范，确立了许多以前的国际公约或惯例所未涉及的法律规则。以下简要介绍其主要规定。

《合同通则》第 6 章中对"合同的履行"主要如下：

1) 履行时间、地点与顺序。

(1) 履行时间(第 6.1.1 条)。合同约定了履行的准确时间，或依合同可确定时间则按此履行。合同规定了或依合同可确定一段时间，则当事人可在此期间选择任何时间履行。如果合同未规定履行时间，履行应在一段合理时间内完成。

(2) 分期履行与部分履行(第 6.1.2、第 6.1.3 条)。作为普遍的规则，《合同通则》要求一次履行和全部履行，债权人有权拒绝分期履行和部分履行。但是，如果债权人拒绝部分履行无合法利益，就不能拒绝。因部分履行造成的额外费用应由债务人承担。

(3) 履行顺序(第 6.1.4 条)。原则上，双方当事人应同时履行合同。如果由于特殊的性质决定仅仅一方当事人的义务履行需要一段时间，则该方当事人应当先行履行。

(4) 提前履行(第 6.1.5 条)。债权人有权拒绝接受提前履行，但这种权利须以有合法利益为条件。如果债权人接受提前履行，由此造成的额外费用应由该履行方承担，并且不得损害任何其他救济方法。

(5)履行地(第 6.1.6 条)。如果合同未明确规定履行地，或依据合同也无法确定履行地，一般规则是当事人在自己的营业地履行合同义务；例外是金钱债务，债务人须在债权人的营业地履行合同义务。此外，合同订立后一方当事人营业地变更，他应承担由此造成的额外费用。

2) 付款。

(1) 付款形式。作为一般原则，允许以任何付款所在地通用的形式付款。例如，现金、支票、银行汇票、汇票、信用证等形式。此外，推定付款被承兑作为接受该付款的条件。

(2) 转账付款。《合同通则》允许转账付款，在此情况下，债务人的义务在款项有效转至债权人的金融机构时解除。

(3) 付款货币。作为一般规则，债务人可选择以付款地货币支付。如果债务人不可能以表示金钱债务的货币支付，则债权人可要求用付款地货币支付。在此情形下，通常采用付款到期的通行汇率。但如果债务人未按期履行义务，则债权人可能选择付款到期时的汇率或实际付款时的汇率付款。

(4) 未规定货币。如果一项金钱债务未明确规定某一具体货币，则付款应以付款地的货币支付。

(5) 履行的费用。每一方当事人应承担其履行义务时所发生的费用。

(6) 指定清偿。对同一债权人负有多项付款义务的债务人，应首先偿付费用、利息，最后为本金。此外，还规定了双方当事人均未作指定时所适用的偿还债务顺序。

3) 关于公共许可。《合同通则》所谓公共许可(Public permission)，包括依据公共性质的考虑而设立的所有许可要求，如健康、安全，或特殊的贸易政策。它与所要求的特许或许可，是由政府机构批准，还是由政府因特定目的而委托授权的非政府机构批准，无任何关联。本通则认为应当遵守适用法律所规定的公共许可要求。鉴于过去各国法律及国际惯例对申请公共许可的要求各有差异，为统一这方面的规范，第 6.1.14 条对申请公共许可确立了如下两项原则：

(1) 营业地设在要求公共许可的国家的那方当事人应承担申请许可的义务。此原则反映了目前国际贸易的实践。处在最佳位置的当事人应负责办理申请，因为他可能对申请的要求和程序更为熟悉，有种种便利之处。

(2) 当双方当事人在要求公共许可的国家均无营业地或均有营业地的情况下，履行合同须取得公共许可的当事人应采取必要的措施，以获取公共许可。第6.1.15 条规定了申请许可的程序，强调有义务获得公共许可的当事人，必须在订约后立即采取行动申请许可，并且有义务及时通知对方许可已获批准或遭到拒绝。在订约之后的合理时间内，如果许可既未获批准又未遭拒绝，则任何一方当事人均有权终止该合同。但如果许可仅影响某些条款，即使许可遭拒绝，也不得终止该合同(第 6.1.16 条)。当拒绝许可影响合同的效力时，则拒绝许可导致该合同无效。当拒绝许可只影响合同的部分条款的效力时，则仅该部分条款无效，如果考虑相关情况，维护合同的其余部分是合理的。此外，当拒绝许可导致合同的全部或部分履行不可能时，则适用有关不履行的规定(第 6.1.17 条)。

4) 艰难情形。《合同通则》在第 6 章"合同的履行"中，专门设立了第二节"艰难情形"(Hard- ship)，包括 3 个条文。从整体结构安排来看，本通则把艰难情形视为合同履行之中的一个问题。而不可抗力则放在第 7 章，视为不履行合同的一个问题。在第 6.2.1 条，本通则首先强调了合同约束力的一般原则，不管履行当事人可能承受的负担如何，必须尽可能履行合同，艰难情形属于例外。可见两者之间有本质上的不同。

第 6.2.2 条对艰难情形定义如下："所谓艰难情形，是指由于一方当事人履约成本增加，或由于一方当事人所获履约价值减少，而发生了根本改变合同双方均衡的事件，并且：①该事件的发生或处于不利地位的当事人知道事件的发生，是在合同订立之后；②处于不利地位的当事人，在订立合同时不能合理地预见事件的发生；③事件不能由处于不利地位的当事人所控制；④事件的风险不由处于不利地位的当事人承担。"从上述定义来看，除必须具备本条开头所述的改变双方均衡的条件外，同时还必须具备并列的四个条件，才能构成艰难情形。应当注意，艰难情形通常和长期合同相关，而且只与未完成的履行相关。一旦一方当事人已经履行了义务，该当事人不再有权对在履行之后发生的履行费用的大幅度增长或所接受的履行价值的大幅度下降声称情况发生根本改变。如果合同双方均衡的根本改变发生在只完成部分履行时，则艰难情形仅仅和将要完成的履行部分相关。《合同通则》在注释中指出，在一个具体案例中，改变均衡是否"根本性的"，要依情况而定。但是，如果履行能够以金钱方式准确计算，则履行费用或价值的改变达到或超过 50%时，很可能就构成"根本性的"改变。此处确立了定量分析的参考标准，有较强的可操作性。这种情况不一定发生在巨大的政治、经济和社会变革的时候，较多地应用在出现各种危机阶段，例如，恶性通货膨胀、原材料的不正常猛涨，等等。在这种双方均衡遭到根本性改变的情形下，如果仍然坚持履行原合同，一方当事人将遭受重大的经济利益的损失，有违公平合理的原则。正是基于这样的法理，《合同通则》第 6.2.3 条规定：在出现艰难情形的情况下，不利一方当事人有权要求重新谈判，但重新谈判的要求本身不赋予不利一方当事人停止履约的权利；如果在合理时间内不能达成协议，任何一方当事人均可诉诸法庭(包括仲裁庭)；法庭若认定存在艰难情形，可判决终止合同或修改合同。要求谈判应毫不延迟，且应说明理由。

上述有关艰难情形的规定，在《销售合同公约》以及许多国家的合同法均是没有的，它恰到好处地填补了这样一个空缺，在一方当事人履约负担变得过分沉重，但又尚未达到不可抗力事件的条件时，如何体现公平合理的原则、维持双方当事人经济利益上的均衡？《合同通则》在这方面大胆地做出了突破，确立了新的法律原则，代表了现代合同法的发展趋势，具有科学性和合理性，有利于维护遭遇不测风险当事人的正当权益。

2.4.2　合同的变更

合同的变更是指合同的主体不变，当事人双方在合同成立之后，完全履行合同之前改变原合同权利义务关系，形成新的权利义务关系，改变原债权债务关系的内容的一种方式。

合同的变更应具备三项条件：

1) 当事人之间应当存在有效的合同关系。
2) 当事人之间必须就合同关系的变更达成合意。
3) 必须有合同关系变更的作为发生。

根据合同变更的内容，可将合同变更分为要素变更和非要素变更，要素变更是指合同标的物的变更，非要素变更是指合同标的之外的变更。例如在借款合同中，借款数目的变更为要素的变更，付款时间、地点、方式的变更为非要素变更。

合同变更的方式，原则上应同于原合同成立和生效的方式，如果需要对经登记生效的房屋买卖合同进行变更，也必须经过相同的登记程序才能生效。合同的变更既可用新的合同完全取代旧的合同，也可以在保留旧合同效力的基础上，就某些条款进行修改和补充，原合同和补充条款一并成立有效。当事人对合同变更的内容约定不明确的，推定为未变更。

2.4.3 合同的转让

合同的转让是指合同当事人一方在不变更合同内容的前提下，将自己所享有的权利或应承担的义务，转让给第三人的行为。

从合同的转让的定义中我们可以看出，合同转让有权利转让、义务转让及概括转让三种方式。

1) 合同权利的转让。又称合同债权的转让，是指在债的内容不变更的情况下，债权人将自己所享有的合同权利转让给第三人的行为。合同权利转让有自由主义、通知主义和同意主义三种法律规则。美国和德国采取自由主义，转让合同债权时只需转让人与权利人双方合意即可，无须征得债务人的同意，甚至不必通知债务人。法国和日本采纳通知主义，转让合同债权时亦无须征得债务人的同意，但必须告知债务人权利转让的事实。同意主义，指债权转让债权时，以取得债务人的同意为前提条件。这一规则为我国《民法通则》所采纳，但我国《合同法》第80条却采纳了通知主义，规定："债权人转让权利的，应当通知债务人。未经通知，该转让对债务人不发生效力。"另外，有些合同权利是禁止转让的，如提供个人劳务的合同因其具有高度个体特色而被很多国家禁止转让。

2) 合同义务的转让。又称债务承担，是指在债的内容不变更的情况下，合同债务人经债权人同意将合同义务转让给第三人承担的行为，包括全部转让和部分转让。在合同义务全部转让时，新的债务人即替代原债务人而成为合同的当事人，原债务人即退出合同关系。在合同义务部分转让时，原合同债务人与受让债务的第三人共同对债权人承担按份或连带债务。债务转让后，新债务人应承担除专属于原债务人之外的从债务，但同时新债务人取得原债务人对债权人的抗辩权。

3) 合同的概括转让。是指原合同当事人一方经对方同意将自己在合同中的权利和义务一并转让给第三人，由第三人概括地继受原合同的全部权利义务的行为。如甲乙公司签订一份建筑合同后，甲公司分立为 A、B 两公司，甲公司经乙合同同意可将该建筑合同权利义务一并转让给 A 公司。

2.5 违约与救济措施

合同一经依法订立，对双方当事人都具有法律约束力，任何一方都必须严格按合同规定全面、适当地履行义务，否则即构成违约，并承担相应的法律责任，以便使非违约方得到适当的救济。

2.5.1 违约

违约是指合同当事人一方无合法理由不履行或不完全履行合同义务的行为。例如，在买卖合同成立以后，货物灭失，无法交货；或者货价上涨，卖方拒绝交货；或者卖方没有按照合同规定的时间、地点、质量交货等。在上述情况下，除出现不可抗力等例外情况，卖方可以免责以外，都属于违约行为。违约一方应承担违约责任。

对于违约的确认，两大法系存在不同之处：大陆法采用过错责任原则认定是否违约，这里所说的过错包括故意与过失；而英美法依照严格责任原则认定是否违约。所谓过错责任原则，即只有在当事人因自身过错没有履行合同时，才构成违约。所谓严格责任原则，指无论当事人有无过失，只要其未按合同约定履行合同义务，即构成违约。

2.5.1.1 违约的形式

违约有各种不同的情况，有的是全部或部分不能履行合同，有的是没有按照合同期限履行合同，有的是没有按照合同规定的方式或其他要求履行合同等等。由于违约的情况各有不同，违约一方所承担责任也有所区别。我国《合同法》将违约分为不履行合同义务、履行合同义务不符合约定及预期违约等形式。现将各国有关违约的法律分别介绍如下：

1) 大陆法。德国民法典把违约分为两类：即给付不能和给付延迟。

(1) 给付不能。是指债务人由于种种原因不可能履行其合同义务，而不是指有可能履行合同而不去履行。阻碍债务人履行合同原因各种各样，有法律上的原因，有事实上的原因，有主观上的原因，也有客观上的原因。《德国民法典》把给付不能分为自始不能与嗣后不能两种不同的情况。所谓自始不能是指在合同成立时该合同即不可能履行；所谓嗣后不能则是指在合同成立时，该合同是有可能履行的。但在合同成立后，由于出现了阻碍合同履行的情况而使得合同不能履行。这两种不同的情况，其法律后果也有所不同。根据德国民法典第 306 条的规定，凡是以不可能履行的东西为合同的标的者，该合同无效。换言之，如属于自始不能的情况，合同在法律上是无效的。但是，如果一方当事人在订约时已经知道或可得而知该标的是不可能履行的则对于信任合同有效而蒙受损害的对方当事人应负赔偿责任。至于嗣后不能的情况，则须区别是否有可以归责于债务人的事由，而予以不同的处理办法：①非因债务人的过失所引起的给付不能。如给付不能并不是由于债务人的过失所造成的，债务人不承担不履行合同的责任。德国民法典

第 275 条规定："在债务关系发生后，非因债务人的过失而引起的给付不能者，债务人得免除给付的义务。"最明显的例子是了在合同成立之后，由于出现了不可抗力事故，以至于合同不可能履行，债务人得免除给付的义务。②由于债务人的过失而引起给付不能。原则上说，如果由于债务人的过失而引起给付不能，债务人应当承担损害赔偿责任。《德国民法典》280 条规定："因债务人的过失引起给付不能者，债务人应对债权人赔偿因不履行所产生的损害。"③不可归责于任何一方而引起的给付不能。按照《德国民法典》第 323 条的规定：双方合同的当事人，因不可归责于双方当事人的事由，致使不能履行给付者，双方均可免除其义务。

(2) 给付延迟。是指债务已届履行期，而且是可能履行的，但债务人没有按期履行其合同义务。这里同样要区别两种情况：一种是债务人没有过失的履行迟延，另一种是债务人有过失的履行迟延。这两种不同情况的法律后果也有所不同。根据《德国民法典》的规定，凡在履行期届满后，经债权人催告仍不为给付者，债务人自受催告时起应负迟延责任。但是，非由于债务人的过失而未为给付者，债务人不负迟延责任。值得注意的是，《德国民法典》还规定，债务人在迟延中，不但要对一切过失承担责任，而且对因不可抗力而发生的给付不能亦应负责，除非债务人能证明即使没有迟延履约，仍不可避免要发生损害时，他才能免除责任。其他国家也有类似规定。还应当指出的是，按照《德国民法典》的规定，债权人必须向债务人提出催告，才能使债务人承担迟延履行的责任。除合同另有规定外，催告是债权人就履行迟延请求损害赔偿的必要条件。《德国民法典》规定，双务合同的当事人一方迟延履行其合同义务时，对方得指定一个相当的期限，并表示逾期得拒绝受领给付的意思。在这种情况下，如合同未于指定期限内履行，对方在期限届满后，可请求不履行的损害赔偿或解除合同。

《法国民法典》以不履行债务和迟延履行债务作为违约的主要表现形式。《法国民法典》第 11.4.7 条规定，债务人对于其不履行债务或迟延履行债务，应负损害赔偿的责任。对于双务合同，如果一当事人不履行其合同义务，对方有权解除合同。在这种情况下，债权人可作如下选择：①如合同仍然有可能履行，他可以要求债务人履行合同；②如果合同已不可能履行，他可以请求法院解除合同并要求赔偿损害。

2) 英美法。英国法不同于大陆法，英国法把违约的情形区分为违反条件与违反担保两种不同的情况，并给予不同救济方法。此外，在英美法中还有所谓的提前违约问题。

(1) 违反条件。双方当事人在合同中往往载有各种各样的条款。它们的性质和重要性是各不相同的。其中有些是重要的，带根本性的；有些则是次要的，是从属于合同的主要目的的。按照英国法的解释，凡属合同中的重要条款，称为"条件",如果一方当事人违反了条件,即违反了合同的主要条款,对方有权解除合同,并可要求赔偿损失。具体来讲,在商务合同中,关于履约的时间、货物的品质及数量等项条款,都属于合同的条件,如果卖方不能按时、按质、按量供货,买方有权拒收货物,并可以请求损害赔偿。但是合同中有关支付时间的规定,除双方当事人另有意思表示外,一般不作为合同的条件论处。至于哪些合同事项事项构成"条件",哪些不是合同的"条件"这是一个法律问题,应由法官根据合同的内容和当事人的意思做出决定,而不是事实问题,不能由陪审员来决定。

(2) 违反担保。是指违反合同的次要条款或随附条款。违反担保的法律后果与违反条件有所不同。在违反担保的情况下,蒙受损害的一方不能解除合同,而只能向违约的一方请求损害赔偿。换言之,当一方违反担保时,对方不能以此为理由拒绝履行其合同义务,而仍需继续履行他所应承担的合同义务,但他有权以违反担保为理由请求损害赔偿。

(3) 违反中间性的条款。英国法对违反合同传统上是采取两分法的处理办法,不是违反条件,便是违反担保,两者必居其一。但是这种简单的两分法并不能完全适合于各式各类的违约情况。因此,英国法院通过判例发展了一种新的违约类型,称之为"违反中间性条款或无名条款,"即有别于条件与担保的条款。当一方违反中间性条款时,对方能否有权解除合同,必须视违约的性质及其后果是否严重而定。如果违反这类条款的后果严重,守约的一方有权解除合同,否则,就不能解除合同。英国法的这一新发展是符合客观实际的需要的。

美国现在已经放弃使用"条件"与"担保"这两个概念。美国法把违约分为两类:一种是轻微的违约,另一种是重大的违约。所谓轻微的违约是指债务人在履约中尽管存在一些缺点,但债权人已经从中得到该项交易的主要利益。例如,履行的时间略有延迟,交付的数量和质量略有出入等,都属于轻微违约之列。当一方有轻微违约行为时,受损害的一方可以要求赔偿损失,但不能拒绝履行自己的合同义务。所谓重大违约是指由于债务人没有履行合同或履行合同有缺陷,致使债权人不能得到该项交易的主要利益。在重大违约的情况下,受损害的一方可以解除合同,即解除自己对待履行的义务,同时可以要求赔偿全部损失。美国法对违约行为所作的这种区分,同英国法上的违反条件与违反担保,从法律后果来看,基本上是一致的,两者并无实质上的差别。

(4) 提前违约。是指一方当事人在合同规定的履行期到来之前,即明确表示他届时将不履行合同。这种表示可以用行为来表示,也可以用文字来表示。当一方当事人提前违约时,另一方可以解除自己的合同义务,并可立即要求给予损害赔偿,而不必等到合同规定的履行期来临时才采取行动。

(5) 履行不可能。英美法也有履行不可能的概念。履行不可能有两种情况,一种是在订立合同时，合同就不可能履行；另一种是订立合同后，发生了使合同不可能履行的情况。前者相当于大陆法的自始给付不能，后者相当于嗣后给付不能。

2.5.1.2　联合国国际货物买卖合同公约

《联合国国际货物买卖合同公约》把违约分为根本性违反合同和非根本性违反合同两种情形。该公约第 25 条对何谓根本性违反合同作了如下定义："一方当事人违反合同的结果，如使另一方当事人蒙受损害，以至于实际上剥夺他根据合同有权期待得到的东西，即为根本违反合同。除非违反合同的一方并不预知而且同样的一个通情达理的人处于相同情况中也没有理由预知会发生这种结果。"构成根本性违反合同的基本标准是："实际上剥夺了合同对方根据合同有权期待得到的东西。"至于怎样才算构成这种结果，则需根据每一个案件的具体情况来确定。

公约对根本性违反合同规定了相应的救济办法。如卖方所交货物与合同不符构成本违反同时，买方可以采取以下救济办法：买方可以要求卖方交付替代的货物，或者买方可以要求撤销合同，并可请求赔偿损失。该公约还明确规定，当一方违约时，不论此种违约行为是否构成根本违反合同，受损害一方都有权要求损害赔偿，而且即使受损害一方采取了其他的救济办法，也不影响他行使请求损害赔偿的权利。

2.5.1.3　《合同通则》的根本不履行与非根本不履行

根本不履行(Fundamental non-performance)是《合同通则》设立的一个重要概念，它是一方当事人行使终止合同权利的一种主要依据。第 7.3.1 条(2)款规定了是否构成根本不履行应特别考虑的 5 个因素，首当其冲的(a)项是从《销售合同公约》第 25 条移植过来的："不履行是否实质性地剥夺了受损害方当事人根据合同有权期待的利益……"应当看到，《合同通则》并未停留在对《销售合同公约》的继承上，它同时还进一步完善和发展了有关的法律规则。(b)、(c)、(d)、(e)四项新增内容包括对未履行义务的严格遵守是否为合同项下的实质内容，不履行是有意所致还是疏忽所致，能否信赖未来履行等等。这些新增内容考虑的范围更加广泛，有利于更加全面、充分地保护受损害方的利益。如果一方当事人违约的后果尚未达到上述严重程度，为非根本不履行(Non-fundamental non-performance)。

综上所述，凡属第一类违约，即英国法的违反条件、美国法的重大违约、《销售合同公约》的根本违反合同、《合同通则》的根本不履行，其法律后果是一致的：受损害方有权解除合同，同时可要求损害赔偿。而相对应的第二类违约，即违反担保、轻微违约、非根本违反合同、非根本不履行，其法律后果也是一致的：受损害方有权要求损害赔偿，但不得解除合同。

2.5.1.4　预期不履行

《合同通则》第 7.3.3 条对预期不履行作如下规定："如果在一方当事人履行合同日期之前，该方当事人根本不履行其合同义务的事实是明显的，则另一方当事人可终止合同。"本条确立了一项原则：预料的不履行等同于履行到期时的不履行。此处终止合同有三个条件：①将会发生不履行是明显的；②不履行是根本性的；③应得到履行的当事人发出了终止合同的通知(第 7.3.2 条)。

预期不履行的概念来源于英美法的提前违约(Anticipatory breach),《销售合同公约》也有预期违反合同的概念，其各自含义不尽相同，但基本意思是一致的。在英美法来说，当一方当事人提前违约时，对方有两种选择：一是解除自己的合同义务，并立即要求提前违约方给予损害赔偿；二是拒绝接受对方提前违约的表示，坚持认为合同仍然存在，等至合同履行期届满时，再采取救济办法。在这两种选择中，以前者为稳妥，因后者须承担至合同期届满这段时间的风险。

2.5.2　违约救济方法

任何违反合同的行为，都是违约，都要承担违约责任。根据各国合同法的相关规定，在当事人一方违约后，受损害一方的当事人有权采取法律上的违约的救济措施，包括：实际履行、赔偿损失、诉请法院发布禁令、解除合同、行使法定或约定的担保权。

2.5.2.1　实际履行

实际履行是指在一方不履行合同义务时，另一方当事人有权要求违约方仍按合同约定履行义务。实际履行必须按合同所规定的标的，不折不扣地实现其内容，而不能以合同以外的标的来履行。大陆法国家一般都将实际履行作为救济方法之一，如德国法将实际履行视为不履行合同的一种主要的救济手段，法国法也承认债务人不履行合同时债权人有提起实际履行之诉的权利。英美法对待实际履行的态度与大陆法有所不同：英美衡平法认为在采用损害赔偿的救济措施不能补偿一方所受损失时，则可使用实际履行作为补充救济办法；英美普通法就根本不承认实际履行这种救济方法。

《合同通则》中包括金钱债务的履行(第 7.2.1 条)和非金钱债务的履行(第 7.2.2 条)。第 7.2.2 条对非金钱债务采用了受一定条件限制的实际履行原则。该原则对于除货物销售合同之外的其他合同特别重要。与交付某种物品的合同义务不同，做某事和不做某事的合同义务，往往只能由另一方合同当事人自己来履行。在这类情况下，从不愿履行的一方当事人获得履行的唯一途径是通过强制执行。虽然《销售合同公约》规定法庭不必做出实际履行的判决，除非对于不属于本公约范围的类似的买卖合同，法庭根据其所在地法应该这样做，但根据《合同通则》，实际履行则并非一种可以自由裁量的救济手段，即法庭必须裁定实际履行，除非存在《合同通则》规定的下列例外情形的一种：①履行在法律上或事实上不可能；②履行或相关的执行带来不合理的负担或费用；③有权要求履行的一方当事人可以合理地从其他渠道获得履行；④履行完全属于人身性质；⑤有权要求履行的一方当事人在已经知道或理应知道该不履行后的一段合理时间之内未要求履行。

在国际商事活动中，上述不得要求实际履行的例外情况可能经常存在，特别是服务贸易方面。例如合同项下某种合同履行是不可委托的，并且需要艺术性或科学性的独特技能，或者该种履行涉及某秘密和人身关系，那就属于具有完全人身性质的履行，依据《合同通则》便不得要求履行。

关于金钱债务的履行，《合同通则》第 7.2.1 条规定："如果有义务付款的一方当事人未履行其付款义务，则另一方当事人得要求付款。"上述规定反映了国际上被普遍接受的原则：合同义务项下应支付的付款，总是能要求履行的。若此要求未能满足，可向法庭提起诉讼以强制执行。无论货币的种类如何，此规定均适用于到期的支付或可进行的付款。上述规定的例外是：要求按交付的货物或提供服务的价格付款的情况下，特别是当买方既不接受交货也不付款时，此时的一种惯例要求卖方重新出售货物，若所得货款少于合同价款，可要求买方赔偿此差价。

关于要求履行，《合同通则》设立了"法庭判决的罚金"规定(第 7.2.4 条)，对不执行判决的当事人可实行司法惩罚，责令其支付罚金。这是过去的国际公约或惯例均没有的创新规定，体现了维护国际贸易正常秩序的新要求。一些法律制度的实践显示，司法上对不服判决加以惩罚的威胁，对于确保遵从命令、履行合同义务的判决，是一种极为有效的手段。相反，其他法律制度没有规定此类惩罚手段，因为这种手段被认为已构成了对个人自由的不能容许的侵犯。在此问题上，《合同通则》采取了一条中间道路，规定了罚金而不是其他形式的惩罚手段，可适用于所有类型的履行命令，包括付款命令。这是《合同通则》赋予法庭的一种自由裁量权。

我国《合同法》不仅将实际履行列为违约的救济方法之一，而且对金钱债务和非金钱债务作了区别规定，对非金钱债务的实际履行有除外规定："①法律上或者事实上不能履行；②债务的标的不适于强制履行或者履行费用过高；③债权人在合理期限内未要求履行。"虽然大陆法国家和我国都承认实际履行的救济手段，但在实践中却很少作实际履行的判决。

在特殊的情况下，当实际履行不必要和不可能时，当事人可不以合同规定的标的履行。所谓不必要是指将合同规定的标的交付给对方已经没有实际意义，或者履行不但不能达到预期目的，反而会使对方扩大损失。所谓不可能是反映合同所规定的标的已经灭失，而这种标的又是特定的，不可能用其他标的来代替。因此，当上述两种情况出现时，可以免除当事人实际履行的义务。

2.5.2.2　修补和替代

《合同通则》第 7.2.3 条规定在适当的情况下，当事人有权要求对瑕疵履行修补、替代或其他补救。此条将前述要求付款和要求履行的一般原则，适用于一种特殊的，但时常发生的瑕疵履行，例如修补瑕疵货物、改善不足服务、替代瑕疵履行。又如付款问题，发生付款不足、以错误的货币形式付款、向非双方约定的账户付款等，也存在要求修补或替代的权利。《合同通则》这些规定，充分吸纳了许多国家以及《销售合同公约》的有关法律原则(《销售合同公约》第 46 条(3)款规定，买方可要求卖方通过修理，对不符合合同的货物做出修补)，在国际商事活动中，将有广泛的应用。

2.5.2.3　损害赔偿

损害赔偿是指一方因违约行为而致使另一方遭受损害的，应依法律规定或合同约定对另一方的损害承担赔偿责任。损害赔偿是违约的救济措施之一。它是最常见的合同违约救济措施。

1) 损害赔偿责任的成立。大陆法认为损害赔偿的成立，须满足三个条件：必须有损害的事实；归责于债务人的原因；损害发生的原因与损害之间的因果关系。英美法认为损害赔偿的成立，无须以违约一方有过失或发生实际损失为前提，只要当事人一方违反合同，对方就可以提起损害赔偿之诉。

2) 关于损害赔偿的方法。德国法是以恢复原状为原则，以金钱赔偿为例外；而法国法恰恰相反，以金钱赔偿为原则，恢复原状为例外。恢复原状，即恢复到损害发生前的原状。这种方法可以完全达到损害赔偿的目的，但有时施行起来不太方便，甚至有时难以完全做到。英美损害赔偿采取金钱赔偿的方法。英美法称之为"金钱上的恢复原状"。英美法认为，损害赔偿的目的是在金钱可能做到的范围内，使权利受到损害的一方处于该项权利得到遵守时同样的地位。所以英美法院对损害赔偿之诉一般都是判令债务人支付金钱赔偿。

3) 关于损害赔偿的范围。德、法两国法律规定基本一致，包括实际损失和预期利益的损失。实际损失是现实财产的减少，也称直接损失；预期利益是指缔约时可以预见到的履行利益，也称可得利益或间接利益。英美法认为计算损害的基本原则，是使由于债务人违约而蒙受损害的一方在经济上能处于该合同到履行时同等的地位。例如，在买卖合同中，如果卖方不履行交货义务，其赔偿的范围就是合同规定的价格与应交货市场价格之间的差价。

我国《民法通则》第 112 条规定，当事人一方违反合同的赔偿责任，应当相当于另一方因此所受到的损失。我国《合同法》第 113 条规定，当事人一方不履行合同义务或者履行合同义务不符合约定，给对方造成损失的，损失赔偿额应当相当于因违约所造成的损失，包括合同履行后可以获得的利益，但不得超过违反合同一方订立合同时预见到或者应当预见到的因违反合同可能造成的损失。

《国际商事合同通则》第 7.4.2 条规定，受损害方当事人对由于不履行而遭受的损害有权得到完全赔偿。此损害既包括该方当事人遭受的任何损失，也包括其被剥夺的任何收益，但应考虑到受损害方当事人由于避免发生的成本或损害而得到的任何收益；第 7.4.4 条规定，不履行方当事人仅对在合同订立时他能预见到或理应预见到的、可能因其不履行而造成的损失承担责任。

2.5.2.4 禁令

禁令是指由法院发出的禁止当事人在一定时期内做某种行为的判决或命令，它是英美衡平法上的一种特有的违约救济方法。英美法院一般在下列情形下采取这种救济措施：

1) 采取一般损害赔偿的救济方法不足以补偿债权人所受的损失。
2) 禁令必须符合公平合理的原则。

2.5.2.5 解除合同

解除合同是指由于某种原因使已经成立的合同归于消灭。合同解除有多种原因，其中违约是合同解除的原因之一。

1) 解除权的发生。大陆法认为合同的一方当事人不履行合同时，对方就有解除合同的权利；而在英美法中，只有对违反条件(即违反合同中重要条款)或重大违约行为才可行使合同解除权，对违反担保(即违反合同中次要条款)或轻微违约行为就只能请求损害赔偿。我国《合同法》在合同的权利义务终止的一章中规定了解除合同的情形：①因不可抗力致使不能实现合同目的；②在履行期限届满之前，当事人一方明确表示或者以自己的行为表明不履行主要债务；③当事人一方迟延履行主要债务，经催告后在合理期限内仍未履行；④当事人一方迟延履行债务或者有其他违约行为致使不能实现合同目的；⑤法律规定的其他情形。

2) 解除权的行使。行使合同解除权的方法主要有两种：一是由一方当事人向法院起诉，由法院做出解除合同的判决；一是无须经过法院，只需向对方表示解除合同的意思表示即可。法国采取第一种办法，德国、英美法系国家采取第二种办法。我国《合同法》第 96 条规定，当事人主张解除合同的，应当通知对方。合同自通知到达对方时解除。对方有异议的，可以请求人民法院或者仲裁机构确认解除合同的效力。法律、行政法规规定解除合同应当办理批准、登记等手续的，依照其规定。

3) 解除权与损害求偿权可否并存。德国法认为债权人只能在解除权与损害求偿权中两者择其一；而法、日、英、美等国法律认为解除权和损害求偿权可同时并存。我国《合同法》第 97 条规定，合同解除后，尚未履行的，终止履行；已经履行的，根据履行情况和合同性质，当事人可以要求恢复原状、采取其他补救措施，并有权要求赔偿损失。第 98 条规定，合同的权利义务终止，不影响合同中结算和清理条款的效力。

4) 解除合同的后果。解除合同的法律后果是使合同效力归于消灭，但这种消灭时间界定，各国法律规定有所不同。法、德、美等国法律规定基本相似，都认为合同的解除，其效力可以溯及到订立的时候，即自始无效。而英国法则认为合同无效仅指向未来，即只是在解除合同时还没有履行的债务不再履行。

2.5.2.6　违约金

为了保证合同得以履行，当事人在合同中约定或法律规定的一方违约后应向另一方支付的金额，即为违约金。违约金有惩罚性和补偿性两种性质界定。在德国，违约金具有惩罚性，债权人可同时要求违约方进行损害赔偿和支付违约金；英美法国家和除德国以外的大陆法国家认为违约金应属补偿性，违约金和损害赔偿不能同时执行。

违约金的增加或减少。关于法院是否有权对当事人约定的违约金予以增加或减少的问题，大陆法各国有同的规定。德国法认为，法院有权对违约金予以减少或增加。《德国民法典》第 343 条规定："约定的违约金额过高者，法院得依债务人的申请以判决减至适当数额。"《瑞士债务法典》第 163 条也规定："违约金过高者，法院得斟酌予以减少。"该法典第 161 条还规定，如债权人所受损失超过违约金时，如债权人能证明债务人有过失，得要求增加金额。

法国法过去一直认为，法院对于违约金的金额原则上不得予以增加或减少。按照《法国民法典》第 11.5.2 条的规定："如合同载明，债务人不履行债务，应支付一定数额的损害赔偿时，不应给予他方当事人较高较低于规定数额的赔偿。"但在 1975 年对上述规定作了重大的修改。按照修改后的法律："如果赔偿数额明显过大或过低时，法官得减少或增加原约定的赔偿数额。"

英美法认为，对于违约只能要求赔偿，而不能予以惩罚。如果双方事人约定的金额过高，大大超出违约引起的损失，或者带有威胁性质，目的在于对违约的一方施加惩罚，则法院将认为这是罚金，法院不予认可。受损害方只能按通常的办法就其实际所遭受的损失请求损害赔偿。

《合同通则》第 7.1.13 条(1)款原则上承认，任何规定不履行方当事人对于其不履行要支付一笔特定金额给予受损害方当事人的条款有效，其结果是后者有权得到这笔约定的金额，而不管实际遭受的损害如何。不履行方当事人不能以受损害方当事人遭受的损害较小，或根本没有受到损害为由，而拒绝付款。针对违约金金额大大超过因不履行以及其他情况造成的损害之情形，《合同通则》明确规定可将该约定金额减少至一个合理的数目，而不考虑任何与此相反的约定(第 7.4.13 条(2)款)。

我国《合同法》第 114 条规定，当事人可以约定一方违约时应当根据违约情况向对方支付一定数额的违约金，也可以约定因违约产生的损失赔偿额的计算方法。约定的违约金低于造成的损失的，当事人可以请求人民法院或者仲裁机构予以增加；约定的违约金过分高于造成的损失的，当事人可以请求人民法院或者仲裁机构予以适当减少。

2.5.3 情势变迁、合同落空与不可抗力

一般来说，订立合同之后，如果一方当事人不履行合同或者不适当地履行合同，都要负违约责任。但是在订立合同之后，非由于债务人的过错发生了某种事先未预料到的变化，但这种情况变化并未达到使债务人不可能履行合同的程度。而是使合同履行困难增加或者需花费更多的钱，如果坚持按原合同履行将会使合同的两方完全失去平衡，造成不公平的结果。对于这种情况应当如何处理，这是本节所要着重讨论的问题。

2.5.3.1 情势变迁原则

所谓情势变迁原则，是指在法律关系成立之后，作为该项法律关系基础的情事，由于不可归责于当事人的原因，发生了非当初所能预料得到的变化。如果仍然坚持原来法律效力，将会产生显失公平的结果，有悖于诚实信用原则。因此，应当对原来的法律效力作相应的变更(如增加或减少履行义务，或解除合同等)的一项法律原则。情势变迁原则的一个重要的理论依据是合同基础论，即认为合同的有效性应以合同成立时所处的环境继续存在为条件。如果合同成立后，定约时所依据的环境已发生重大变化或已不复存在。则合同的效力亦应随之变更不能按原来的合同规定履行。

大陆法虽然承认情势变迁原则，但在民法中对于情势变迁的效力并没有做

出明确的规定。法国法院对以情势变迁为理由要求免除履行的抗辩要求很严格。法国法院的判例认为，只有发生不可归责于债务人的、不可预料的、使债务人在相当期间不可能履行合同的障碍，才能免除债务人的履约义务。意大利与法国不同。意大利民法典明确规定，凡长时期履行的合同或分批履行的合同，如一方提出由于发生非常的、不可预料的事件，致使履行的负担特别加重的，法院得宣布解除合同。但有两点限制：第一，如合同订立后所发生的履约困难是属于合同的正常风险，则不能解除合同；第二，对方当事人可建议公平地修改合同而反对解除合同。

2.5.3.2　合同落空

合同落空是英美法的术语，它与大陆法情势变迁原则相似。合同落空是指在合同成立之后，非由于当事人自身的过失，而是由于事后发生的意外情况而使当事人在订约时所谋求的商业目标受到挫折。在这种情况下，对于未履行的合同义务，当事人得免除责任。按照英美法的解释，并不是在订立合同之后发生任何的意外事件都符合合同落空的标准，而必须是情况已经完全改变，以致在一个通情达理的人看来，合同的当事人倘若事先知道会发生这种变化的话，他们就不会签订合同，或者会把合同签订的不一样。只有达到这种程度，才能按照合同落空处理。美国也以"合同基础论"作为合同落空的依据。美国《合同法重述》第 288条对"落空"作了如下定义："凡以任何一方应取得某种预定的目标或效力的假设的可能性作为双方订立合同的基础时，如这种目标或效力已经落空或肯定会落空，则对于这种落空没有过失或受损害的一方，得解除履行其合同的责任。除非发现当事人另有相反的意思。"

2.5.3.3　不可抗力

由上可见，在一个具体案件中要判断合同是否已经落空，或者是否能适用情势变迁原则，往往是十分困难的。因此，为避免不测的风险，合同的当事人最好是在合同中事先规定订约双方在发生当事人不能控制的某些意外事件时，可以延迟履行合同或解除履行合同义务，任何一方对此都不能请求损害赔偿。这种条款叫做不可抗力条款。所谓不可抗力是指这样一些意外事故：①它是在签订合同以后发生的；②它不是合同任何一方当事人的过失或疏忽所造成的；③它是双方当事人所不能控制的，即这种事故的发生是不能预见、无法避免、无法预防的。按照一些国家的法律，如发生了这种意外事故，致使合同无法履行，有关当事人即可根据法律或合同的规定免除责任。

我国《合同法》第 117 条规定，因不可抗力不能履行合同的，根据不可抗力的影响，部分或者全部免除责任，但法律另有规定的除外。当事人迟延履行后发生不可抗力的，不能免除责任。本法所称不可抗力，是指不能预见、不能避免并不能克服的客观情况。

【例 2.4】 对违约金的性质各国有不同规定，认为违约金具有惩罚性的国家是( )。

　　A. 英国　　　　　　B. 美国　　　　　　C. 德国　　　　　　D. 法国

参考答案：C。

【例 2.5】 依照英国法，对于违反担保，非违约方可采取的补救措施是( )。

　　A. 只能请求解除合同，不能请求赔偿损失

　　B. 不能请求解除合同，有权请求赔偿损失

　　C. 既能请求解释合同，又能请求赔偿损失

　　D. 或者请求解除合同，或者请求赔偿损失

参考答案：B。

【例 2.6】下列国家中，规定合同法定解除权的行使须向法院提出的是( )。

　　A. 中国　　　　　　B. 德国　　　　　　C. 法国　　　　　　D. 美国

参考答案：C。

2.6　合同的消灭

合同的消灭，是指当事人之间所确立的合同关系因某一法律事实的发生而不复存在，即当事人权利义务的终止。合同关系消灭，其效力不仅及于合同主债权，也及于合同从债权。下面对两大法系的相关立法分别加以阐述。

2.6.1　大陆法系的相关规定

在大陆法系国家，合同可因清偿、抵销、提存、免除、混同等原因而消灭。

1) 清偿。按合同的约定实现债权目的的行为，即是清偿。它与履行的意义相同，是合同消灭的主要原因。

2) 抵销。当合同的双方当事人互相负有债务，且都同意各自以其债权充当债务之清偿时，即可使用抵销的方法使等额内的相互债务归于消灭。《德国民法典》、《瑞士债务法》规定抵销只需一方当事人的意思表示即生效；《法国民法典》规定抵销条件成就时自动产生抵销效力，但所抵销的债务，必须是已到期的、可抵销的、同类的互负之债。抵销实质上也清偿债的一种方法。

3) 提存。债务人打算履行自己的合同义务，但由于债权人的原因而使其无法

交付合同标的物，此时，债务人可将该标的物交给提存部门而使合同消灭。提存可以由下列原因所致：①债权人下落不明；②债权人无正当理由拒绝受领标的物；③债权人死亡未确定继承人、或丧失行为能力未确定监护人等。

4) 免除。债权人免除债务人的债务，可使合同关系归于消灭。日本和我国法律认为免除是一种单方面的法律行为，无需债务人同意。而法国、德国和瑞士等国法律则认为免除亦属双方的法律行为，需经债务人同意方能生效。

5) 混同。当债权与债务同归于一人，原债权债务关系因失去其存在的基础而消灭，这就是混同。商事法上的继受如合并导致债权人与债务人同归于一人。如甲公司对乙公司负有合同债务，而此时两公司合并，致使该债务归于消灭，从而使原合同关系亦不复存在。

2.6.2 英美法的相关规定

在英美法国家，履行、协议、受挫、违约、法定事由等原因可导致合同当事人权利义务的消灭。

1) 履行。一般说来，履行完毕债权人依据约定实现了合同的目的，即导致合同消灭。通常情况下，合同只有当事人完全正确履行义务后才告消灭。

2) 协议。合同因当事人协议而成立，亦可因当事人协议而解除。如果双方当事人达成协议，解除其中一方当事人的合同义务，则会因无对价而不能执行，除非是签字蜡封或禁止翻供的合同。但是如果双方当事人达成协议，彼此免除各自尚待履行的合同义务，则不要另外的对价，因为在这种协议中，双方当事人都放弃了他们在尚待履行的合同中的权利，这本身就是对价。

3) 受挫。合同因非法、不可能、实质性差异而消灭。非法体现为违反法律强制性规定；不可能体现为当事人死亡或丧失行为能力及标的物灭失；实质性差异体现为情况发生了根本变化致使已订立的合同失去了存在的基础。

4) 违约。合同一方严重违约，另一方可以解除合同而使合同归于消灭。此处所指违约有两种情况：一是现实违约，即合同规定的履行期已到而未履约；一是预期违约，即一方当事人在合同规定的履行期到来之前就明确表示届时将不履约。

5) 法定事由。当出现合并、破产或擅自修改书面合同时，可导致合同权利义务的终止。合并一类与大陆法中的混同相似，另一类是以更安全的合同替代原合同而使原合同消灭。

经破产清理程序，取得法院的解除令后，破产人即可解除一切债务及责任。如果一方当事人擅自对书面合同的重要部分作利己性的修改，对方即可解除合同。

本章小结

合同法是重要的民商法律，是市场经济活动中使用频率最高的法律之一。通过本章的学习，要求了解、熟悉各主要国家及国际货物销售合同公约、国际商事合同通则的相关主要规定。掌握要约与承诺、合同成立要件、变更、转让和合同债务的消灭、违约补救方法等重要规定，并能初步运用，分析和处理各种合同实务问题。

案例分析

1) 甲公司与乙公司签订国际货物买卖合同。合同约定：甲公司于 7 月 10 日向乙公司交付优质铁矿砂 10 万吨，乙公司于 7 月 1 日预付货款的 50%，余款于交付货物后 10 日内付清。7 月 1 日，乙公司得悉，由于丙公司出价优惠，甲公司又与丙公司订立铁矿砂买卖合同，并已将确定给乙公司的 10 万吨铁矿砂中的 5 万吨运给了丙公司，并在继续发运。7 月 5 日，因甲公司的生产基地遭遇特大洪水，损失惨重，甲公司被迫宣告破产。为满足生产，乙公司以高于合同价格的市场价格购买铁矿砂。

问：

(1) 甲公司 7 月 1 日的行为在合同法上称为什么？

(2) 7 月 1 日，乙公司可以采取的合理的补救措施是什么？

2) 1995 年，中国某出口公司向马来西亚公司预订一批原材料。中方电："兹发价 10 万吨一级木材，每吨单价为 1500 美元 CIF 吉隆坡，装运期 5/6 月，即期信用证支付，须以货物尚未售出为准。" 4 月 9 日，接马来西亚回电，"你 3 月 2 日电接受。" 此时，因国际市场木材涨价，原发价的价格明显对出口公司不利，因此，出口公司与日本一公司签订木材买卖合同，按国际市场价售出木材。

问：某出口公司是否违约？为什么？

3) 中国的甲公司与美国的乙公司订立一份国际货物买卖合同。合同约定：甲公司出售一批木材给乙公司，履行方式为：甲公司于 7 月份将该批木材自吉林交铁路发运至大连，后由大连船运至美国纽约，乙公司支付相应对价。但 7 月份，甲公司没有履行。8 月 3 日，乙公司通知甲公司，该批木材至迟应在 8 月 20 日之前发运。8 月 10 日，甲公司依约将该批木材交铁路运至大连。但该批木材在自大连至纽约的运输途中因海难损失 80%。由于双方对货物灭失的风险约定不明遂发生争执。乙公司认为，甲公司未于 7 月份履行合同违约在先，应承担损害赔偿责任。合同因甲公司未按时履行义务已终止，故货物损失的风险理应由甲公司承担。

问：

(1) 乙公司是否有权要求甲公司承担损害赔偿责任?为什么?

(2) 乙公司认为本案合同因甲公司违约已经终止的观点是否正确?为什么?

(3) 本案中，货物损失的风险应由谁承担?为什么?

练习与思考

1) 简述《国际商事合同通则》适用范围。

2) 要约成立的要件是什么?

3) 承诺成立需要具备哪些要件?

4) 合同成立的要件是什么?

5) 合同的变更与合同的转让有何不同之处?

6) 大陆法与英美法关于合同消灭的规定有何不同?

7) 违反合同的救济措施主要有哪些?

3　国际货物买卖合同

⭐ **本章要点**

● 国际货物买卖法的渊源
● 国际货物买卖合同成立要件
● 买卖双方的义务
● 国际货物买卖合同违约构成要件及救济方法
● 国际贸易术语

3.1　国际货物买卖法概述

3.1.1　国际货物买卖合同的概念

国际货物买卖合同是营业地处于不同国家境内的买卖双方当事人之间，一方提供货物，收取价金，另一方接受货物，支付货款的协议。它是确定当事人权利和义务的依据。国际货物买卖合同中的供货方是出口商，或称卖方，受货方是进口商，或称买方。国际货物买卖是国际商事交易中，最重要，也是数量最大的一种，也是最古老的一种形式。与国内货物买卖相比，具有以下几个特点：

1) 国际货物买卖合同具有国际性，所谓货物买卖合同的国际性，从一国角度来说就是通常所说的"涉外因素"。对主体而言，是以合同当事人的营业地在不同的国家为标志。也就是说，只要买卖双方当事人的营业地是处在不同国家，那么他们订立的货物买卖合同便具有国际性。所谓营业地，是指固定的、永久性的、独立进行营业的场所。

2) 国际货物买卖涉及的法律关系复杂，风险性大，在进出口活动中，双方当事人要与运输公司、保险公司或银行等发生法律关系，长距离运输会遇到各种风险，使用外汇支付货款和采用国际结算方式，可能发生外汇风险。此外，还涉及有关政府对外贸易法律和政策的改变等。因此，国际货物买卖合同是当事人权利、义务和风险责任的综合体现。

3) 法律适用的多样性，国际货物买卖合同的法律适用较国内买卖合同复杂。

一般涉及国际公约、国际惯例以及交易当事人所属国的国内法。

3.1.2 国际货物买卖法的渊源

国际货物买卖法的渊源是指国际货物买卖法的表现形式，它包括：

1) 国际条约。国际条约是国际货物买卖法的重要渊源。有关国际货物买卖法的国际条约主要有：1980 年《联合国国际货物销售合同公约》、《国际货物买卖合同时效公约》、《国际货物买卖合同法律适用公约》，1924 年《关于统一提单若干法律规则的公约》(海牙规则)、《维斯比规则》，1978 年《国际海上货物运输公约》，等等。其中，1980《联合国国际货物销售合同公约》是迄今为止有关国际货物买卖合同的一项最为重要的国际条约。它是由联合国国际贸易法委员会主持制订的，于 1980 年在维也纳举行的外交会议上获得通过，并于 1988 年 1 月 1 日正式生效。我国是该公约的成员之一。由于我国是该公约的缔约国，而且参加该公约的国家日益增多，该公约在国家货物买卖中所起的作用肯定会越来越大。

2) 国际贸易惯例。国际贸易惯例是国际货物买卖法的另一个重要渊源。在国际货物买卖中，如果双方当事人在合同内规定采用某项惯例，它对双方当事人就具有约束力。在发生争议时，法院和仲裁机构也可以参照国际贸易惯例来确定当事人的权利与义务。关于国际货物买卖的国际惯例主要有以下几种：

(1) 国际商会制订的《国际贸易术语解释通则》。该通则制定于 1935 年，1953 年做了修订，近年来为了适用国际货物运输方式的变化和电子技术的发展，又于 1980 年和 1990 做了两次修改。该通则在国际上已获得了广泛的承认和采用，我国在外贸业务中也大量使用。

(2) 国际法协会 1932 年制订的《华沙-牛津规则》。该规则是针对 CIF 合同制定的，它对 CIF 合同中买卖双方所应承担的责任、风险与费用做了详细的规定，在国际上有相当大的影响。

(3) 国际商会制订的《跟单信用证统一惯例》和《托收统一规则》。这是两项有关国际贸易支付方面的重要惯例，它们确定了在采用信用证和托收方式时，银行与有关当事人之间的责任与义务，在国际上有很大的影响，我国在外贸业务中也普遍使用。

3) 关于货物买卖的国内法。尽管有关国际货物买卖的国际公约、惯例正日益增多和完善，但离国际货物买卖法的统一还有相当大的距离。各国法院或仲裁机构在处理国际货物买卖合同争议时，仍需借助国际私法规则选择适用某个国家的国内法。因此，各国有关货物买卖的国内法仍是国际货物买卖法的重要渊源之一。

(1) 大陆法系国内立法。在大陆法国家，大都把买卖法纳入民法典，作为民法典的组成部分。尽管大陆法和英美法在货物买卖法的立法形式上有所不同，但是有一点是相同，就是这些国家只有一种买卖法，它既适用于国内货物的买卖，也适用于国际货物买卖。在大陆法国家，买卖法一般作为债编的组成部分编入民法典，如《法国民法典》、《德国民法典》。这些法典通常没有专门针对货物买卖的法律条款，而把货物买卖视为动产买卖的一种统一加以规定。

(2) 英美法系国内立法。英美法系本身是以判例法为主，各国的买卖法的形式和内容并不完全相同。在英美法国家，原则上没有民法和商法之分，英美法国家既没有民法典，也没有商法典，这些国家的货物买卖法大都以单行法的形式出现。在英国，具有代表性的是 1893 年《货物买卖法》。美国以这部法律为样板，于 1906 年制定了《1906 年统一买卖法》，后来，由于这部法律已不能适应美国经济发展的需要，1942 年，美国统一州法协会和美国法学会联合制定了一部美国《统一商法典》，其中第 2 编就是买卖法的法律规定。但这部法典并不是美国国会通过，而是由民间团体起草供各州自由采用的样板法。因按照美国宪法的规定，有关贸易的立法权原则上属于各州，所以各州对于是否采用《统一商法典》有完全的自主权。但是这部法典比较能够适应美国的经济发展，所以除了路易斯安纳州外，所有的州均已通过立法采用了这部法典。该法典是世界上最著名的法典之一。该法典对 1980 年《联合国国际货物买卖合同公约》(CISG)影响很大。

(3) 中国国内立法。我国本身没有专门的商法典，我国对于货物买卖法所产生的各种关系，主要由《民法通则》、《中华人民共和国合同法》(以下简称《合同法》)和 2007 年通过的《中华人民共和国物权法》(以下简称《物权法》)等来调整。《民法通则》第 4 章第 1 节关于民事法律行为的规定、第 5 章第 2 节关于债权的规定，以及第 6 章有关民事责任的规定，都与货物买卖有密切的关系。《合同法》总则对合同的订立、效力、履行、权利义务和法律责任作了一般性规定，分则在第 9 章对货物买卖作了具体规定。我国已经参加和批准的于 1980 年通过并从 1988 年 1 月 1 日起正式生效的《联合国国际货物销售合同公约》，这是我国进行对外货物买卖业务关系最大的一项国际条约。《联合国国际货物销售合同公约》是联合国国际贸易法委员会在 1964 年海牙外交会议上通过的《关于国际货物买卖统一法公约》和《关于国际货物买卖合同成立统一法公约》的基础上制订的。

3.1.3 《联合国国际货物销售合同公约》基本法律结构

3.1.3.1 基本结构

《联合国国际货物销售合同公约》共分 4 部分 101 条。第一部分是公约的适

用范围和总则。关于适用范围,《联合国国际货物销售合同公约》详细规定了适用
本公约和不适用本公约的有关事项。关于总则,主要有解释和适用《联合国国际
货物销售合同公约》的原则、解释当事人意旨的原则、惯例的适用和效力、当事
人营业地的确定、关于合同形式的要求、书面的含义等。第二部分是合同的成立。
这部分主要是对要约和承诺的规则作了详细的规定。关于要约的规则,主要有要
约的定义、要约的生效与撤回、要约的撤销、要约效力的终止等;关于承诺的规
则,主要有承诺的定义、承诺的期限、逾期承诺的效果、承诺的撤回等。第三部
分是货物买卖。如果说第二部分是合同法部分的话,那么这部分实际上是买卖法
部分,其主要内容是买卖双方各项权利和义务、违约及其补救措施等规定。第四
部分是最后条款。这部分的主要内容是一些程序性和技术性的规定,如《联合国
国际货物销售合同公约》的签字、加入、批准、生效、退出、允许保留的事项、
联邦条款、本公约与其他国际条约的关系以及《联合国国际货物销售合同公约》
正本的保存等一般性条款。

3.1.3.2　适用范围

根据《联合国国际货物销售合同公约》规定,适用本公约的合同,其主体必
须是具备以下条件:①双方当事人的营业地必须处在不同的国家;②双方当事人
的营业地所在国必须是缔约国,或者虽然不是缔约国,但如果根据国际私法规则
导致适用某一缔约国的法律,也可以适用本公约。《联合国国际货物销售合同公约》
在第1条第3款中指出,在确定本公约的适用时,当事人的国籍和当事人或合同
的民事或商业性质,应不予考虑。在公约适用范围上必须把握以下两点内容:

(1) 适用《联合国国际货物销售合同公约》的合同性质必须是营业地在不同
国家的当事人之间所订立的货物销售合同。由此可见,《联合国国际货物销售合同
公约》确定一个合同是否为国际合同的标准是指当事人的营业地在不同的国家,
而不论当事人的国籍、客体和法律事实是否有涉外因素。其次,是针对国际货物
销售合同而制定的,因此,工业产权、劳务、金融、租赁等合同均不适用于《联
合国国际货物销售合同公约》。

(2)《联合国国际货物销售合同公约》规定,适用本公约的当事人的营业地
必须分处不同《联合国国际货物销售合同公约》缔约国内,或者如其中一方营业
地或双方营业地虽然不是缔约国但如根据国际私法规则导致适用某一缔约国的法
律,也应适用本公约。例如,我国(《联合国国际货物销售合同公约》缔约国)与
泰国(目前不是《联合国国际货物销售合同公约》缔约国)某公司在青岛签订一项
出口合同,贸易术语为 FOB 青岛,在合同未选择适用法律的情况下,本合同按照
国际私法规则应适用合同订立地法或履行地法,而合同订立地或履行地均为中国,

据此应适用中国法,而中国是《联合国国际货物销售合同公约》的缔约国,依据规定,应适用《联合国国际货物销售合同公约》。这样一来,泰国虽然不是缔约国,却导致适用《联合国国际货物销售合同公约》,结果扩大了《联合国国际货物销售合同公约》的适用范围。但是,这对于该国的当事人以及司法机关处理案件来说,都会产生在适用法律上的不确定性,甚至会出现某种偶然性的结果。这就是有许多国家对本条持反对态度的主要依据(我国和美国等国对本条保留,因而不适用)。

我国对该公约的态度是:基本上赞同公约的内容,但在公约允许的范围内,根据我国的具体情况,提出了以下两项保留:

(1) 关于国际货物买卖合同必须采用书面形式的保留。按照该公约的规定,国际货物买卖合同不一定要以书面方式订立或以书面来证明,在形式方面不受限制。这就是说,无论采用书面形式、口头形式或其他形式都认为是有效的。这一规定同我国涉外经济合同法关于涉外经济合同(包括国际货物买卖合同)必须采用书面形式订立的规定是有抵触的。因此,我国在批准该公约时对此提出了保留。我国坚持认为,国际货物买卖合同必须采用书面形式,不采用书面形式的国际货物买卖合同是无效的。

(2) 关于《联合国国际货物销售合同公约》使用范围的保留。《联合国国际货物销售合同公约》在确定其使用范围时,是以当事人的营业所处于不同国家为标准的,对当事人的国籍不予考虑。按照规定,如果合同双方当事人的营业地是处于不同的国家,而且这些国家又都是该公约的缔约国,该公约就适用于这些当事人间订立的货物买卖合同。即《联合国国际货物销售合同公约》适用于营业地处于不同的缔约国家的当事人之间订立的买卖合同。对于这一点,我国是同意的。但是,该公约又规定,只要当事人的营业地是分处于不同的国家,即使他们的营业地的所属国家不是《联合国国际货物销售合同公约》的缔约国,但如果按照国际私法的规则指向适用某个缔约国的法律,则该公约亦将适用于这些当事人之间订立的买卖合同。这一规定的目的是要扩大《联合国国际货物销售合同公约》的适用范围,使它在某些情况下也可适用于营业地处于非缔约国的当事人之间订立的买卖合同。对于这一点,我国在核准该公约时亦提出了保留。根据这项保留,在我国,该公约的适用范围仅限于营业地点分处于不同的缔约国的当事人之间订立的货物买卖合同。

3.1.3.3 不适合的货物销售形式

《联合国国际货物销售合同公约》规定不适用以下销售:①供私人和家庭使用的货物买卖;②以拍卖方式进行的买卖;③根据法律执行令状或其他令状进行的买卖;④公债、股票、投资证券、流通票据或货币的买卖;⑤船舶、船只、气垫船和飞机的买卖；⑥电力的买卖。此外，《联合国国际货物销售合同公约》第3条还规定，由买方供应所购货物所需的大部分材料的合同，以及供货一方大部分义务是提供劳务或服务的合同，也不适用于《联合国国际货物销售合同公约》。

3.1.3.4　不涉及的问题

《联合国国际货物销售合同公约》不涉及的问题有：

1) 合同的效力，或其任何条款的效力，或任何惯例的效力。所谓国际货物买卖合同的有效性，是指该合同是否具备四个有效要件，即当事人具有行为能力、当事人意思表示真实、合同的内容合法及合同的形式合法。关于国际货物买卖合同成立的形式要件，《联合国国际货物销售合同公约》明确规定国际货物买卖合同无须以书面订立或书面证明，在形式方面也不受任何其他条件的限制。显然，关于国际货物买卖合同的有效性，《联合国国际货物销售合同公约》并没有涉及除形式要件以外的另外三个要件。关于当事人的行为能力、意思表示真实以及合同内容合法等因素对合同有效性的影响，各国都有具体的法律规定，但由于各国经济制度、价值观念以及法律传统等方面的差异，这方面的法律规定分歧较大，因而《联合国国际货物销售合同公约》无法对此做出统一规定。另外，关于惯例的有效性问题，《联合国国际货物销售合同公约》规定当事人应受他们已同意的任何惯例和他们之间已建立起来的习惯做法的约束。据此，可以这样认为，当合同双方当事人选定的惯例与《联合国国际货物销售合同公约》的规定不一致时，应当优先适用惯例，但这一规定是指，国际货物买卖合同的当事人可以选择惯例作为合同的准据法。至于惯例本身的有效性、惯例的内容以及惯例的解释等问题，《联合国国际货物销售合同公约》并没有做出规定，而应适用有关专门解释。

2) 合同对所售货物所有权可能产生的影响。所有权可能产生的影响十分广泛，而且是一个涉及当事人双方的实质利益的重要问题。其广泛包括所有权取得与丧失(转移的时间)、第三人对货物可能提出的各种权利要求，或对第三人可能产生的影响；其重要性表现为所有权的转移关系到当事人双方切身利益。

例如，A国甲向B国乙购买一批货物，贸易术语为FOB，8月1日按期装运开船，A国甲尚未付款赎单之前，B国乙破产，全部财产被法院查封，在这种情况下，该批货物的归属如何，就是所有权应回答的问题。但是，所有这些问题(包括所有权转移和涉及第三人的问题)，各国法律规定不同，无法作统一规定，因此，《联合国国际货物销售合同公约》对涉及所有权的问题采取了不涉及的原则，一概由各该国内法解决。这一原则也适用于公约其他有关条款。

3) 卖方对于货物对任何人所造成的死亡或伤害的责任。根据《联合国国际货物销售合同公约》的规定，卖方对所交付的货物负有品质担保义务。如果卖方交付的货物不符合合同或《联合国国际货物销售合同公约》的规定，买方向卖方提出索赔或要求采取其他补救措施，但《联合国国际货物销售合同公约》对因卖方所售的货物有缺陷而给买方的消费者造成人身伤亡或经济损失所引起的责任问题没有做出规定。因为，这已不是单纯的品质问题而是所谓的产品责任问题。产品责任是指因产品有缺陷而给买方或消费者造成人身伤亡或经济损失的责任；品质责任是指卖方因所交货物与合同规定品质要求不符而应承担的责任。由于各国产品责任法在制定目的、赔偿原则等方面规定各异，无法统一，因此，《联合国国际货物销售合同公约》规定不涉及该问题，而转由有关国家国内法调整。

3.2 国际货物买卖合同的成立

在国际货物买卖合同订立过程中，一般包括询盘、发盘、还盘和接受四个环节，其中发盘和接受是达成交易、合同成立不可缺少的两个基本环节和必经的法律步骤。

3.2.1 询盘

询盘是准备购买或出售商品的人向潜在的供货人或买主探询该商品的成交条件或交易的可能性的业务行为，它不具有法律上的约束力。

询盘的内容可以涉及某种商品的品质、规格、数量、包装、价格和装运等成交条件，也可以索取样品，其中多数是询问成交价格，因此，在实际业务中，也有人把询盘称作询价。如果发出询盘的一方，只是想探询价格，并希望对方开出估价单，则对方根据询价要求所开出的估价单，只是参考价格，它并不是正式的报价，因而也不具备发盘的条件。

在国际贸易业务中，发出询盘的目的，除了探询价格或有关交易条件外，有时还表达了与对方进行交易的愿望，希望对方接到询盘后及时做出发盘，以便考虑接受与否。这种询盘实际上属于邀请发盘。邀请发盘是当事人订立合同的准备行为，其目的在于使对方发盘，询盘本身并不构成发盘。

3.2.2 发盘

发盘又称发价或报价，在法律上称为要约。根据《联合国国际货物销售合同公约》第 14 条第 1 款的规定："凡向一个或一个以上的特定的人提出的订立合同的建议，如果其内容十分确定并且表明发盘人有在其发盘一旦得到接受就受其约束的意思，即构成发盘。"发盘既可由卖方提出，也可由买方提出，因此，有卖方发盘和买方发盘之分。后者习惯上称为递盘。

发盘应向一个或一个以上特定的人提出，向特定的人提出，即是向具体的公司或个人提出。提出此项要求的目的在于，把发盘同普通商业广告及向广大公众散发的商品价目单等行为区别开来。对广大公众发出的商业广告是否构成发盘的问题，各国法律规定不一。大陆法规定，发盘需向一个或一个以上特定的人提出，凡向公众发出的商业广告，不得视为发盘。英美法的规定则与此相反，如英国有的判例认为，向公众做出的商业广告，只要内容确定，在某些场合下也可视为发盘，《联合国国际货物销售合同公约》对此问题持折中态度，该公约第 14 条第 2 款规定："非向一个或一个以上特定的人提出的建议，仅应视为邀请发盘，除非提出建议的人明确地表示相反的意向。"根据此项规定，商业广告本身并不是一项发盘，通常只能视为邀请对方提出发盘。但是，如商业广告的内容符合发盘的条件，而且登此广告的人明确表示它是作为一项发盘提出来的，如在广告中注明"本广告构成发盘"或"广告项下的商品将售给最先支付货款或最先开来信用证的人"等，则此类广告也可作为一项发盘。

3.2.2.1 构成发盘的要件

1) 发盘内容必须十分确定。根据《联合国国际货物销售合同公约》第 14 条第 1 款的规定，发盘的内容必须十分确定。所谓十分确定，指在提出的订约建议中，至少应包括下列三个基本要素：①标明货物的名称；②明示或默示地规定货物的数量或规定确定数量的方法；③明示或默示地规定货物的价格或规定确定价格的方法。凡包含上述三项基本因素的订约建议，即可构成一项发盘。如该发盘被对方接受，买卖合同即告成立。订约建议中关于交货时间、地点及付款时间、地点等其他内容虽然没有提到，并不妨碍它作为一项发盘，因而也不妨碍合同的成立。因为发盘中没有提到的其他条件，在合同成立后，可以双方当事人建立的习惯做法及采用的惯例予以补充，或者按《联合国国际货物销售合同公约》中关于货物销售部分的有关规定予以补充。

2) 表明经受盘人接受发盘人即受约束的意思。必须表明发盘人对其发盘一旦被受盘人接受即受约束的意思。发盘是订立合同的建议，这个意思应当体现在发盘之中，如发盘人只是就某些交易条件建议同对方进行磋商，而根本没有受其建议约束的意思，则此项建议不能被认为是一项发盘。例如，发盘人在其提出的订约建议中加注诸如"仅供参考"、"须以发盘人的最后确认为准"或其他保留条件，这样的订约建议就不是发盘，而只是邀请对方发盘。

我国《合同法》对发盘及构成要件的规定同上述《联合国国际货物销售合同

公约》的规定与解释基本上是一致的。我国《合同法》第 14 条规定：要约是希望和他人订立合同的意思表示，该意思表示应当符合下列规定：内容具体确定；表明经受要约人承诺，要约人即受该意思表示约束。

3.2.2.2 发盘的有效期

在通常情况下，发盘都具体规定一个有效期，作为对方表示接受的时间限制，超过发盘规定的时限，发盘人即不受约束，当发盘未具体列明有效期时，受盘人应在合理时间内接受才能有效。何谓"合理时间"，需根据具体情况而走。根据《联合国国际货物销售合同公约》的规定，采用口头发盘时，除发盘人发盘时另有声明外，受盘人只能当场表示接受，方为有效；采用函电成交时，发盘人一般都明确规定发盘的有效期，其规定方法有以下几种：

1) 规定最迟接受的期限。例如，限×月×日复，或限×月×日复到此地。但在国际贸易中，由于交易双方所在地的时间大多存在差异，所以发盘人往往采取以接受通知送达发盘人为准的规定方法。

2) 规定一段接受的期限。例如，发盘有效期为 7 天，或发盘限 7 天内复。采取此类规定方法，其期限的计算，按《联合国国际货物销售合同公约》规定，这个期限应从电报交发时刻或信上载明的发信日期起算。如信上未载明发信日期，则从信封所载日期起算。采用电话、电传发盘时，则从发盘送达受盘人时起算。如果由于时限的最后一天在发盘人营业地是正式假日或非营业日，则应顺延至下一个营业日。此外，当发盘规定有效期时，还应考虑交易双方营业地点不同而产生的时差问题。

3.2.2.3 发盘生效的时间

发盘生效的时间有各种不同的情况：以口头方式做出的发盘，其法律效力自对方了解发盘内容时生效；以书面形式做出的发盘，关于其生效时间，主要有两种不同的观点与做法。一是发信主义，即认为发盘人将发盘发出的同时，发盘就生效；另一种是受信主义，又称到达主义，即认为发盘必须到达受盘人时才生效。根据《联合国国际货物销售合同公约》规定，发盘送达受盘人时生效。我国合同法关于发盘生效时间的规定同上述《联合国国际货物销售合同公约》的规定是一致的，即也采取到达主义。此外，我国合同法第 16 条还同时对采用数据电文方式的到达时间如何确定做出了具体规定：即采用数据电文形式订立合同，收件人指定特定系统接收数据电文的，该数据电文进入特定系统的时间，视为到达时间；未指定特定系统的，该数据电文进入收件人的任何系统的首次时间，视为到达时间。

3.2.2.4 发盘的撤回与撤销

1) 发盘的撤回。发盘发出后,发盘人是否可以撤回发盘或变更其内容,在这个问题上,英美法与大陆法两大法系之间存在着尖锐的矛盾。英美法认为,发盘原则上对发盘人没有约束力。发盘人在受盘人对发盘表示接受之前的任何时候,都可撤回发盘或变更其内容。而大陆法则认为,发盘对发盘人有约束力。如《德国民法典》规定,除非发盘人在发盘中表明发盘人不受发盘的约束,否则发盘人就要受到发盘的约束。根据《联合国国际货物销售合同公约》的规定,一项发盘(包括注明不可撤销的发盘),只要在其尚未生效以前,都是可以修改或撤回的,因此,如果发盘人发盘内容有误或因其他原因想改变主意,可以用更迅速的通讯方法,将发盘的撤回或更改通知赶在受盘人收到该发盘之前或同时送达受盘人,则发盘即可撤回或修改。

2) 发盘的撤销。关于发盘能否撤销的问题,英美法与大陆法存在严重的分歧。英美法认为,在受盘人表示接受之前,即使发盘中规定了有效期,发盘人也可以随时予以撤销,大陆法系国家对此问题的看法相反,认为发盘人原则上应受发盘的约束,不得随意将其发盘撤销。例如,德国法律规定,发盘在有效期内,或没有规定有效期,则依通常情况在可望得到答复之前不得将其撤销。法国的法律虽规定发盘在受盘人接受之前可以撤销,但若撤销不当,发盘人应承担损害赔偿的责任。为了调和上述两大法系在发盘可否撤销问题上的分歧,《联合国国际货物销售合同公约》采取了折中的办法,该公约第 16 条规定,在发盘已送达受盘人,即发盘已经生效,但受盘人尚未表示接受之前这一段时间内,只要发盘人及时将撤销通知送达受盘人,仍可将其发盘撤销。如一旦受盘人发出接受通知,则发盘人无权撤销该发盘。此外,《联合国国际货物销售合同公约》还规定,并不是所有的发盘都可撤销,下列两种情况下的发盘,一旦生效,则不得撤销:①在发盘中规定了有效期,或以其他方式表示该发盘是不可能撤销的;②受盘人有理由信赖该发盘是不可撤销的,并本着对该发盘的信赖采取了行动。

3.2.2.5 发盘效力的终止

任何一项发盘,其效力均可在一定条件下终止。发盘效力终止的原因,一般有以下几个方面:

1) 在发盘规定的有效期内未被接受,或虽未规定有效期,但在合理时间内未被接受,则发盘的效力即告终止。

2) 发盘被发盘人依法撤销。

3) 被受盘人拒绝或还盘之后，即拒绝或还盘通知送达发盘人时，发盘的效力即告终止。

4) 发盘人发盘之后，发生了不可抗力事件，如所在国政府对发盘中的商品或所需外汇发布禁令等。在这种情况下，按出现不可抗力可免除责任的一般原则，发盘的效力即告终止。

5) 发盘人或受盘人在发盘被接受前丧失行为能力，则该发盘的效力也可终止。

3.2.3 还盘

还盘又称还价，在法律上称为反要约。还盘是指受盘人不同意或不完全同意发盘提出的各项条件，并提出了修改意见，建议原发盘人考虑，即还盘是对发盘条件进行添加、限制或其他更改的答复。受盘人的答复如果在实质上变更了发盘条件，就构成对发盘的拒绝，其法律后果是否定了原发盘，原发盘即告失效，原发盘人就不再受其约束。

3.2.4 接受

接受在法律上称为承诺，它是指受盘人在发盘规定的时限内，以声明或行为表示同意发盘提出的各项条件。可见，接受的实质是对发盘表示同意。这种同意，通常应以某种方式向发盘人表示出来。根据《联合国国际货物销售合同公约》的规定，受盘人对发盘表示接受，既可以通过口头或书面向发盘人发表声明的方式接受，也可以通过其他实际行动来表示接受。沉默或不作为本身，并不等于接受，如果受盘人收到发盘后，不采取任何行动对发盘做出反应，而只是保持缄默，则不能认为是对发盘表示接受。

3.2.4.1 构成接受(承诺)的要件

构成一项有效的接受，必须具备下列各项要件：

1) 接受必须由受盘人做出。发盘是向特定的人提出的，因此，只有特定的人才能对发盘做出接受。由第三者做出的接受，不能视为有效的接受，只能作为一项新的发盘。

2) 接受必须是同意发盘所提出的交易条件。根据《联合国国际货物销售合同公约》的规定，一项有效的接受必须是同意发盘所提出的交易条件，只接受发盘中的部分内容，或对发盘条件提出实质性的修改，或提出有条件的接受，均不能构成接受，而只能视作还盘。受盘人对货物的价格、付款、品质、数量、交货时间与地点、一方当事人对另一方当事人的赔偿责任范围或解决争端的办法等条件提出添加或更改，均视为实质性变更发盘条件。但是，若受盘人在表示接受时，对发盘内容提出某些非实质性的添加、限制和更改(如要求增加重量单、装箱单、原产地证明或某些单据的份数等)，除非发盘人在不过分迟延的时间内表示反对其中的差异外，仍可构成有效的接受，从而使合同得以成立。在此情况下，合同的条件就以该项发盘的条件以及接受中所提出的某些更改为准。

3) 接受必须在发盘规定的时效内做出。当发盘规定了接受的时限时，受盘人必须在发盘规定的时限内做出接受，方为有效。如发盘没有规定接受的时限，则受盘人应在合理时间内表示接受。对何谓"合理时间"，往往有不同的理解。为了避免争议，最好在发盘中明确规定接受的具体时限。

4) 接受通知的传递方式应符合发盘的要求。发盘人发盘时，有的具体规定接受通知的传递方式，也有未作规定的。如发盘没有规定传递方式，则受盘人可按发盘所采用的，或采用比其更快的传递方式将接受通知送达发盘人。

各国法律通常都对接受到达发盘人的期限做出了规定。我国《合同法》第23条也对此作了明确规定，即：承诺应当在要约确定的期限内到达要约人。要约没有确定承诺期限的，承诺应依照下列规定到达：①要约以对话方式做出的，应当及时做出承诺，但当事人另有约定的除外；②要约以非对话方式做出的，承诺应在合理期限内到达。

拓展阅读

2004 年 2 月 1 日巴西大豆出口商向我国某外贸公司报出大豆价格，在发盘中除列出各项必要条件外，还表示"编织袋包装运输"。在发盘有效期内我方复电表示接受，并称："用最新编织袋包装运输"。巴西方收到上述复电后即着手备货，并准备在双方约定的 7 月份装船。之后 3 月份大豆价格从每吨 420 美元暴跌至 350 美元左右。我方对对方去电称："我方对包装条件作了变更，你方未确认，合同并未成立。"而巴西出口商则坚持认为合同已经成立，双方为此发生了争执。此案的焦点就是国际贸易磋商中涉及的还盘问题，由于包装不属于发盘或还盘实质性条件，因此我方的回复不构成一项还盘，巴方不必对此做出回答，合同已经按照原发盘内容和接受中的某些修改为交易条件成立。所以我方以巴方对修改包装条件未确认为理由否认合同的成立是不正确的。

3.2.4.2 接受生效的时间

接受是一种法律行为，这种行为何时生效，各国法律有不同的规定。在接受生效的时间问题上，英美法与大陆法存在着严重分歧。英美法采用"投邮生效"的原则，即接受通知一经投邮或交电报局发出，则立即生效；大陆法系采用"到达生效"的原则，即接受通知必须送达发盘人时才能生效。《联合国国际货物销售合同公约》第18条第2款明确规定，接受送达发盘人时生效。如接受通知未在发盘规定的时限内送达发盘人，或者发盘没有规定时限，且在合理时间内未曾送达发盘人，则该项接受称作逾期接受。按各国法律规定，逾期接受不是有效的接受。由此可见，接受时间对双方当事人都很重要。

此外，接受还可以在受盘人采取某种行为时生效。《联合国国际货物销售合同公约》第8条第3款规定，如根据发盘或依照当事人已确定的习惯做法或惯例，受盘人可以做出某种行为来表示接受，并须向发盘人发出接受通知。例如，发盘人在发盘中要求"立即装运"，受盘人可做出立即发运货物的行为对发盘表示同意，而且这种以行为表示的接受，在装运货物时立即生效，合同即告成立，发盘人就应受其约束。逾期接受又称迟到的接受。虽然各国法律一般认为逾期接受无效，它只能视作一个新的发盘，但《联合国国际货物销售合同公约》对这个问题作了灵活的处理，在第21条第1款中规定，只要发盘人毫不迟延地用口头或书面通知受盘人，认为该项逾期的接受可以有效，愿意承受逾期接受的约束，合同仍可于接受通知送达发盘人时订立。如果发盘人对逾期的接受表示拒绝或不立即向发盘人发出上述通知，则该项逾期的接受无效，合同不能成立。《联合国国际货物销售合同公约》第21条第2款规定，如果载有逾期接受的信件或其他书面文件显示，依照当时寄发情况，只要传递正常，它本来是能够及时送达发盘人的，则此项逾期的接受应当有效，合同于接受通知送达发盘人时订立。除非发盘人毫不迟延地用口头或书面通知受盘人，认为其发盘因逾期接受而失效。以上表明，逾期接受是否有效，关键要看发盘人如何表态。

3.3 买卖双方当事人的义务

3.3.1 卖方义务

在国际贸易中，卖方的义务主要是交付货物、移交一切与货物有关的单据、把货物的所有权转移给买方。

3.3.1.1 交付货物

交付货物是指卖方自愿将货物的占有权，使货物的占有权从卖方手中转移到买方手中。卖方交付货物时，在某些特殊情况下，可能引起的其他相关义务作了规定：如果卖方按照合同或国际公约的规定将货物交付给承运人，但货物没有以货物上加标记、或以装运单据或其他方式清楚地注明有关合同，卖方必须向买方发出列明货物的发货通知。 如果卖方有义务安排货物的运输，则必须订立必要的合同，以按照通常运输条件，用适合状况的运输工具，把货物运到指定地点。 如果卖方没有义务对货物的运输办理保险，则必须在买方提出要求时，向买方提供一切现有的必要资料，使他能够办理这种保险。

《联合国国际货物销售合同公约》对于交付货物按合同规定的时间、地点交货。如果卖方没有义务要在任何其他特定地点交付货物，他的交货义务如下：

1) 如果销售合同涉及货物的运输，卖方应把货物移交给第一承运人运交给买方。

2) 在不属于上一款规定的情况下，如果合同指的是特定货物或从特定存货中提取的或尚待制造或生产的未经特定化的货物，而双方当事人在订立合同时已知道这些货物是在某一特定地点，或将在某一特定地点制造或生产，卖方应在该地点把货物交给买方处置。

3) 在其他情况下，卖方应在他于订立合同时的营业地把货物交给买方处置。在国际货物买卖中存在两种交货方式：①实际交货，即卖方将货物连同代表货物所有权的单据一起交付买方，完成货物所有权与占有权的转移；②象征性交货，即卖方将代表货物所有权的单据或者提取货物的单据交给买方以完成交货义务。卖方交付货物的义务根据贸易术语确定。

3.3.1.2　提交与货物有关的单据

在货物买卖中，单据是买方提取货物、办理报关手续、转售货物以及向承运人或保险公司请求赔偿的必要文件。所以卖方在交付货物的同时也有向买方提交货物单据的义务。单据还是卖方据以结算、买方据以付款以及报关、索赔的凭证。一般常用单据包括运输单据、保险单、质量检验证书、原产地证明、出口许可证等。根据《联合国国际货物销售合同公约》规定，如果卖方有义务移交与货物有关的单据，他必须按照合同所规定的时间、地点和方式移交这些单据。如果卖方在那个时间以前已移交这些单据，他可以在那个时间到达前纠正单据中任何不符合同规定的情形，但是，此一权利的行使不得使买方遭受不合理的不便或承担不合理的开支。但是，买方保留本公约所规定的要求损害赔偿的任何权利。

3.3.1.3　对货物品质的担保

卖方品质保证，是指卖方明示或默示地保证出示货物符合合同要求。从法律上讲，是指对出售的货物的瑕疵担保义务。"品质担保"一词最早出现在英国法律中，简单讲，有以下三个含义：①以货物的描述订立合同的，货物必须符合合约的描述；以样本为准订立合同的，货物必须符合样本。②货物的用途必须是可以进行销售的，这是考虑到在一个买卖合约的买方，货物不一定是自用而是用作转售，因此，有了可进行销售的要求。③货物适合买方的特殊用途。这种"特殊用途"不是②中一般用途，往往是买方在合同中特别约定的用途。

《联合国国际货物销售合同公约》对卖方的品质担保义务作了明确的规定。公约本身就是各国对货物买卖法中分歧的一种协议。《联合国国际货物销售合同公约》对卖方的品质担保义务与英美法基本相似，规定卖方交付的货物必须与合同约定的方式装箱或包装。货物必须符合：①货物应适用于订立同一规格货物通常适用的用途；②货物应适用于订立合同时买方曾明示或默示地通知卖方的任何特定用途，除非情况证明买方不能依赖卖方的技能和判断能力，或者这种依赖对他来说是不合理的；③货物的质量应与卖方向买方提供的货物样品或者样式相同；④货物应按同类货物通用的方式装入容器或包装，如无此通用方式，则应按最有保全和保护货物的方式装进容器或包子包装。但是公约同时规定，如果买方在订立合同时知道或者不可能不知道货物不符合同，卖方就无须按①～④项负有此种不符合同的责任。

关于卖方承担品质担保的时间，《联合国国际货物销售合同公约》规定在货物风险转移于买方时的任何不符合同的情形，由卖方承担责任。对于有些货物要在风险转移后一段时间才能发现与合同不符的，如果缺陷在风险转移之前就已经存在的，卖方仍然承担责任。如果卖方违反了他的某项义务，则卖方对风险转移后的货物缺陷也要承担责任。

3.3.1.4 货物权利的担保

卖方对货物的权利担保是指卖方要保证对货物享有合法的权利，没有侵害第三人的权利，并且第三人不会向自己主张权利。其主要内容包括：

1) 卖方保证对其出售的货物享有合法的权利。

2) 卖方保证在其出售的货物上不存在任何未曾向买方透露的担保物权，如抵押权、留置权等。

3) 卖方应保证他所出售的货物没有侵犯他人的权利，包括商标权、专利权等。上述权利担保义务在各国法律中均有规定，是卖方的法定义务。

《联合国国际货物销售合同公约》第42条规定了卖方的知识产权权利担保义务。所谓卖方知识产权担保，是指在货物买卖法律关系中，卖方有义务保证，对于其向买方交付的货物，任何第三方不能基于知识产权向买方主张任何权利或要求。由于知识产权具有无形性、地域性、独占性等特点，其权利人的专有权被他人侵犯的机会和可能性比物权等权利大得多。一旦第三人对卖方交付的货物基于工业产权或其他知识产权提出权利或要求，买方对货物的使用或转售就会受到干扰，因为第三人可能向法院申请禁令，禁止买方使用或转售货物，而且还会要求买方赔偿因侵权而造成的经济损失，所以规定卖方的知识产权担保义务，对保护买方的利益非常必要。知识产权的保护具有严格的地域性。各国授予的知识产权是相互独立的，在某国取得的知识产权，只在该国境内受到保护。同一商品在甲国认为没有侵犯他人的知识产权，但在乙国却可能会被认为是侵犯了他人的知识产权。那么，应依何国的法律来判断卖方所出售的货物是否侵犯了第三人的知识产权呢？根据《联合国国际货物销售合同公约》的第 42 条的规定，卖方对第三方依买方营业地所在国法律提出的有关知识产权的请求，应承担责任。另外，如果在订立合同时卖方已知买方打算把该项货物转售到某一国家或在某国使用，那么卖方对于第三方依据该国法律所提出的权利要求，应承担责任。

《联合国国际货物销售合同公约》第 43 条对于卖方的权利担保义务进一步规定：买方如果不在已经知道或理应知道第三方的权利或要求后一段合理时间内，将此一权利或要求的性质通知卖方，则买方就丧失援引第 41 条或第 42 条规定的权利。但是，如果卖方第三方的权利或要求以及此一权利或要求的性质，则卖方就无权援引前款规定。公约第 44 条则规定：虽有上述规定，但如果买方对于其未能发出所需的通知具有合理的理由，则买方仍可以要求减低价格，或者要求利润损失以外的损害赔偿。由于《联合国国际货物销售合同公约》的有关用语含义过于模糊，卖方根据《联合国国际货物销售合同公约》所承担的知识产权担保义务的具体内容有着很大的不确定性。不同的学者对词语的不同理解得出来的卖方权利义务非常不同，有时甚至完全相反。因而，在国际货物买卖中，双方当事人不能根据《联合国国际货物销售合同公约》确定他们的有关权利义务及预测行为的法律后果。因而，建议当事人在订立合同时排除公约条款的适用，选择其他法律或在合同中对卖方的担保义务做出详细规定。

拓展阅读

2008 年 1 月，俄罗斯 A 公司因急需一批产品与中国 B 公司签订一份货物买卖合同(该合同产品上拥有的技术已在中国取得专利权)。交易完成后，A 公司又与伊拉克 C 公司签订一份出口合同，将上述合同产品销售给 C 公司，但该产品上拥有的技术已被他人在伊拉克申请并获得专利权。因此，伊拉克专利权人对 A 公司、B 公司及 C 公司提起共同侵权之诉。分析理由：根据《联合国国际货物销售合同公约》第 42 条规定："卖方只有当其在订立合同时已经知道或不可能不知道第三方对其货物会提出工业产权方面的权利和请求时，才对买方承担责任。"本案 A

公司与 B 公司完成交易后，没有任何证据表明 B 公司知道 A 公司将其提供的产品转售给 C 公司，并侵犯了他人的专利权。所以，B 公司不承担任何法律责任。

3.3.2　买方的义务

国际货物交易中买方的主要义务是支付货款和受领货物。

3.3.2.1　支付货款

买方必须按合同和国际公约可以确定的日期支付价款，而无需卖方提出任何要求或办理任何手续。到期付款的义务是自动执行的，无需催告或办理任何手续。在国际货物销售合同中通常要确定支付的时间、地点、方式等，还要确定使用何种货币作为结算和支付的货币，履行必要的付款手续。买方支付货款的义务包括采取合同或任何法律、规章所要求的步骤及手续，以便使货款得以支付。

关于支付货款的地点　如果买卖合同对付款的地点没有明确时，有以下两种情况：①在卖方的营业地付款；②如果是凭移交货物或单据支付货款，则买方应在移交货物或单据的地点支付货款。关于支付货款的时间，如果没有规定具体付款时间，买方应当在卖方按合同和《联合国国际货物销售合同公约》的要求把货物或把代表货物所有权的装运单据移交给买方处置时，支付货款。合同涉及运输时，卖方可以在买方支付货款时，把货物或代表货物所有权的装运单据交给买方。关于检验：公约规定，买方在没有机会检验货物以前，没有义务支付货款，除非这种检验的机会与双方当事人约定的交货或支付程序相抵触。

3.3.2.2　收取货物

买方有义务在卖方交货时接收货物。如买方不及时接收货物，有时可能会对卖方的利益产生直接影响。采取一切理应采取的行动，以便卖方能交付货物这是买方接受货物的主要方面，这项规定主要是要求买方合作，采取必要的行动，如及时指定交货地点或按合同规定安排有关运输事宜，以便卖方能履行其交货义务。

至于收取货物问题，在由买方负责安排运输工具接货的合同中，应规定买方按时安排运输工具及事先发出通知，以便卖方及时装运货物；由卖方负责安排时，应涉及买方不及时接收货物的额外运输以及仓储费用的负担问题。买方在任何情况下不接收或不及时接收货物还涉及货物的损失问题，这些问题都直接关系到双方当事人的权益，在销售合同中大多要求规定得比较具体。倘若未作规定或规定不够具体时，则按双方已确定的习惯做法或国际惯例处理。如惯例或习惯做法又不明确时，则容易引起争议。在国际货物贸易中，"接收"与"接受"是两个不同的法律概念，"接受"是指买方认为品质和数量等方面符合合同的要求和约定。

3.4 违反买卖合同的救济方法

在国际货物买卖合同的履行上，违约则是指买方或卖方在不存在合同约定的不可抗力事故的情况下未能全部或者部分履行其合同义务(包括不符合合同约定的内容)的一种行为。例如：卖方不交付合同约定的货物、迟延交付货物、交付与合同规定不符的货物等；买方不按约定支付货款、不及时办理进口证件、不按约定接收货物或对货物进行复验等，都属于合同当事人的违约行为。除合同或法律上规定的属于不可抗力原因造成以外，违约都要承担违约的责任。

3.4.1 违约形式的分类

以违约所造成的后果和严重程度为标准将违约分为根本违约和非根本违约；根据违约的时间，可以将违约分为根本违约和预期违约。

3.4.1.1 根本违约

1980 年的《联合国国际货物销售合同公约》吸纳了两大法系立法成果，第 25 条明确使用了"根本违约"一词，并规定了根本违约的标准界定。第 25 条规定："一方当事人违反合同的结果，如使另一方当事人蒙受损害，以至于实际上剥夺了他根据合同规定有权期待得到的东西，即为根本违反合同，除非违反合同一方并不预知而且一个同等资格、通情达理的人处于相同情况下也没有理由预知会发生这种结果。"根据这一规定，构成根本违约须具备以下三个条件：首先，必须存在违反合同的事实，这是构成根本违约的前提条件；其次，违反合同的行为给对方造成了损害，并且这种损害是实质性的，即实际上剥夺了受害方根据合同规定有权期待得到的东西；最后，违反合同的一方在订立合同时预见到或者没有理由不预见到会产生这种严重后果。

3.4.1.2 非根本违约

与根本违反合同相对应的是非根本违反合同，它是指一方当事人违反合同，但尚未给对方造成实质性损害的情形。凡是违约行为后果没有构成根本违约的，都是属于非根本违反合同的行为。区分根本违反合同和非根本违反合同，在国际货物买卖中具有重要意义，一方面它直接关系到受损害方可能采取何种补救措施，另一方面也是对违约方承担责任的限制。根据《联合国国际货物销售合同公约》

的规定，如果某种违约行为已经构成根本违反合同，受损害的一方就有权宣告解除合同，并有权要求损害赔偿或采取其他补救措施。如果某种违约行为不构成根本违反合同，即属于非根本违反合同，则受损害的一方不能解除合同，而只能要求损害赔偿或采取其他补救措施。

《联合国国际货物销售合同公约》对根本违约采用了过错原则。对于一般违约的构成上采取了英美合同法的无过错责任原则，但对根本违约则采用了大陆法系的过错责任原则，并采用了主客观相结合来确定违约人的过错问题。主观上，违约方并不预知其违约行为会造成如此严重的后果，例如，违约方并不预知其迟延交货可能会使买受人生产停顿，这样即使违约人的违约行为已经造成了严重后果，但因其主观上不具有恶意，所以并不构成根本违约；客观上，一个同等资格、通情达理的人处于相同的情况中也没有理由预知这种违约行为的严重性，客观标准是对主管标准的限制和合理化，不致使违约方仅以自己主观上没有预见而逃避本来应承担的根本违约的后果。

3.4.1.3 预期违约

预期违约制度来源于英美法系，各国司法体系内往往都有相对应或功能相近的制度安排，《美国统一商法典》规定，在合同一方有合理的理由认为对方不能正常履约时，有权要求对方提供及时履行的充分保证，而在此之前，可中止履行其义务。我国《合同法》第108条引入了"预期违约"的概念：合同当事人一方明确表示或者以自己的行为表明不履行合同义务的，对方可以在履行期限届满之前要求其承担违约责任。《联合国国际货物销售合同公约》亦采纳了该项制度，在第71条的规定，当合同一方当事人的行为显示，其显然将不履行大部分合同义务时，另一方当事人有权中止履行其义务。

预期违约属于合同履行前的违约，而不是合同在履行期限到来之后的违约，所以预期违约与实际违约的根本区别在于它们发生的时间的区别。正是由于预期违约发生在合同成立以后，履行期限到来之前，因此，它具有以下特点：

1) 预期违约表现为将来不履行合同义务，而不是实际违约表现为现实违反合同义务。当事人签订合同后，大多数都有一定的履行期限，在期限到来之前债权人不能请求债务人履行债务，所以合同履行期限前发生的违约是"可能的违约"。

2) 预期违约是对期待债权的侵害而不是现实的债权的侵害。由于合同规定了履行期限，在履行期到来之前，债权人不得违反合同请求债务人提前履行债务，以提前实现自己的债权，所以在履行期限届至以前，债权人享有的债权只是期待权而不是现实债权，对债务人来说，这种期限也体现为一种利益即期待利益，该利益应当为债务人享有。实际违约侵犯的是已到履行期的债权。

3) 预期违约的主张人可以是合同的任何一方当事人。其主张的唯一条件就是对方当事人具有法律规定的将不能履行合同或者将不履行合同的危险，如特定物买卖合同的出卖人在合同履行期届至前将标的物转卖给第三人，或买受人在付款期到来之前转移财产和存款以逃避债务，对方当事人可以主张其承担预期违约责任。

4) 在补救方式上与实际违约也有差别。预期违约是一种可选择的违约救济手段，在一方当事人明确表示违约情况下，当事人一方可以直接解除合同，使合同关系消灭，并可要求预期违约方承担损害赔偿责任；也可以等待合同履行期的到来，在另一方当事人实际违约时，依照实际违约请求对方当事人承担违约责任。在默示预期违约时，一方当事人可以中止履行合同(如果已有合同义务的履行时)，要求预期违约方提供充分的保证，如果在合理的期限内默示违约方未能提供充分担保的，另一方当事人可以解除合同，并可以要求损害赔偿。

5) 预期违约是一种可能违约。由于预期违约发生在合同履行期限届至前，因此，是否履行合同取决于一方当事人的行为。如果一方当事人严格履行合同，则预期违约缺乏实际存在的基础，也有一种可能是因一方当事人最终仍不履行合同而转为实际违约，因而预期违约并不必然承担违约责任。而实际违约一般必然承担责任。

3.4.2　违约救济的主要救济方法

违约救济是指一方当事人违反合同约定或法律规定义务的情况下，另一方当事人依照合同约定或法律规定，以保障合同的法律约束力，维护其合法权益为目的而采取的各种措施的总称。违约救济一词来源于英美法律。依《布莱尔法律辞典》的解释，救济一词指实现权利、或补偿权利侵害的手段以及运用这些手段的权利。违约救济的目的是保护受害方的权益，为了使其尽量避免或者减少违约造成的损失。本质上，违约救济是一种权利，是受害方在对方违约时，为保护自己的利益所享有的一种权利，受害方既可以行使这项权利，也可以放弃这项权利。

3.4.2.1　卖方违约时买方可以采取的救济方法。

卖方违约有几种情况：①不交货；②延迟交货；③交货与合同不符。买方可以采取的救济的方法包括：

1) 要求卖方实际履行。实际履行是按照合同规定的义务，当卖方不履行合同义务时，买方可要求其实际履行合同义务，并可通过法院强制手段强迫卖方履行以上义务。具体包括：①要求卖方提交符合合同规定的货物；②对不符合规定的货物进行修理、更换；③提交替代物等。在贸易实践中，实际履行不是常用的救济方式，仅适用于特定物或特定情况下的货物交易，如果不是这类交易物，买方最有效的救济方式是及时补进货物，或者放弃交易，然后索赔差价损失。大陆法系侧重实际履行，英美法系侧重损害赔偿。

按英国法规定，当卖方不交货时，买方可以对其提起损害赔偿之诉，要求卖方赔偿因其不交货给买方造成的损失。赔偿的范围不仅包括直接损失，比如：因卖方不交货，导致买方无法正常生产经营，如果卖方订约时能预见到这一违约行为给买方带来的损失，则赔偿内容应包括这些损失。

根据美国《统一商法典》，卖方不交货时，买方可以采取以下补救方法：

(1) 解除合同。可以通过补进(Cover)和市场差价的方式，向卖方要求损害赔偿。补进指买方在市场购进同样的货物来代替原应由卖方提供的货物。在采取这种方法时，损害赔偿应按合同价与补进价之差价，加上由此引起的间接损失。所谓市场差价方式的损害赔偿，指买方不进行实际补进，而是按合同价格与买方得知卖方违约时提供的货物所在地的市场价格之差价来确定损害赔偿额。

(2) 请求实际履行。美国法规定的卖方不交货时买方可提起实际履行之诉的适用情形与英国法相同，即只有当买卖合同标的物为特定物或已特定化的物品，且金钱赔偿难以弥补买方所受损失时才适用。买方解除合同并不妨碍其采取其他补救方法，依然有权要求损害赔偿。

《联合国国际货物买卖合同公约》是两者的调和。承认其权利，限制其行使。根据《联合国国际货物买卖合同公约》的规定，实际履行应满足以下条件：①买方不得采取与这一要求相抵触的救济方法；②买方应给予卖方履行合同的宽限期；③当卖方交货不符时，只有这种不符构成根本违反合同(Fundamental Breach)时，买方才能要求提交替代物。交付替代物，更换货物的前提是不能把原物返还。如果买方因处分货物而无法返还原物，就不能退货或返还原物。而且应在发现交货不符时，将这一要求及时通知对方；④法院是否做出实际履行的判决依赖于该国国内法的规定。

2) 减少价金。当卖方交货不符合合同规定时，买方可要求减少价金。《联合国国际货物买卖合同公约》规定，不论价款是否已付，买方都可减低价格。减低价格应按实际交付的货物在交货时的价值与符合合同规定的货物在当时的价值两者之间的比例计算。指卖方的所在地的时价。

如果卖方已对交货不符采取了补救方法，买方就丧失了要求减少价金的权利。《联合国国际货物买卖合同公约》第 37 条规定：如果卖方在交货日期前交付货物，他可以在那个日期到达前，交付任何缺漏部分或补足所交付货物的不足数量，或交付用以替换所交付不符合同规定的货物，或对所交付货物中任何不符合同规定的情形做出补救，但是，此一权利的行使不得使买方遭受不合理的不便或承担不合理的开支。买方保留本公约所规定的要求损害赔偿的任何权利。

3) 解除合同。当卖方违约时，买方可以在如下情况撤销合同：①卖方根本违约；②如果是卖方不交货，在一定合理时间内还不交货，或声明将不交货。

如果卖方已交货，买方则丧失解除合同的权利，除非出现以下情况：①在延迟交货的情况下，买方在得知交货后的合理时间内宣布解除合同；②在交货不符的情况下，买方在检验货物后的合理时间内提出解除合同；③在给予卖方做出履行合同或做出补救的宽限期届满后或在拒绝接受卖方履行义务后的合理时间内宣布解除合同。

根据《联合国国际货物买卖合同公约》规定，买方宣布解除合同的声明，只有在向卖方发出通知时才发生效力。当卖方交付的货物中有部分符合合同时，买方应接受符合规定的部分；只有当卖方完全不交货或不按合同规定交货构成根本违反合同时，一方才能宣布整个合同无效。当卖方交货数量大于合同规定数量时，买方有选择权，全部接受或拒绝多交部分。

4) 要求卖方交付代替物。构成根本违约时，才可以要求卖方交付代替物。

5) 要求卖方进行修补。根据具体情况，也可以自己修理，或请第三人修理，由卖方支付开支。

6) 给卖方一段合理的时间，让其履行合同义务。"合理的时间"是针对卖方延迟交货而规定的救济方法。《联合国国际货物买卖合同公约》第 49 条规定，如果发生不交货的情况，卖方不在买方规定一段合理时限的额外时间内履行其义务买方可以宣告合同无效。这时再宣告合同无效，既显得仁至义尽，又符合法律规定。如果对方到期没有交货，买方是否一定要给卖方一个合理的额外时间，让其履行合同义务，而不能立即宣告撤销合同。各国均有不同的做法：

(1) 英国的做法：买方是否可以立即撤销合同，要看卖方违反的是什么条款。如果违反的是担保条款买方就不能撤销合同，只能要求损害赔偿。如果是违反条件条款就可以立即撤销合同。按照一般解释，商业买卖交易中的交货时间，属于合同的要件，如果没有在规定的时间交货应该认为违反条件，买方就可以立即撤销合同。

(2) 德国的做法：卖方不能按时交货，买方应该进行"催告"。在"催告"中，给卖方一段时间，让其在此期间交货，如果再不交，买方就可以解除合同，或请求赔偿。

(3) 《联合国国际货物买卖合同公约》的规定：如果买方给了卖方一段合理的额外时间，在此期间，除非得到卖方的通知，表明卖方将不会在此期间履行义务，买方不能对卖方采取任何补救方法。当然，买方不因此失去要求损害赔偿的权利，因为卖方毕竟没有按期交货。例如：为圣诞节进口火鸡，供圣诞节市场销售。交货晚了 1 个星期，圣诞节已过。这是属于根本违约，买方可以撤销合同。

又如：出售普通鸡的合同卖方应该于 7 月至 8 月装运，实际装运日期迟了一个星期，这段时间，市场没有什么变化。这不属于根本违约，买方不能撤销合同。

7) 卖方可以对自己不履行义务，自付费用做出补救。卖方自行补救，要符合如下要求：①买方还没有按规定撤销合同；②卖方应该承担补救费用；③补救时，卖方不得给买方造成不合理的不便或延迟。同时，卖方如果要求买方明确表示是否接受卖方履行的义务，而买方在一段合理的时间内没有对这一项要求回答，则卖方可以在该时间内履行义务。这时，买方不得在此期间，采取与卖方履行义务相抵触的任何救济方法。卖方必须履行以下义务：①卖方在准备上述履行时，应该事先通知买方；②如果买方不答复，就是同意。所以，买方不得在此期间，采取与卖方履行义务相抵触的任何救济方法。比如，买方不得在此期间撤销合同。

8) 卖方交付部分货物，买方可以采取的救济方法。当卖方只交付一部分货物，或所交货物只有一部分合格时，买方可以采取的救济方法：①买方只可以对没有交的，或不合格的货物，采取退货、减价、要求赔偿损失等方法，不能撤销合同；②如果卖方只交付一部分货物，或所交货物只有一部分合格，构成根本违约时，可以撤销合同。

9) 卖方提前交货或超量交货时，买方可以采取的救济方法。如果提前交货，买方可以收取货物，也可以拒绝收取货物。超出的部分，可以收，也可以拒收。如果收了，按合同规定的价格。

10) 请求损害赔偿。《联合国国际货物买卖合同公约》认为，请求损害赔偿是一种主要的救济方法，并且，不因为采取了其他救济方法，丧失再请求损害赔偿的权利。计算损害赔偿额的情形有：①实际补进。如果买方撤销了合同，在撤销合同后一段合理的时间内，以合理的方式(指最低价)购买了代替物，买方可以取得两者之间的价格差额和卖方造成的损失补偿(如价格以外的，额外的开支)，这就叫实际补进。②如果没有实际补进货物，也可以按当地价格计算，取得价格差额和损失补偿。

《联合国国际货物买卖合同公约》第74～77 条对损害赔偿作了具体规定，违约归责原则采取无过错责任原则，即买方行使此项权利无须证明卖方有过错，只要卖方违约，并给买方造成了损失；对赔偿范围的确定采取完全赔偿原则。

赔偿额不仅包括买方遭受的直接损失，还包括正常合理的利润及其他损失。若卖方不交货，买方可以撤销合同，并可在其后一段合理的时间内，以合理的方式在市场上购进替代物，此时赔偿额的确定为：替代物价格－合同价格＋因卖方不交货给买方造成的任何其他损失；若撤销合同后，未补进替代物，则赔偿额为：宣告撤销合同时该项货物在原应交货地点的时价－合同价格＋因卖方违约造成的其他损失。

3.4.2.2 买方违约时卖方的救济方法

买方违约情形主要是下列情况：一是不按合同付款或不按时付款，二是不收货或不按时收货。卖方可采取的救济方式如下：

1) 大陆法。在大陆法系中，卖方可采取的救济方式有：

(1) 解除合同。大陆法系国家中，《法国民法典》第 1654、第 1657 条及《德国民法典》第 325、第 326 条均有规定：如果买方不按合同规定支付货款或接收货物，卖方都有权解除合同。但德国法对于买方解除合同的权利有一定限制，《德国民法典》第 45 条规定，如果卖方已经履行合同，并同意给买方以相当期限支付价金时，卖方就不能解除合同。而《法国民法典》则有规定，在买卖合同成立后，如果买方陷于破产状况，致使卖方有丧失价金之虞时，即使卖方曾同意一定期间之后支付价金，卖方亦可不负交付买卖标的物的义务，除非买方能提供支付货款的保证，一般指银行担保，或由银行开立的信用证。

(2) 要求买方实行履行支付价金的义务。《德国民法典》第 241 条规定：债权人依据债权债务关系，有向债务人要求给付的权利。因此，当买方不付款时，卖方有权要求买方支付货款。

(3) 损害赔偿。当买方不支付货款或不接受货物构成违约时，卖方有权要求损害赔偿，当买方延迟支付货款或收取货物时，根据德国法，买方支付利息并不影响卖方就除此之外的损害要求赔偿的权利。根据法国法，买方延迟付款的损害赔偿除有关交易和保证的特别规定外，仅判令支付法定利息，只有当买方延迟付款和基于恶意或故意时，卖方才可要求赔偿其他损失。

(4) 要求支付延迟付款的利息。法国法规定计算价金利息自买方收到卖方发出的支付价金的催告之日起算。德国法规定自买方承受买卖标的物的收益之日起算。

2) 英国法。英国《货物买卖法》中规定了在买方违约时，卖方可以采取物权和债权两方面的救济方法。物权是卖方对货物的权利，是一种对物权；债权救济中的债权是卖方对买方的权利，是一种诉权，必须通过诉讼来实现其权利。卖方可采取的救济方式有：

(1) 债权救济方法。有以下两种方法：一是提起支付价金之诉：此种救济方法适用于：当货物所有权已转移给买方而买方拒付价金时，此时卖方的救济方法实际上包含两种情况：①所有权已转移给买方，买方拒收货物则卖方可以选择提起支付价金之诉或以拒收货物为由对买方要求损害赔偿；②所有权已经转移给买方，买方接受货物但拒付货款，此时卖方就只能向买方提起支付价金之诉，要求买方付款；如果合同规定了支付价金的具体日期，即使货物所有权尚未转移，卖方也可使用此方法。但要注意，如果买方不是用现金而是用汇票来付款，则在汇票到期日前，卖方不得对买方提起支付价金之诉。二是提起损害赔偿之诉：当货物所有权尚未转移于买方时，如买方拒绝受领货物或拒不付款，则卖方只能以买方不受领货物或不付款为由提起损害赔偿的诉讼；卖方未按合同规定时间支付货款时，根据英国《货物买卖法》第10条的规定，除双方当事人另有约定外，买卖合同中有关付款时间的规定不能认为是买卖合同的要件。当买方未按合同约定时间付款时，卖方只能按违反担保对买方提起损害赔偿之诉。损害赔偿的金额，若货物有市价，则按合同价格与买方应接收货物之日的市价之差价计算；若没有市价，则按由于买方拒收货物或拒付货款而自然地、直接地发生的损失计算。对于买方的预期违约，即买方在合同规定应当受此货物或应当支付货款的日期到来之前，已向卖方明白表示他届时将不履行其义务，此时卖方的救济方法为：立即解除合同并请求损害赔偿；或在履行期限届满时，追究买方的实际违约责任，向其提起损害赔偿的诉讼。

(2) 物权方面的救济。按照英国《货物买卖法》，物权方面的救济是指未受款卖方可以对货物采取的救济方法。相对于债权救济而言，物权救济更有利于维护卖方的权利。未受款卖方是指买卖合同关系依法成立并生效后，因买方违约不支付货款或无能力付款时的卖方。英美法对于此时的卖方规定了相应的物权救济方法：①留置权；②停止交货权；③转售权。

3) 美国法。美国《统一商法典》对于买方违约时卖方的救济方法依据买方接受货物之前和接受货物之后做出了具体规定。买方接受货物以前违约，卖方可采取的救济方法有：

(1) 留住货物。当卖方发现买方无支付能力或未能在交货前或交货时支付货款，或有无理拒收货物等违约行为时，除非买方同意支付现金，否则卖方有权拒绝交货。

(2) 停运权。美国法中的这项权利和英国法规定的未受款卖方的物权救济中的停止交货权相似，一般也是指当卖方失去对货物的实际占有时采用，即卖方将货物交给承运人或其他受委托人以运交买方，若买方失去清偿能力或拒付货款，卖方可行使此项权利。

(3) 停止或继续制造合同项下的货物。如果买方违约时合同项下的货物尚未制造为成品，卖方可根据商业上的合理判断，决定继续把合同项下的货物制成成品并将其划归合同项下或者停止制造合同项下的货物而将未制成的货物作为残缺件另行出售，并向买方请求损害赔偿。此处商业上的合理判断，意指卖方不得因买方违约而不尽减轻损失的义务，使损失进一步扩大。

(4) 请求损害赔偿。当买方拒收货物或拒付货款时，卖方可以向买方请求损害赔偿。损害赔偿额可按下列两种方法计算：一是转售合同项下货物，向买方索赔合同价与转售价的差额部分以及附带的损失，但应扣除因买方违约而节省的费用，比如运费、保费等，转售货物应以合理方式进行并通知买方(易腐、易变质、易贬值货物可不受此限)；二是按市场价与合同价的差价计算。若卖方未转售货物，则可以按此方法计算：赔偿额＝合同价－交货时交货地的市场价格＋附带损失－因买方违约而节约的费用。

(5) 提起支付价金之诉。此方法只适用于这两种情况：①买方不接受货物，卖方经过合理的努力仍无法将货物以合理价格转售；②买方已经接受货物而不付款。

3.4.3 公约

1) 实际履行。按《联合国国际货物买卖合同公约》第 28 条规定，当买方不付款，不收取货物或不履行其他合同义务时，卖方可以要求买方实际履行其合同义务，除非卖方已采取了与此相抵触的救济方法，如卖方已宣告撤销合同或已转售货物等。但《联合国国际货物买卖合同公约》在这一问题上无法弥合两大法系固有的差距，是否可适用此方法，须视具体情况而定。

2) 宽限期内履行。按《联合国国际货物买卖合同公约》第 63 条的规定，若买方未在合同规定期限内履行其合同义务，卖方可以给买方一段合理的宽限期履行其合同义务，卖方可要求买方赔偿因卖方延迟履行而遭受的损失，但宽限期内不得采取其他救济方法，如撤销合同或转售货物等。

3) 宣告撤销合同。根据《联合国国际货物买卖合同公约》第 64 条规定，这种救济方法只能在以下两种情况适用：

(1) 买方不履行其在合同或公约中的义务，构成根本违反合同。

(2) 宽限期内仍未履行。这是指在买方不履行合同义务尚未构成根本违约时，卖方给予其宽限期令其履行，但买方此期间仍未履行付款或收货义务，或声明其不拟在此期间履行的情形。但按《联合国国际货物买卖合同公约》规定，卖方此一权利的行使亦有相应限制：若买方已支付货款，卖方原则上就丧失了宣告撤销合同的权利，除非：①对于买方延迟履行义务，卖方在知道买方履行义务前已撤销合同；②对于买方延迟履行以外的任何违约，卖方在知道或理应知道这种违约后的一段合理时间内宣告撤销合同。

4) 自行确定货物的规格。根据《联合国国际货物买卖合同公约》第 65 条的规定，当卖方交货的具体规格本应由卖方提供而卖方在一段合理时间内未向买方提供时，买方可以自行确定所交货物的规格。但卖方行使此项权利应注意几个问题：①卖方必须按照他所知道的买方的要求订明标的物的规格；②卖方必须将其所订明标的物的规格及其细节尽快通知买方；③必须规定一段合理时间，让买方可以在该时间内订出不同的规格。

5) 请求损害赔偿。损害赔偿是违约救济中一种最基本、最常用的救济方法。依《联合国国际货物买卖合同公约》第 64~67 条规定只要因合同一方违约给对方造成损失，无论受损害一方是否已采取其他救济方法，他都可以要求损害赔偿，买方违约时卖方同样可以如此。如前所述，赔偿额的确定原则为完全赔偿原则，但要受可预见性规则和减损规则的限制。

6) 要求支付利息。《联合国国际货物买卖合同公约》第 78 条规定，如果一方当事人没有支付价款或其他拖欠金额，另一方当事人有权对这些款项收取利息，但不影响他取得损害赔偿的权利。

3.5 国际货物买卖中的所有权转移

买卖法的核心问题之一就是货物所有权于何时何地由卖方转移于买方。但买卖双方一般不大注意这个问题。因此，在合同中很少有约定。各国法律对此保留了某些规定，差异之处难以协调，以至《联合国国际货物买卖合同公约》在这个问题上也无能为力，没有列出专门条款加以解决。但这并不能证明这个问题是不重要的。纵观各国的现行规定以及国际惯例对此问题的处理，无非有以下四种：①以实际交货时间为准；②以所有权文件的交接为转移标准；③以合同的特定化作为准绳；④以合同成立为转移的标准。此外，诉至法院时，还可以由法官来判定所有权的转移问题，这当然是以合同中没有订明所有权转移条款或者订立了这方面的条款却不甚清楚为前提。

3.5.1 所有权转移的概念和意义

货物所有权即财产权。在买卖中的"转移"一词是指合同的标的物即货物所有权的转移，不是指与货物转移相关的价款的所有权转移。在国际经贸中，所有权转变是一项基本的商务权利。人们对财产不享有所有权，就无法进行国际间正常的商务活动，就不能进行买卖、投资、借贷等活动，在买卖法中，所有权又是债权发生的前提，它往往是债权人取得债务人财产的所有权。因而，所有权与债权及其他物权，乃至知识产权，都有着密切的联系。所有权作为一项商事权利，也表明为一种商事法律关系，是基于对物的占有、使用、受益和处置而发生的商人之间的社会关系。对于合同中未约定的，规定了一些基本的法律原则，主要有三种情况：①以交货时间作为所有权转移的时间；②以合同成立的时间作为所有权转移的时间；③以货物特定化时作为所有权转移时间。

3.5.2 有关国家的规定

1) 《法国民法典》。《法国民法典》原则上以买卖合同的成立决定货物所有权的转移。当事人就标的物及其价金相互同意时，即使标的物尚未交付，标的物所有权也依法由卖方转移到买方。但在审判实践中，一般适用下列原则：

(1) 如果标的物为种类物，则必须经过特定化后，其所有权才能转移于买方，但无需交付。所谓种类物，即指仅凭抽象的名称、数量、品质予以限定的物。特定化是指将种类物无条件划拨于合同项下的行为。

(2) 如果是附条件的买卖，必须待买方表示确认后，所有权才能转移至买方。

(3) 买卖双方可以在合同中规定具体的所有权转移时间。

2)《德国民法典》。德国法认为所有权的转移属物权法范畴，买卖合同则属债权法范畴，买卖合同本身并不能使所有权发生转移，所以在《德国民法典》中规定，所有权的转移必须订立与买卖合同相分离的物权合同，而且物权合同的生效，如为动产须以交付为条件，不动产则须以登记为条件。具体而言，在动产买卖中，所有权转移必须具备以下两个条件：①双方当事人除买卖合同外必须另外就所有权转移问题订立物权合同；②必须由卖方将货物交付给买方，才能完成所有权的转移。在卖方交付物权凭证的场合，卖方可以通过交付物权凭证来代替实际交货而完成所有权转移。

3) 英国《货物买卖法》。英国《货物买卖法》对所有权转移规则的重大意义主要在于：英国法采取"物主承担风险"原则，即所有权和风险同时转移，从而决定了买卖双方的风险分担；英国法将买方违约时卖方可以采取的救济方法分为物权和债权两方面的救济，若所有权已发生转移，则卖方仅可以采取债权方面的救济方法等等。《货物买卖法》对特定物和非特定物做出了区分：

(1) 特定物买卖的所有权转移。根据该法第71条的规定，对于特定物或已经特定化了的货物买卖，其所有权的转移取决于合同双方当事人的意思表示。如合同未做出明确规定，法院可以按以下规则来确定所有权是否已发生转移：①凡属于无保留条件的特定物买卖合同，并且该特定物已处于可交付状态，则货物所有权在合同有效成立时即发生转移；②特定物买卖合同中，如果卖方还要对货物做出某种行为才能使之处于可交付状态，则货物所有权须于卖方履行了此项行为，并在买方收到有关通知时才转移于买方；③特定物买卖合同中，如该特定物已处于可交付状态，但卖方仍须对货物进行衡量、丈量、检验或其他行为才能确定其价金者，则必须在上述行为完成后，并在买方收到有关通知时，货物的所有权才转移于买方；④当货物是按"试验买卖"或按"余货退回"条件交付给买方时，货物所有权应于下列时间转移于买方：买方向卖方表示认可或接受这项货物，或以其他方式确认这项交易时；买方虽未向卖方做出表示，但在收到货物后，在合同规定的退货期或未规定退货期的情况下，在一段合理的时间内未发出退货通知，则此期限届满时所有权即发生转移。

(2) 非特定物买卖的所有权转移。英国《货物买卖法》规定，非特定物必须经过特定化，所有权才由卖方转移至买方，货物特定化可由买卖双方任何一方提出，征求对方同意。卖方可对货物所有权提出保留。根据英国《货物买卖法》第19条规定，以下情况应认为卖方保留了对货物的处分权：①卖方在合同条款中附加条件保留对货物的处分权，此时，当条件不满足时，所有权不发生转移。比如：卖方可规定所有权须于买方付清全部(或部分)货款后才转移至买方；②货物虽已装船，但若提单所填写抬头人为卖方或其代理人，则货物所有权在卖方将提单背书转让给买方或其代理人之前不发生转移；③当卖方开具汇票向买方收取款项，并将汇票和提单一并交付买方要求其承兑或付款时，买方未付款或未承兑汇票而留下提单，所有权并不转移至买方。

4) 美国《统一商法典》。该法关于所有权转移的一项基本原则是：在货物特定化之前，所有权不发生转移，就此项原则而言，美国法和英国法的规定是相同的。但该法规定，除非双方当事人另有明示的约定，货物的所有权应于卖方实际交付货物时转移至买方，而不管卖方是否通过保留提单等所有权凭证而保留了对货物的担保权益。所有权转移的具体时间有以下两种情况：

(1) 货物需要运输时，合同规定需要卖方把货物运交买方，则：①若合同未规定具体的目的地，货物应于装运的时间和地点转移给买方；②若合同中定有明确的目的地，目的地交货时所有权转移至买方。

(2) 货物不需要运输时，如果合同规定不需要卖方运输货物时，则：①如果合同规定卖方必须把代表该项货物的物权凭证交给买方，则卖方把该物权凭证转让给买方的时间和地点就是所有权由卖方转移给买方的时间和地点；②订约时货物已确定于合同项下，而且未要求卖方交付物权凭证，则在合同成立的时间和地点所有权转移至买方。

5) 《联合国国际货物买卖合同公约》及相关国际贸易惯例。正如前所述，各国关于所有权转移规定有较大的差别，在这个问题上，难于统一，而且《联合国国际货物买卖合同公约》第4条第6款有相应规定，该公约不涉及买卖合同所售货物所有权可能产生的影响。国际贸易惯例中，也只有1932年的《华沙-牛津规则》对所有权转移做出了规定。尽管《华沙-牛津规则》只规定CIF术语，但通常认为其规定适用于卖方有义务提交提单的所有装运港交货的术语，即根据该规则，CIF、FOB、CFR等术语成交的合同中，货物所有权于卖方提交提单时转移至买方。

3.5.3 货物风险的转移

货物风险是指货物可能遭受的各种意外毁损、灭失，如盗窃、火灾、沉船、破碎、渗漏、货物的腐烂变质等。货物风险的转移是指因风险导致的货物损失何时由卖方转移至买方，这其中最主要的是风险转移的时间。各国国内法关于买卖合同中货物风险转移的规定最具代表性的有两类：①物主承担风险原则，采用此原则的国家主要有英国、法国等。即认为风险应由对货物享有所有权的一方承担，实际上就是所有权和风险同步由卖方转移给买方，因此，风险转移的时间地点即所有权转移的时间地点；②交付决定所有权转移原则，中国《合同法》第 142 条所规定的基本原则也是如此。按照这一原则，风险的转移一般只取决于货物的交付，交付之前风险由卖方承担，之后由买方承担，而与所有权转移无关。

《联合国国际货物买卖合同公约》允许双方当事人在合同中规定风险转移的时间和条件，合同行为属于民事法律行为，故应遵循"契约自由"的原则。事实上，在国际贸易中也常常是这样，双方约定了贸易术语，就相当于约定了风险转移的时间和地点，如合同采用装运港交货的术语，则风险应自货物越过装运港载货船舶的船舷时，由卖方转至买方承担；而若采用货交承运人的术语，则于指定地点将货物交于承运人以运交买方时风险即发生转移等。《联合国国际货物买卖合同公约》关于货物风险的转移的基本原则有二：①任何情况下，货物未经特定化，风险不转移；②通常交付时间和地点决定风险转移的时间和地点。对于双方当事人未在合同中对货物风险转移加以约定的情况，除以上两项最基本的原则外，还有以下具体规定：

1) 当合同涉及运输时风险的转移。如果买卖合同涉及要将货物交由承运人运交买方，则：①如果卖方没有义务在某一特定地点交付货物，则自卖方依合同将货物交付第一承运人时起，风险即由买方承担；②如果卖方没有义务在某一特定地点把货物交付承运人，那么货物于该地点交付给承运人时风险即转移。

2) 货物在运输途中出售时风险的转移。在途货物，也称海上路货，此类货物的出售完全是由于提单的出现使之得以实现。例如，某些货物运输途中可能经历多次买卖，或者卖方先装运，再寻找买主，均可能出现这种情况。此时交易情况较为复杂，风险的转移难于确定。《联合国国际货物买卖合同公约》第 68 条针对这种情况，确定了三项基本原则：①在途货物的出售，原则上从订立合同时起，风险由卖方转移至买方；②若有情况表明有需要时，则从货物交付给签发载有运输合同单据的承运人时起风险由卖方转移至买方；③如果卖方在订立合同时就已经知道货物已灭失或损坏，而他又不将这一事实告知买方，则这种灭失或损失应由卖方承担，即风险不移转至买方。

3) 其他情况下货物风险的转移。《联合国国际货物买卖合同公约》第 69 条规定了不涉及货物运输和非海上路货交易时的风险转移时间：

(1) 如果买方有义务到卖方营业地接收货物，则：①风险自卖方在合同规定交货时间内，将货物交给买方时起转移到买方；②如果卖方在合同规定的交货时间内，已将货物按要求划归合同项下，但买方没有按规定的时间去接收，则风险从买方不收取货物而违反合同时起转移至买方。

(2) 如果买方有义务在卖方营业地以外的某一地点接收货物时，当交货时间已到而买方知道货物已在该地点交给他处置时起，货物风险即由卖方转移至买方。

4) 卖方根本违反合同对货物风险转移的影响。《联合国国际货物买卖合同公约》第 70 条规定：如果卖方已根本违反合同，则上述第 67、第 69 条的规定，都不损害买方对这种根本违反合同可以采取的补救方法。对于此项规定，在理解时应注意：只适用于卖方已根本违反合同的场合；根本违约不影响风险转移，但买方仍可采取各种救济方法。

本章小结

国际货物买卖合同是国际贸易法的核心。该章以国际公约和国际惯例为主线，重点介绍国际货物买卖法的基础理论和基本知识，旨在使学生全面掌握国际货物买卖法的基本内容。国际货物买卖法主要包括国际货物买卖合同的成立、卖方和买方的义务，对违反买卖合同的补救方法、货物所有权与风险的移转等。

案例分析

1) 某合同规定，卖方应于已于 12 月 1 日以前交付机床 100 台，共值 50 000 美元。7 月 1 日卖方来电说："因机床价格上涨全年供不应求，除非买方同意支付 60 000 美元，否则将不交付这 100 台机床。"但买方受到电报后表示反对，坚持要求按合同规定价格交货。买方曾于 7 月 1 日向另一家供应商询价，拟寻求替代物，新供应商可在 12 月 1 日交货，但要求支付 56 000 美元，买方当时未立即补进货物，到 12 月 1 日买方才以时价 61 000 美元向另一家补进 100 台机床。本合同适用《联合国国际货物销售合同公约》。请问：

(1) 买方是否有权在 7 月 1 日提出解除合同？

(2) 买方可以向卖方索赔多少钱？

2) 2005 年 3 月 15 日原告台湾某公司于被告中国某钢管公司签订买卖合同，合同约定：由原告向被告购买材质为 API 5L-Gr.B 的电阻焊管，交货方式为 FOB

天津新港，目的港新加坡。之后，与新加坡的联邦五金工程有限公司(Federal Hardware Engineering Co.Pte.Ltd，简称联邦五金公司)签订买卖合同，原告将上述货物销往该公司。联邦五金公司又将货物销售给联邦 JWR 能源有限公司(Federal JWR Energy Pte.Ltd，简称联邦能源公司)。联邦能源公司的代表印度尼西亚的Pt-JWR(Pt Jasa Wijaya Kaya)公司代表其接收了该批电阻焊管，进行安装试验时，因质量问题，发生管体爆裂。原告即与被告协商，一同前往现场查明原因，被告予以拒绝，无奈原告前往现场，由 Pt-JWR 公司委托专业检测公司 Luindo Prima 股份有限公司(PT.Luindo Prima)于 2006 年 4 月对上述焊管进行 UT 检测，结果是被检测的大部分焊管均未达到 API 标准，焊接厚度大部分不足 9mm，部分仅为6mm。最后只能更换大部分被告生产的电阻焊管，由此给联邦五金公司造成 58 万美元的损失。2006 年 10 月，原告与联邦五金公司共同去本溪与被告协商。被告要求原告提供出现质量问题的电阻焊管系被告生产后再协商赔偿问题。2007 年3 月原告提供了相关证据，但被告仍拒绝赔付，原告只得与联邦五金公司多次协商，赔偿其损失 40 万美元。之后，在 2007 年 4 月至 9 月间原告多次与被告协商，均未果，故诉讼，请求法院依法判令被告：给付原告经济损失款 40 万美元，折合人民币 300 万元；承担案件受理费人民币 30 800 元，保全费人民币 5 000 元及公证费、翻译费人民币 10 640 元。(提示)国际货物买卖合同纠纷对证据形式要求严格，需要严格按照法律的要求提供，尤其在相对方不讲诚信的情况下，可以运用多种合法手段，包括在商谈中录音，在谈判中作会议纪要由双方签字等形式从多种渠道搜集，并根据案件实际情况严密组织。请问：

(1) 如果你是该案的代理律师，将如何从方便诉讼角度考虑来选择管辖法院？

(2) 本案中，被告的违约责任和侵权责任发生竞合，就违约责任的损害赔偿范围，在财产损害赔偿部分，我国《合同法》以及《联合国国际货物销售合同公约》如何规定？

练习与思考

1) 简述要约与承诺的构成条件。

2) 简述中止合同与解除合同的区别及其各自适用的范围。

3) 结合《联合国国际货物买卖合同公约》的有关规定，论述《联合国国际货物买卖合同公约》对货物风险转移的规定。

4) 简述公约规定的卖方违反交货义务时买方的救济措施。

5) 根据所学知识，分析外贸业务中违约金、罚金、定金及预付款的法律性质。

6) 你如果作为公司的谈判代表，在一起国际贸易商务谈判中，如何草拟合同？对买卖双方的权利义务如何确定？合同的主要条款包括哪些？

4 代 理 法

⭐ **本章要点**

- 代理法律制度的概念
- 代理的法律特征和种类
- 代理法律关系中被代理人、代理人和第三人各自的权利和义务
- 我国代理法与外贸代理制

4.1 代理法概述

4.1.1 代理的概念

我国《民法通则》第 63 条第 2 款规定：代理人在代理权限内，以被代理人的名义实施民事法律行为。被代理人对代理人的代理行为，承担民事责任。依据这一规定，可以把代理定义为：代理人在代理权限范围内，以被代理人名义向第三人为意思表示或受领意思表示，而该意思表示直接对本人生效的民事法律行为。可见，因代理这一民事法律行为而产生的法律关系中，通常由三方当事人构成，即被代理人、代理人和第三人。

4.1.2 代理的范围

《民法通则》第 63 条第 1 款规定：公民、法人可以通过代理人实施民事法律行为。第 3 款规定：依照法律规定或者按照双方当事人约定，应当由本人实施的民事法律行为，不得代理。意味着有些行为必须由自然人和法人本人行使，不得通过委托代理人来行使。不能适用代理的行为包括：

1) 必须由被代理人本人亲自实施的行为。这类行为通常由法律进行特别规定或具有人身性质，不能适用代理，如立遗嘱、婚姻登记、解除婚姻关系等。

2) 双方当事人约定必须由本人亲自实施的民事行为。

3) 违法行为。《民法通则》第 67 条规定：代理人知道被委托代理的事项违法

仍然进行代理活动的，或者被代理人知道代理人的代理行为违法不表示反对的，由被代理人和代理人负连带责任。

4.1.3 代理的法律特征

1) 代理是代理人以代理人的名义实施的民商事行为。《民法通则》第63条规定：代理人在代理权限内，以被代理人的名义实施民事法律行为。《日本民法典》也有类似规定，代理人在其权限内明示为本人而进行的意思表示，直接对本人发生法律效力。这一点和合同法中的行纪行为不同，行纪是行纪人以自己的名义为委托人从事贸易活动，委托人支付报酬的行为。在行纪行为中，行纪人以自己名义行事，行纪人自己负担处理委托事务支出的费用，委托人为行纪人从事活动支付报酬。在代理行为中，代理人以被代理人名义实施民商事行为，一般由被代理人承担委托事务支出的费用和代理人相应报酬，当然法律不禁止无偿代理。

2) 代理是代理人在代理权限范围内实施的民商事行为。代理人必须严格按照被代理人的授意、在代理权限范围内开展民商事行为，否则可能导致无权代理，未被被代理人追认时，由代理人承担民事责任。《民法通则》第66条规定，没有代理权、超越代理权或者代理权终止后的行为，只有经过被代理人的追认，被代理人才承担民事责任。未经追认的行为，由行为人承担民事责任。《民事诉讼法》第59条规定，委托他人代为诉讼，必须向人民法院提交由委托人签名或者盖章的授权委托书。授权委托书必须记明委托事项和权限。诉讼代理人代为承认、放弃、变更诉讼请求，进行和解，提起反诉或者上诉，必须有委托人的特别授权。

3) 代理是代理人实施的代理行为必须具有法律意义的行为。代理人开展的代理行为能在被代理人和第三人之间设立民事权利义务关系，区别于一般的生活行为，如代拟合同、代书诉状、代人传话等，这些行为只是事实行为。

4) 代理是代理行为效果直接归属于被代理人的行为。代理人与第三人进行的一切民事法律行为所产生的民事权利义务，直接归属于被代理人，即由被代理人与第三人发生法律关系。

拓展阅读

赵某与崔某签订建设工程分包合同，2006年4月赵某承包的工程完工后，崔某于当年6月20日向赵出具欠条一张，载明欠赵某10.3万元。

后来，赵某在多次催讨无果后，就于2007年2月13日，委托陈某全权代理收取崔某所欠其工程款10.3万元。赵某在委托书上注明"赵某委托陈某全权办理催收崔某工程欠款103 000元整"。当日，崔某将10.3万元欠款交给陈某，陈某向崔某出具收条一张,载明"今收到崔某工程款 103 000 元(壹拾万零叁仟元整),以后与崔某无经济关系"。可是该代理人陈某在讨回欠款后却又卷款而逃,结果使赵某鸡飞蛋打。无奈之下,赵某以至今仍持有崔某出具的欠条原件为由将崔某告上法庭,要求崔某归还其欠款 10.3 万元。

法院一审认为,赵某与崔某因建设工程分包合同而产生债权债务关系,崔因对赵负有债务,其向赵出具的欠条真实有效。但赵某在委托陈某后,陈某即为赵的委托代理人,崔某在看过陈某出具的委托书后,将所欠赵的 10.3 万元给付陈某,应视为向赵某履行债务,双方的债权债务关系消灭。陈某作为委托代理人,其向崔某出具的收条与赵某本人出具依法具有同样效力。据此,法院判决驳回赵的诉请。

宣判后,赵某不服提出上诉。二审法院认为,该案的争议焦点是崔某是否已履行向赵支付欠款的义务。该案在一、二审的审理中,赵某对其委托陈某向崔某收款一事均不持异议,而依照《民法通则》的规定,公民、法人可以通过代理人实施民事法律行为。代理人在代理权限内,以被代理人的名义实施民事法律行为。被代理人对代理人的代理行为,承担民事责任,赵某在出具"委托书"后,其与陈某之间即形成委托代理关系,代理人陈某接受委托后,在代理权限范围内实施民事行为所产生的法律后果应由被代理人赵某承担。因此,陈某代理赵某向崔某收取欠款,应视为崔某已向赵某履行全部债务,崔某与赵某之间的债权债务因崔某支付欠款而归于消灭,所以说赵某在崔某债务履行完毕后,又提起诉讼要求崔某归还欠款不符合法律的相关规定,法院不予支持。

(参阅:中国法院网,2007 年 8 月 21 日)

4.1.4 代理的意义

设立代理制度,有两方面意义:一是弥补行为能力欠缺者能力的不足。无民事行为能力人和限制民事行为能力人在行使民事行为时的不足,可以由监护等法定代理制度加以弥补,维护合法权益。二是延伸民事主体活动范围。民事主体从事民事行为,受到知识水平、认知能力和时间空间等方面的限制,不可能事无巨细、亲力亲为,利用代理制度可以弥补这方面的不足,使民事主体从事民事行为的范围得以延伸。

4.1.5 代理的国际立法

作为民商事行为人能延伸的基本法律制度,随着社会分工的细化和经济全球化进程的加深，代理制度逐渐得到各国的确立和发展。由于法律传统的区别，特别是大陆法系和英美法系，在构建代理的具体制度和立法模式上选择了不同的方式。为了减少因不同代理制度给国际贸易带来的障碍，国际统一私法协会于 1961 年制定了《代理统一法公约》和《代理合同统一法公约》，于 1983 年通过了《国际货物销售代理公约》。我国《合同法》中隐名代理制度，即是在借鉴《国际货物销售代理公约》和英美法系代理制度的基础上创设的。

4.2　代理的种类

4.2.1　直接代理和间接代理

以代理人是否以本人的名义行事，代理可以分为直接代理和间接代理，这是大陆法国家普遍的一种分类方法。直接代理是指代理人以本人名义同第三人订立合同，其效力直接及于本人。直接代理人称为商业代理人。所谓间接代理，是受托人以自己的名义承受处理事务的效果后，再转给委托人。从严格意义上说，间接代理是一种经纪关系或行纪关系，不属于代理法调整范围。因此，大陆法国家的民法基本上都未规定间接代理。其区分的意义在于间接代理不像直接代理那样其代理行为的后果直接地而是间接地归于本人，即先由代理人自己对第三人承担一切后果，再由代理人将这些后果转移给本人。

4.2.2　委托代理、法定代理和指定代理

以代理权产生的依据不同，代理可以分为委托代理、法定代理和指定代理。《民法通则》第 64 条第 1 款规定，代理包括委托代理、法定代理和指定代理。

委托代理是代理人依照被代理人的委托而进行的代理，代理人的代理权来自于被代理人的委托行为。《民法通则》第 64 条第 2 款规定，委托代理人按照被代理人的委托行使代理权。第 65 条第 1 款规定，民事法律行为的委托代理，可以用书面形式，也可用口头形式。第 65 条第 2 款规定，书面委托代理的授权委托书应当载明代理人的姓名或单位名称、代理事项、权限和期限，并由委托人签名或者盖章。第 65 条第 3 款规定，委托书授权不明的，被代理人应当向第三人承担民事责任，代理人负连带责任。

法定代理是根据法律的直接规定而产生的代理。《民法通则》第 64 条第 2 款规定，法定代理人依照法律的规定行使代理权。法定代理主要为考虑行为能力欠

缺者的利益而设计。行为能力欠缺者不能为了自己的利益委托代理人，法律根据代理人和被代理人之间的血缘关系、婚姻关系或组织关系而直接指定代理人和代理权，来维护行为能力欠缺者的利益。《民法通则》第 14 条规定，无民事行为能力人、限制民事行为能力人的监护人是他的法定代理人。

指定代理是代理人根据法院或特定机关的指定而发生的代理。指定代理代理人的代理权来源于法院或特定机关的指定，和被代理人的意志无关。《民法通则》第 16 条规定，未成年人的父母是未成年人的监护人。未成年人的父母已经死亡或者没有监护能力的，由下列人员中有监护能力的人担任监护人：①祖父母、外祖父母；②兄、姐；③关系密切的其他亲属、朋友愿意承担监护责任，经未成年人的父、母的所在单位或者未成年人住所地的居民委员会、村民委员会同意的。对担任监护人有争议的，由未成年人的父、母的所在单位或者未成年人住所地的居民委员会、村民委员会在近亲属中指定。对指定不服提起诉讼的，由人民法院裁决。指定代理是在没有法定代理人的情况下，由法院或特定组织(居委会、村委会和相关单位)为行为能力欠缺者设立的代理。

4.2.3　单独代理和共同代理

以代理人是一人还是多人，代理可以分为单独代理和共同代理。单独代理是代理权属于一人的代理。单独代理的核心特征是代理权属于一人，至于被代理人是一人还是数人，在所不问。委托代理和法定代理都可能产生单独代理。共同代理是代理权属于两人以上的代理，也即基于一个代理权而由两个以上的代理人行使代理权的代理。《民通意见》第 79 条规定，数个委托代理人共同行使代理权的，如果其中一人或者数人未与其他委托代理人协商，所实施的行为侵害被代理人权益的，由实施行为的委托代理人承担民事责任。

4.3　代理权

4.3.1　代理权的发生

代理权是代理人从事代理活动，并使法律效力直接归属于被代理人的资格。代理权并不是普通意义上的民事权利，只是一种权限、资格和地位。

根据《民法通则》和相关法律规定，代理权发生的原因有：

1) 基于被代理人的授权。被代理人的授权是委托代理权发生原因。法律没有对授权形式加以强制，但重大民事行为的开展，应当采用书面形式。《民法通则》第65条规定，民事法律行为的委托代理，可以用书面形式，也可以用口头形式。法律规定用书面形式的，应当用书面形式。书面委托代理的授权委托书应当载明代理人的姓名或者名称、代理事项、权限和期间，并由委托人签名或盖章。委托书授权不明的，被代理人应当向第三人承担民事责任，代理人负连带责任。

2) 基于法律规定。特定的法律事实符合法律规定是法定代理权发生原因。《民法通则》第16条第1款规定，未成年人的父母是未成年人的监护人。第14条规定，无民事行为能力人、限制民事行为能力人的监护人是他的法定代理人。

3) 基于法院或特定机关的指定。法院或特定机关的指定是指定代理权发生原因。《民法通则》第16条第3款规定，对担任监护人有争议的，由未成年人的父、母的所在单位或者未成年人住所地的居民委员会、村民委员会在近亲属中指定。第21条规定，失踪人的财产由他的配偶、父母、成年子女或者关系密切的其他亲属、朋友代管。代管有争议的，没有以上规定的人或者以上规定的人无能力代管的，由人民法院指定的人代管。

4.3.2　代理权的授予

4.3.2.1　授权方式

法律对代理权的授予方式，并不加以强制规定。《民法通则》第65条第1款规定，民事法律行为的委托代理，可以用书面形式，也可以用口头形式。法律规定用书面形式的，应当用书面形式。书面委托代理的授权委托书应当载明代理人的姓名或者名称、代理事项、权限和期间，并由委托人签名或盖章。《民事诉讼法》第59条第1款规定，委托他人代为诉讼，必须向人民法院提交由委托人签名或者盖章的授权委托书。这样规定的目的，是在书面授权的场合，使第三人明确有代理权授予行为的发生。

4.3.2.2　授权范围

在法定代理中，代理权的授权范围严格按照法律的规定。《民法通则》第18条规定，监护人应当履行监护职责，保护被监护人的人身、财产及其他合法权益，除为被监护人的利益外，不得处理被监护人的财产。监护人依法履行监护的权利，受法律保护。

在委托代理中，代理权的授权范围以授权行为的意思表示确定。《民事诉讼法》第59条第2款规定，授权委托书必须记明委托事项和权限。诉讼代理人代为承认、放弃、变更诉讼请求，进行和解，提起反诉或者上诉，必须有委托人的特别授权。

4.3.2.3 授权不明时的责任

《民法通则》第 65 条第 3 款规定，委托书授权不明的，被代理人应当向第三人承担民事责任，代理人负连带责任。

4.3.3 滥用代理权

滥用代理权是代理人为了自己或他人利益，而损害被代理人利益而行使代理权。滥用代理权违背代理制度的核心价值，即一切以被代理人的利益为出发点，延伸民事主体活动范围或弥补能力上的不足。其表现形式有：

1) 自己代理。自己代理是指代理人以被代理人的名义与自己进行民事行为。代理人同时为民事行为中的代理人和第三人。如甲委托乙购买汽车，恰好乙有汽车出售。于是乙就以甲的名义与自己订立一份汽车买卖合同，将自己的汽车卖给甲。自己代理如果以损害被代理人利益为目的，则被禁止；如果代理行为使被代理人一方获得利益的，则被允许。

2) 双方代理。双方代理是指代理人既代理被代理人又代理第三人为同一民事法律行为的代理。如甲委托乙出卖房屋，丙同时委托乙购买房屋。于是，乙分别以甲和乙的名义订立一份房屋买卖合同。双方代理如果以损害被代理人利益为目的，则被禁止；如果代理行为使被代理人一方获得利益的，则被允许。《律师法》第 39 条规定，律师不得在同一案件中为双方当事人担任代理人，不得代理与本人或者其近亲属有利益冲突的法律事务。

3) 代理人与第三人恶意串通，损害被代理人的利益。《民法通则》第 66 条第 3 款规定：代理人和第三人串通，损害被代理人的利益的，由代理人和第三人负连带责任。

4.3.4 代理权的终止

《民法通则》第 69、70 条分别规定了委托代理、法定代理和指定代理终止的原因。

1) 委托代理权终止原因：①代理期间届满或者代理事务完成；②被代理人取消委托或者代理人辞去委托；③代理人死亡或丧失民事行为能力；④作为被代理人或者代理人的法人终止。

2) 法定代理权和指定代理权终止原因：①被代理人取得或者恢复民事行为能力；②被代理人或者代理人死亡；③代理人丧失民事行为能力；④指定代理的人民法院或者指定单位取消指定；⑤由其他原因引起的被代理人和代理人之间的监护关系消灭。

拓展阅读

案情：2006 年 9 月 20 日，席某与张某经协商一致达成中国移动充值卡购买合同。合同约定：席某向张某采购 600 万元的中国移动充值卡；总金额为 500 万元；于 2006 年 10 月 16 日前开始供货；席某向张某交纳保证金人民币 10 万元；合同还对货款的交付及违约责任等进行了约定。合同签订后，席某如约向张某支付了合同定金 10 万元，订货款 13.6 万元，共计 23.6 万元。但因张某未能如约履行合同义务，遂于 2007 年共计返还席某合同定金 2 万元，返还订货款 5 万元，至今尚欠原告合同定金 8 万元、订货款 8.6 万元未能还清。于是，席某诉至法院要求张某返还货款 16.6 万元及相关利息。

原来张某是其单位的采购员，因工作需要，每月向赵某购买大量的中国移动充值卡。在一次购卡过程中，赵某在张某购买每 100 元卡同时多送 20 元优惠，席某的爱人是张某单位的同事，席某通过爱人得知此事后，自 2006 年 7 月始就多次托张某代为购买充值卡，后又在其要求下签订了合同，但并未实际履行。后来，张某得知这个赵某是一个骗子，为此已经向公安局报案。

张某主张，她与席某之间是委托代理关系而非买卖合同关系，是赵某欠付席某 16.6 万元，故不同意席某的诉讼请求。

法院审理后认为，合同应当履行。本案的争议焦点在于席某与张某之间是委托代理关系还是买卖合同关系。双方于 2006 年 7 月始多次发生席某支付张某货款，张某给付席某货物即中国移动充值卡的行为。当时双方没有签订书面合同，现对该行为的表述亦不一；后双方签订买卖合同，约定了各自的权利义务，应视为双方界定了他们之间的法律关系为买卖合同关系。

综上所述，法院判决张某返还席某 16.6 万元。

(参阅：中国法院网，2008 年 2 月 3 日)

4.4　无权代理

无权代理是指没有代理权而以被代理人名义实施民事行为并且法律后果归属于被代理人的代理。无权代理有广义、狭义之分，狭义的无权代理包括没有代理权、超越代理权或者代理权终止后的行为，广义的无权代理还包括表见代理。

4.4.1 狭义无权代理

4.4.1.1 狭义无权代理的类型

1) 没有代理权。指既没有经相关人的委托授权，又没有法律依据，也没有法院或特定机关的指定，而以他人名义实施民事法律行为的代理。如乙在没有征得甲的委托授权情况下，为甲购买了 1 辆汽车，乙的一厢情愿，甲当然可以置之不理。

2) 超越代理权。指虽然经过被代理人的委托授权，但代理人超越委托授权范围而实施民事法律行为的代理。如甲委托乙购买 1 辆国产汽车，乙在未征得甲同意的情况下，为甲购买了 1 辆进口汽车。

3) 代理权终止后的行为。指代理权因代理期限届满或代理事项完成而消灭后，代理人仍以被代理人的名义从事民事法律行为的代理。如甲委托乙为其买辆汽车，乙尽力工作并确实为甲买了 1 辆物美价廉的汽车。某日，乙又在市场上寻得 1 辆物超所值的汽车，心想甲必定喜欢并为甲购买。

4.4.1.2 狭义无权代理的法律效果

《民法通则》第 66 条第 1 款规定：没有代理权、超越代理权或者代理权终止后的行为，只有经过被代理人的追认，被代理人才承担民事责任。未经追认的行为，由行为人承担民事责任。本人知道他人以本人名义实施民事行为而不作否认表示的，视为同意。

大陆法系国家对无权代理均有法律规定。如日本民法典规定，无权代理人以本人的名义订立合同者，非经本人追认不发生效力；在本人追认之前，无权代理人所作的代理行为处于不确定的状态。

1) 狭义无权代理属于效力待定民事行为。按照合同法的规定和民法理论，狭义无权代理行为属于效力待定民事行为。

《合同法》第 48 条规定，行为人没有代理权、超越代理权或者代理权终止后以被代理人名义订立的合同，未经被代理人追认，对被代理人不发生效力，由行为人承担责任。相对人可以催告被代理人在 1 个月内予以追认。被代理人未作表示的，视为拒绝追认。合同被追认之前，善意相对人有撤销的权利。撤销应当以通知的方式做出。

2) 被代理人的追认权和拒绝权。追认权和拒绝权属于民事权利分类中的形成权，只需行为人一方的意思表示即可生效。追认是指被代理人对代理人无权代理的行为给予承认。被代理人的追认，意味着无权代理法律效果溯及行为开始对被代理人生效。如前例中，甲委托乙购买 1 辆国产汽车，乙在未征得甲同意的情况下，为甲购买了 1 辆进口汽车。甲看到乙买的汽车后，十分赞赏乙的眼光，接受了乙购买的汽车并对乙进行表彰。拒绝是指被代理人对代理人无权代理的行为给予否认。被代理人的拒绝，意味着无权代理的法律效果由代理人承担。《合同法》第 48 条第 2 款规定，相对人可以催告被代理人在 1 个月内予以追认。被代理人未作表示的，视为拒绝追认。合同法给被代理人的追认权和拒绝权设定了一个期限，即相对人行使催告权的 1 个月内。

3) 相对人(第三人)的催告权和撤销权。催告权和撤销权也属于民事权利分类中的形成权，只需行为人一方的意思表示即可生效。催告是指相对人请求被代理人做出追认或拒绝的意思表示；撤销是相对人确认无权代理为无效的意思表示。《合同法》第 48 条第 2 款规定，相对人可以催告被代理人在 1 个月内予以追认。被代理人未作表示的，视为拒绝追认。合同被追认之前，善意相对人有撤销的权利。撤销应当以通知的方式做出。

4.4.2　表见代理

表见代理是指行为人无代理权，但其开展民事活动的表象足以使第三人认为行为人有代理权，并且行为的后果由被代理人承担的代理。典型的案例是行为人没有代理权，但其持有单位工作证、空白合同书、介绍信，使第三人认为行为人有代理权，而与其开展民事行为。表见代理属于广义的无权代理，符合无权代理的一切表面特征，唯一区别在于第三人有理由相信行为人有代理权。

拓展阅读

甲长期担任 A 公司的业务主管，在 A 公司有很大的代理权限。在甲的努力下，A 公司生意兴隆，新老客户遍及世界。由于甲公司的董事长嫉妒甲的才能，无理解雇了甲。甲怀恨在心，于是在遭解雇 1 个月后，继续手持盖有公章的空白合同书以 A 公司的名义从老客户 B 公司处骗得货物，逃之夭夭。B 公司要求 A 公司付款，A 公司则以甲假冒公司名义为由拒绝付款。B 公司坚持认为在其与甲做生意期间，他并不知甲已被 A 公司解雇，并且也未收到关于 A 公司已解雇甲的任何通知，故 B 公司是不知情的善意第三人，A 公司仍应对甲的无权代理行为负责。双方相持不下，对簿公堂。本案完全符合表见代理制度的构成要件，A 公司在甲离职后未尽通知义务，作为 B 公司是善意的不知情的第三人，其有理由相信甲是 A 公司的代理人，根据大陆法系相关国家有关规定，表见代理属于有效民事行为，法律后果由被代理人承担。

4.4.2.1 表见代理的要件

表见代理一般应当具备以下四个要件：

1) 行为人无代理权。表见代理的首要要件是行为人无代理权，是表见代理的应有之义。

2) 第三人有理由相信行为人有代理权。一般导致第三人有这种误解的情形包括：①行为人与被代理人之间以前存在劳动或人事关系，当关系解除时，未及时进行公告或收回能证明这种关系存在的文书，如单位工作证等。②行为人与被代理人之间以前存在委托代理关系，当关系解除时，未及时消除授权委托书等证明委托代理关系存在的文书，如空白合同书、授权委托书。

3) 第三人是善意。这要求第三人在和行为人进行民事行为时，主观上是善意的认为行为人有代理权。如果第三人知道行为人没有代理权，仍然和行为人开展民事行为，则第三人和行为人要对被代理人的损害承担连带责任。《民法通则》第66条第4款的规定，第三人知道行为人没有代理权、超越代理权或者代理权已终止还与行为人实施民事行为给他人造成损害的，由行为人与相对人对本人负连带赔偿责任。

4.4.2.2 表见代理的法律效果

表见代理属于有效民事行为，法律后果由被代理人承担。《合同法》第49条规定，行为人没有代理权、超越代理权或者代理权终止后以被代理人名义订立合同，相对人有理由相信行为人有代理权的，该代理行为有效。

4.5 英美代理法概述

4.5.1 英美代理法中的代理权

在两大法系中，正是因为代理权的产生，才使代理制度得以具体落实。英美法认为代理权的产生主要有以下几种方式：

1) 明示代理权。即被代理人以明示的方式指定某人为代理人的授权。明示授权的方式有书面形式和口头形式。书面授权的典型是授权委托书。授权委托书授予的代理权限必须严格拘束于授权委托书中的明示条款。

2) 默示代理权。即除明示代理以外，因双方存在的特定关系或特别的行为而产生的代理权。在英美代理法理论中，学者确认默示代理权的两种类型，即通常权限和惯常权限。

(1) 通常权限。即代理人通常拥有某种代理权，使第三人相信代理人也有这种代理权。

(2) 惯常权限。即代理人所处的特定场所有某种定型惯例，使第三人相信代理人当然也有这种定型惯例的代理权。如 1893 年"任特诉佛兰威克案"中：甲是被告酒吧的经理，被告已禁止甲用信用卡去买香烟，但甲仍然在原告处用信用卡买了香烟，被告想以已禁止甲用信用卡买香烟为由拒绝付款。法院认为：甲作为被告酒吧的经理，按常规有权用被告的信用卡买烟，原告只要认为甲为被告的代理人，至于禁止甲用信用卡买烟之事，原告并不知晓，故被告应付款。

4.5.2 英美代理法中代理的分类

1) 协议代理和追认代理。根据代理权授予与代理行为发生的时间关系不同，可以分为协议代理和追认代理。

2) 被代理人身份公开的代理和被代理人身份不公开的代理。根据被代理人身份公开状况，可以将代理分为被代理人身份公开的代理和被代理人身份不公开的代理。被代理人身份公开的代理又可分为显名代理和隐名代理。显名代理是指第三人在与代理人开展民商事行为时知道被代理人姓名的代理。显名代理是指第三人在与代理人开展民商事行为时知道被代理人的存在，但并不知道具体姓名的代理。被代理人身份不公开的代理，指第三人在与代理人开展民商事行为时是不知道被代理人和代理关系存在的代理。

4.5.3 英美代理法中代理的主要种类

1) 协议代理。是指基于代理权的授予而形成的代理关系。英美法系中的协议代理按是否存在对价，分为纯粹协议代理和合同代理；按当事人的意思表示形式，可分为明示协议代理和默示协议代理。

2) 追认代理。是指代理人没有代理权或超越代理权后，被代理人通过追认而与代理人之间形成的代理关系。

3) 不容否认代理。是指被代理人的行为使得善意第三人认为与自己缔结法律关系的主体是代理人，被代理人必须对该"代理人"的行为承担责任。不容否认代理制度旨在保护善意第三人利益。在大陆法系中，一般把此种代理称之为"表见代理"。

4) 法律自动构成代理。是指一方当事人的财产或利益处于紧急状况时, 法律为了保护当事人的财产和利益, 推定对财产的实际控制人享有代理权。例如承运人在遇到紧急情况时有权采取保护财产的行为, 如出售易于腐烂的或有灭失可能的货物。法律自动构成代理有两方面的目的: 一是保护没有事先签订代理协议, 但在事务中像代理人一样实施法律行为的行为人的利益; 二是保护第三人的利益。常见的法律自动构成代理有: 紧急代理、因同居关系而产生的代理、法庭指定的、为精神病人管理事务的代理、新设公司的首届董事的代理等。目前国际商事事务中常用到的是紧急代理。构成紧急代理一般应当具备以下四个要件: ①客观上存在采取紧急情况; ②代理人在行使紧急代理权前无法与被代理人取得联系; ③代理人所采取的措施必须是善意的并且必须考虑到被代理人的最大利益; ④代理人的行为必须是合理和谨慎的。1921 年, "斯佩内葛诉威斯特铁路公司案"中, 铁路公司替原告运一批西红柿。由于铁路工人罢工, 西红柿被堵在半路上, 眼看西红柿将腐烂, 铁路公司就地卖掉了, 法院认为, 虽然铁路公司是出于善意的, 保护原告的利益, 但当时是可以通知原告的, 在可以联系而未联系的情况下私自处理他人的财物, 不能算是具有客观必需的代理权, 被告败诉。

4.6　我国外贸代理制度

4.6.1　两大法系的代理制度

代理制度是英美法系和大陆法系共有的一项法律制度, 是伴随商品经济的发展逐步完善的。由于历史传统、法律文化等方面的不同, 两大法系的代理制度存在着巨大差别。

1) 渊源不同。大陆法系代理制度通常是通过高度抽象和体系化成文法来体现的, 如 1900 年《德国民法典》、1911 年《瑞士债务法典》、1942 年《意大利民法典》和 1896 年《日本民法典》。英美法系代理制度一般是由法院的具体判例逐步确立的, 即通过判例法来建立。当然, 随着两大法系的交往和相互影响, 英美法系代理制度受到大陆法系成文立法的深刻影响, 如英国 1971 年的《授权委托书法》, 大陆法系代理制度也逐渐重视法院判例在补充和完善代理制度成文立法方面的不足。

2) 理论基础不同。大陆法系代理制度的理论基础是以德国拉帮德(Laband)教授为代表的区别论。区别论认为, 代理制度形成的三方关系中有两个法律关系, 被代理人和代理人之间是内部关系, 即委托合同, 被代理人和代理人与第三人之间的外部关系。区别论强调被代理人在委托合同中对代理人的权限限制，对第三人并不产生约束力。英美法系代理制度的理论基础是等同论。等同论认为，代理人的行为就是被代理人的行为。

3) 代理分类不同。大陆法系代理制度把代理分为：直接代理和间接代理。直接代理强调代理人在履行代理事项时，以被代理人的名义与第三人进行民事活动；间接代理强调代理人在履行代理事项时，以自己的名义与第三人进行民事活动。英美法系代理制度把代理分为：显名代理、隐名代理和不公开被代理人身份的代理。

4.6.2　我国的外贸代理法律制度

我国代理法的基本理论，基本上源自大陆法系。现行代理立法受大陆法系民法立法的影响较大。有关代理立法主要见于《民法通则》、《合同法》和《关于外贸代理制度的暂行规定》(以下简称《暂行规定》)，以及《最高人民法院关于贯彻执行<民法通则>若干问题的意见》(试行)等司法解释。

实行外贸代理制，可以发挥外贸代理中外贸企业和生产企业自身优势，可以开拓国际市场，可以优化我国出口商品结构，提升我国商品的国际竞争力。因此通过立法完善我国外贸代理制，对发展我国对外贸易有着重要意义。

4.6.2.1　我国外贸代理制立法进程

我国外贸代理制肇始于 1979 年开始的外贸体制改革。1984 年，国务院批转经贸部《关于外贸体制改革意见的报告》确定了"试行出口代理制，完善外贸经营管理"的原则。1991 年 8 月，原外经贸部发布了《暂行规定》。1994 年 5 月 12日第八届全国人民代表大会常务委员会第七次会议通过，并于 1994 年 7 月 1 日起施行的《中华人民共和国对外贸易法》(以下简称《对外贸易法》)对外贸代理制作了规定。2004 年 4 月 6 日第十届全国人民代表大会常务委员会第八次会议对《对外贸易法》进行了修订。

4.6.2.2　当前我国外贸代理法律制度

1) 取得外贸经营资格放宽，实行备案登记制。1994 年《对外贸易法》第 9条规定，从事货物进出口与技术进出口的对外贸易经营，必须具备下列条件，经国务院对外经济贸易主管部门许可：①有自己的名称和组织机构；②有明确的对外贸易经营范围；③具有其经营的对外贸易业务所必需的场所、资金和专业人员；④委托他人办理进出口业务达到规定的实绩或者具有必需的进出口货源；⑤法律、行政法规规定的其他条件。

当时法律规定取得对外贸易经营权，必须在具备相应条件下取得主管部门的许可和批准，即实行外贸经营权审批制。

2004 年《对外贸易法》第 9 条规定，从事货物进出口或者技术进出口的对外贸易经营者，应当向国务院对外贸易主管部门或者其委托的机构办理备案登记；但是，法律、行政法规和国务院对外贸易主管部门规定不需要备案登记的除外。备案登记的具体办法由国务院对外贸易主管部门规定。对外贸易经营者未按照规定办理备案登记的，海关不予办理进出口货物的报关验放手续。根据上述规定，取得外贸经营权只要在相关主管部门办理备案登记就行，即实行外贸经营权登记制。

实行外贸经营资格备案登记制，标志着我国外贸经营权管理体制改革迈出了关键的一步。通过备案登记，使企业更加容易地获得外贸经营权，从而有资格承担起相应的商事义务和责任，扩大了从事外贸委托代理业务的主体数量与规模。

但是，外贸经营资格备案登记制是有条件地放开外贸经营权管制，并不是完全放开外贸经营权。没有办理外贸经营资格备案登记的企业仍是没有经营对外贸易业务的权利，从法律上讲，这些企业仍不具备合法的外贸业务委托人资格。

2) 外贸代理人法律地位。1994 年《对外贸易法》第 13 条规定，没有对外贸易经营许可的组织或者个人，可以在国内委托对外贸易经营者在其经营范围内代为办理其对外贸易业务。接受委托的对外贸易经营者应当向委托方如实提供市场行情、商品价格、客户情况等有关的经营信息。委托方与被委托方应当签订委托合同，双方的权利义务由合同约定。2004 年《对外贸易法》第 12 条规定，对外贸易经营者可以接受他人的委托，在经营范围内代为办理对外贸易业务。

依据上述修订，外贸经营者从事外贸代理业务时的法律地位有实质性的改变。根据法律规定，外贸经营者既可以开展外贸业务，也可以接受他人委托，在经营范围内代理外贸业务，即既有自营业务，又有代理业务。按照代理制度的一般理论，代理人不能进行自己代理。集两种业务于一身，极有可能导致外贸经营者在开展代理业务时，为了维护自身利益而损害外贸委托人的合法利益。

因此，外贸经营和外贸代理应该分业经营，严格按照代理制度的一般规则，保护外贸委托人的利益，推动我国外贸代理制的进一步发展。

本章小结

本章重点介绍了国际商事代理中法律制度，重点阐述代理法律制度的概念、法律特征和种类，代理法律关系中被代理人、代理人和第三人各自的权利和义务，对我国外贸代理立法现状和主要制度进行了评析和探究。

案例分析

某汽车租赁公司委托其业务员甲到 A 国采购 10 辆汽车。甲在购买汽车后，见该国有一种摩托车销路很好，就用盖有某汽车租赁公司公章的空白介绍信和空白合同书，与该国批发摩托车的丙公司签订了购买摩托车 100 台的合同。合同中约定：自合同签订之日起 30 日内发货，货到后付款。甲回国后，即向公司领导汇报了购买摩托车一事，但公司领导不同意其购买摩托车，并指示甲立即撤销合同。甲即打电话给丙公司。而丙公司告知货已发出，不能撤销合同。丙公司要求汽车租赁公司付款。汽车租赁公司则称并未让甲购买摩托车，并已经让甲通知丙公司不同意购买。双方发生争执，丙公司遂起诉至该国法院。

问题：

(1) 甲的行为是否构成表见代理？

(2) 汽车租赁公司应否承担付款责任？

练习与思考

1) 代理的法律特征有哪些？

2) 简述委托代理和法定代理的区别。

3) 滥用代理权的情形有哪些？

4) 如何理解间接代理？

5   国际货物运输法

⭐ **本章要点**

● 国际货物运输的类型
● 班轮运输的国际规则
● 提单的内容以及承运人与托运人的权利、义务
● 租船运输的国际规则
● 国际货物其他运输方式的国际规则

5.1   国际货物运输概述

国际货物买卖必然伴随着货物的跨国境运输，如何调整承运人、托运人、收货人之间的关系，平衡各方利益，成为一个重要的法律难题。

国际货物运输，就是在国家与国家、国家与地区之间的运输。《中华人民共和国国家标准物流术语》规定，运输是指用设备和工具，将物品从一地点向另一地点运送的物流活动，其中包括集货、分配、搬运、中转，装入、卸下、分散等一系列操作。简单地说，就是将物品从某特定地点运送到另一特定地点的活动。运输是人类社会经济活动中不可缺少的重要环节，在经济上运输具有二重性，既是社会生产和生活必要的条件，又是一个物质生产部门。

5.1.1   国际货物运输的特点

国际货物运输是国家与国家、国家与地区之间的运输，与国内货物运输相比，它具有以下几个主要特点：

1) 国际货物运输涉及国家与国家之间的关系，是一项政策性很强的涉外活动。国际间货物运输是国际贸易的一个重要组成部分，尤其是在经济全球化的当下，在各国之间的经济关系日益紧密的情况下，各国之间常常发生着直接或间接的贸易交往，这种联系不仅是经济上的，也常常会涉及国际间的政治问题，是一项政策性很强的涉外活动。因此，国际货物运输既是一项经济活动，也是一项重要的外事活动，这就要求我们不仅要用经济观点去办理各项业务，而且要有政策

观念，按照我国的对外政策的要求从事国际运输业务。

2) 国际货物运输的环节多，涉及面广。一般来说，国际货物运输的距离都比较长，往往需要使用多种运输工具，通过多次装卸搬运，要经过许多中间环节，如转船、变换运输方式等，经由不同的地区和国家，要遵守各国不同的法律规定。因此，国际货物运输的公约较多。此外，国际货物运输涉及国内外许多部门，需要与不同国家和地区的货主、交通运输、商检机构、保险公司、银行或其他金融机构、海关、港口以及各种中间代理商等从事各种活动。又由于各个国家和地区的法律、政策规定不一，贸易、运输习惯不同，政治、经济和自然条件的变化，都会对国际货物运输产生较大的影响。

3) 国际货物运输的风险较大。由于国际货物运输环节多，运输距离长，涉及面广，情况复杂多变。在运输沿途国际形势的变化，社会的动乱，各种自然灾害和意外事故的发生，以及战乱、封锁禁运或海盗活动等，都可能直接或间接地影响到国际货物运输，以至于造成严重后果。因此，国际货物运输的风险较大。为了转嫁运输过程中的风险损失，各种进出口货物和运输工具，都需要办理运输保险，以减少各种情况带来的损失。

5.1.2　国际货物运输的方式

在国际货物运输中，涉及的运输方式很多，其中包括：

1) 海上运输。在国际货物运输中，运用最广泛的是海洋运输。目前，海运量在国际货物运输总量中占80%以上。海洋运输之所以被如此广泛采用，是因为它与其他国际货物运输方式相比，主要有下列明显的优点：①通过能力大。海洋运输可以利用四通八达的天然航道，它不像火车、汽车受轨道和道路的限制，故其通过能力很大。②运量大。海洋运输船舶的运输能力，远远大于铁路运输车辆。如1艘万吨船舶的载重量一般相当于250～300个车皮的载重量。③运费低。按照规模经济的观点，因为运量大，航程远，分摊于每货运吨的运输成本就少，因此运价相对低廉。海洋运输虽有上述优点，但也有不足之处。如海洋运输受气候和自然条件的影响较大，航期不易准确，而且风险较大。此外，海洋运输的速度也相对较低。

2) 铁路运输。在国际货物运输中，铁路运输是仅次于海洋运输的主要运输方式，海洋运输的进出口货物，也大多是靠铁路运输进行货物的集中和分散的。铁路运输有许多优点，一般不受气候条件的影响，可保障全年的正常运输，而且运量较大，速度较快，有高度的连续性，运转过程中可能遭风险也较小。办理铁路货运手续比海洋运输简单，而且发货人和收货人可以在就近的始发站和目的站办理托运和提货手续。

3) 航空运输。航空运输是一种现代化的运输方式，它与海洋运输、铁路运输相比，具有运输速度快、货运质量高、且不受地面条件的限制等优点。因此，它最适宜运送急需物资、鲜活商品、精密仪器和贵重物品。

4) 公路运输。公路运输是一种现代化的运输方式，它不仅可以直接运进或运出对外贸易货物，而且也是车站、港口和机场集散进出口货物的重要手段。

5) 内河运输。内河运输是水上运输的重要组成部分，它是连接内陆腹地与沿海地区的纽带，在运输和集散进出口货物中起着重要的作用。

国际海上运输是国际货物买卖运输的重要途径，长期以来的国际海上运输中积累的一些运输规则，逐渐演变成了国际惯例或国际条约，并被许多国家的国内法接受。

5.2　班轮运输

5.2.1　班轮运输概念及其特点

班轮运输是由航运公司以固定的航线、固定的船期、固定的运费率、固定的挂靠港口组织的将托运人的件杂货运往目的地的运输。由于班轮运输的书面内容多以提单的形式表现出来，所以，此种运输方式又被称为提单运输。

班轮运输具有以下特点：

1) 具有"四固定"的特点。固定的航线、固定的船期、固定的运费率、固定的停靠港口。

2) 当事人权利义务格式化。承运人与托运人有关班轮运输的权利义务均由提单的形式表现出现，提单的大部分内容由承运人提供的格式予以规定。

3) 班轮运输主要通过签发海运提单的方式使运输合同的权利义务自由转让。

基于上述特点，各国法律和国际公约对班轮输运设置了较多的强制性规定。

因为提单运输是班轮运输的另一种称谓，以下就以提单为主来介绍班轮运输的法律制度。

5.2.2　提单的概念及种类

5.2.2.1　提单的概念

提单(Bill of loading，B/L)是指用以证明海上运输合同和由承运人接管或装载货物，以及承运人保证据以交付货物的单证。从上述定义中可以看出，提单具有下列法律特征：

1) 提单是海上运输合同的证明。
2) 提单是承运人出具的接收货物的收据。
3) 提单是承运人凭以交付货物的凭证。

5.2.2.2　提单的种类

1) 按货物是否已装船提单分为已装船提单和收货待运提单。已装船提单是指货物装船后由承运人签发给托运人的提单。提单注有船名、装船日期，表明货物已在该日期装于该船舶。收货待运提单是承运人在收到托运人托运的货物后，应托运人的请求，于货物装船前签发的提单。

2) 按收货人的抬头分为记名提单、不记名提单、指示提单。记名提单是指提单正面的收货人一栏载明特定的收货人名称的提单，这种提单只有托运人指定的收货人才能提货，不能转让。不记名提单又称空白提单，是指在提单内不记载任何收货人的名称，通常只注明"持有人"或"交与持有人"字样的提单，该提单的持有人有权提取货物，无需背书即可转让。指示提单上载明"凭指示"或"凭某某人指示"字样。这种提单可以转让，提单持有人可以通过背书的方式把它转让给第三方。

3) 按提单上有无批注分为清洁提单和不清洁提单。清洁提单是指提单上没有任何有关货物外表状态不良批注的提单。不清洁提单是指承运人在提单上对货物包装外表状况受损或缺陷加批注的提单。在国际货物贸易中，支付程序一般都要通过银行进行。在实践中发展出了信用证等支付方式。银行一般只接受清洁提单。正是这个原因，托运人有时候会千方百计想取得清洁提单。

4) 按运输方式分为直达提单、海上联运提单和多式联运提单。直达提单是指货物从装货港装船后，直接运至目的港卸船交货，中途不得转船的提单。海上联运提单是指货物从装运港装运后，不直接驶往目的港，而需要在中途换装船舶，由其他承运人将货物运至目的港的提单。多式联运提单是指至少使用两种以上不同的运输方式，将货物从一地运至另一地而签发的提单。

5) 按船舶经营的性质分为班轮提单和租船提单。班轮提单是指班轮公司或其代理人签发的提单。提单一般即是在班轮运输方式下签发的。租船提单是指承运人在租船合同项下签发的提单。租船提单一般无固定格式，船方往往在提单上加注"以租船合同条款为准"的字样。租船提单起证据作用，提单要服从租船合同的约束。

5.2.2.3　提单的主要内容

提单是用以证明海上货物运输合同和货物已由承运人接收或装船，以及承运人保证在目的港按照提单所载明的条件交付货物的书面凭证。

各航运公司一般都有自己的提单格式，尽管各公司提单的内容不尽相同，但其主要内容是基本一致的。提单分正反两面，提单正面是提单记载的事项及一些声明性的条款，提单的背面为关于双方当事人权利和义务的实质性条款。

提单正面通常载明如下内容：①船名，即实际运载货物的船舶名称。为避免同名船舶发生混淆，船舶名称后通常需要注明航次或国籍；②承运人名称，即与托运人订立运输合同之人，包括船长和承运人的代理人名称；③托运人名称，与承运人订立运输合同之人，或向承运人实际提交货物之人的名称；④收货人名称，指有权提取货物之人；⑤装运港、目的港、转运港名称；⑥货物名称，标记、包装、数量或重量以及运输危险货物对危险性质的说明；⑦运费与支付方式，运费金额是由船公司按货物重量或航线确定的；⑧提单签发时间、地点及份数；⑨承运人签字，提单经签字始生效力。

拓展阅读

中国 A 公司委托中国某航公司 B 将 1 万袋咖啡豆从中国上海港运往巴西某港口。船长签发了清洁提单，载明每袋咖啡豆重 60 千克，其表面状况良好。货到目的港卸货后，收货人巴西 C 公司发现其中 600 袋有重量不足或松袋现象，经过磅约短少 25%。于是，C 公司提起诉讼，认为承运人 B 公司所交货物数量与提单的记载不符，要求 B 公司赔偿货物短少的损失。B 公司出具有力证据证明货物数量的短少在货物装运时业已存在，并抗辩称，因其在装船时未对所装货物一一进行核对，所以签发了清洁提单。货物数量的短少不是因承运人 B 公司的过失所造成，所以 B 公司不应对此承担赔偿责任。经查，货物数量的短少的确不是因承运人的原因所造成，而属托运人 A 公司的责任。

5.2.3　提单立法

5.2.3.1　调整提单的国际法

我国调整提单运输的法律规定在《中华人民共和国海商法》(以下简称《海商法》)第 4 章中。

德国调整提单的法律有 1937 年根据《海牙规则》制定的《海上货物运输法》和根据《维斯比规则》修订的《海商法》。

英国 1855 年制定了《提单法》，该法被 1992 年的《海上货物运输法》取代，其主要内容是提单转让的效力、提单与运输合同的关系等。1971 年英国《海上货物运输法》与前一部法名称相同，但调整的范围不同，后者着重调整承运人与托运人的权利和义务。

美国 1893 年的《哈特法》适用于美国与外国间的海上货物运输。1916 年制定的《联邦提单法》于 1994 年修订，适用于美国签发的提单。1936 年制定了《海上货物运输法》，该法与《哈特法》规定不一致时，该法优先适用。

5.2.3.2　调整提单的国际公约

目前，国际上调整提单运输的公约有三个：《海牙规则》、《维斯比规则》、《汉堡规则》。1921 年国际法协会在海牙召开会议制定《海牙规则》，1924 年布鲁塞尔会议对其作了一些修改，正式定名为《关于统一提单的若干法律规则的国际条约》，通称为 1924 年《海牙规则》，1931 年生效。《海牙规则》侧重保护船东的利益。1968 年在布鲁塞尔制定了《修订统一提单法规国际公约的议定书》，简称《维斯比规则》，它对《海牙规则》做了修改，1977 年生效。由于发展中国家的斗争和要求，1978 年联合国贸易和发展会议主持制定了《汉堡规则》，全称为《联合国海上货物运输公约》，1992 年 11 月 1 日生效。《汉堡规则》按照船方和货方合理分担风险的原则，适当加重了承运人的责任，使双方的权利义务趋于平等。我国尚未加入上述公约，但《海商法》关于海上货物运输合同当事人的权利义务的规定与《海牙规则》、《维斯比规则》的基本原则一致。

1)《海牙规则》。全称《1924 年统一提单的若干法律规则的国际公约》，订立于 1924 年 8 月 25 日，1931 年 6 月 2 日生效。《海牙规则》第 3 条规定了承运人必须履行如下最低限度的责任：①承运人须在开航前和开航时恪尽职责使船舶适航；②适当和谨慎装载、搬运、配载、运送、保管、照料和卸载所运货物。凡是在合同中约定解除或减轻承运人依《海牙规则》承担上述责任义务的条款一律无效。

按照《海牙规则》第 1 条(e)的规定，承运人承担责任是从货物装上船起，至卸下船止的整个期间。当使用船上吊杆装卸货物时，指从装货时吊钩受力开始至货物卸下船脱离吊钩为止的整个期间，即实行"钩到钩原则"(Tackle to Tackle rule)。当使用岸上吊杆装卸时，则货物从装运港越过船舷时起至卸货港越过船舷为止的整个期间，即实行"舷到舷原则"(Rail to Rail rule)。

《海牙规则》对承运人免责实行的是不完全过失责任制，即在某些情况下承运人即使有过失也免除责任，而在另一些情况下，承运人只有无过失才免责。《海牙规则》规定了 17 项承运人免责：①船长、船员、引航员或承运人的受雇人员在驾驶或管理船舶中的行为、疏忽或不履行职责；②火灾，但由于承运人实际过失或私谋所造成者除外；③海上或其他可行水域的风险、危险或意外事故；④天灾；⑤战争行为；⑥公敌行为；⑦君主、统治者或人民的扣留或拘禁或依法扣押；

⑧检疫限制；⑨货物托运人或货主、其代理人或者代表的行为或不行为；⑩不论由于何种原因引起的局部或全面的罢工、关厂、停工或劳动力受到限制；⑪暴乱和民变；⑫救助或企图救助海上人命或财产；⑬由于货物的固有瑕疵、性质或缺陷所造成的容积或重量损失，或任何其他灭失或损害；⑭包装不当；⑮标志不清或不当；⑯尽适当的谨慎所不能发现的潜在缺陷；⑰不是由于承运人的实际过失或私谋，或者承运人的代理人或受雇人员的过失或疏忽所引起的任何其他原因。此项规定又称"杂项免责条款"，其他任何原因指不包括在上述 16 条中但与上述 16 条内容具有同一性质的或类似的原因，而不是包罗万象的任何原因。这些原因都不是因承运人本人的过失或私谋，包括承运人的代理人或雇佣人员的过失或疏忽引起的。

✺ 拓展阅读

托运人泰国曼德斯粮食公司出口一批大米，由承运人墨西哥政府商业海运公司班轮运输。货物装船后，承运人向托运人签发了海运提单，提单背面订有适用《海牙规则》的条款。但船在开航前发生火灾，致使货物受到损害，经调查，火灾的起因是由于经船长授权的雇佣人员在对排水管道加温时疏忽所致。托运人对未能交货造成的损失要求承运人赔偿。本案中承运人因未做到在开航前和开航时使船舶适航责任，必须承担赔偿责任。

2)《维斯比规则》。全称《修改统一提单的若干法律规则的国际公约的议定书》，1968 年 2 月 23 日签订于布鲁塞尔，1977 年 6 月 23 日生效。《维斯比规则》对《海牙规则》的修改主要包括以下几方面：

(1) 适用范围。《海牙规则》适用于在任何缔约国所签发的一切提单，《维斯比规则》改为，公约适用于两个国家港口之间有关的货物运输的每一份提单，如果：①提单在一个缔约国签发，或②从一个缔约国的港口启运，或③提单或由提单证明的运输合同中规定，该提单(或合同)受《海牙规则》约束，或受《海牙规则》生效的国内立法的约束。不考虑船舶，承运人，托运人，收货人或任何其他有关人员的国籍如何。

(2) 提单的证据力。《海牙规则》规定，承运人向托运人签发提单，是承运人收到该提单中所载货物的初步证据，根据这一规定，承运人有权提出反证，否定提单所载内容的真实性，这对托运人来讲，没有不公平之处，因为货物是托运人提交的，提单所载内容是托运人填写的。但这对于善意的提单的受让人来说，则可能是不公平的。有鉴于此，《维斯比规则》明确规定，当提单已经转给善意行事的第三者时，与此相反的证据不予接受。也就是说，在存在善意第三者的情况下，提单对于善意的受让人来说，则是最终证据。

(3) 责任限制。《海牙规则》的规定比较简略,其第四条第 5 款规定承运人或船舶,在任何情况下对货物或与货物有关的灭失或损害,每件或每一计费单位是 100 英镑,除非当事人在提单中注明了更高价值。《维斯比规则》在内容上作了较大的扩充和修改:①承运人的责任限制和抗辩理由,适用于就运输合同所涉及的有关货物的灭失或损害对承运人所提起的任何诉讼,不论该诉讼是以合同为根据还是以侵权行为为根据。②承运人的这种责任限制和抗辩理由,同样适用于承运人的雇佣人员和代理人(如果该雇佣人员或代理人不是独立的缔约人),即认可了所谓"喜马拉雅条款"的合法性。③赔偿金额从原来的 100 英镑改为双重限额,每件或每一单位为 10 000 法郎,或按灭失或损坏的货物毛重每千克 30 法郎,以较高者为限。④拼装货的计算。《维斯比规则》增加了对用集装箱、托盘或类似的装运器具拼装时,赔偿金额的计算。规定,提单中如载明装在这种装运器具中的件数或单位数,则按所记载的件数或单位数计算,否则,整个集装箱或托盘视为一件。

(4) 诉讼时效。《海牙规则》规定的诉讼时效为 1 年。从货物交付或应交付之日起算。《维斯比规则》除维持《海牙规则》的 1 年时效外,规定,经双方同意可以延长。即使 1 年期满后,承运人仍有不少于 3 个月的时间向第三者追偿。

(5) 核能损害责任。《海牙规则》对此未作规定,《维斯比规则》规定,《海牙规则》的规定不影响任何国际公约或国内法有关对核能损害责任的各项规定。

《维斯比规则》对《海牙规则》的修改,并没有解决《海牙规则》中权益失衡这一本质问题,关于承运人的责任和豁免、责任起讫、托运人义务等问题均未作实质性改变。

我国未加入《维斯比规则》,但《维斯比规则》中关于提单对善意第三者的最终证据作用的规定,承运人的责任限制和赔偿额的规定适用其代理人及雇员的规定。拼装货的计算,以及诉讼时效的修改等均在我国《海商法》的有关规定中得到反映。

3) 《汉堡规则》。全称《1978 年联合国海上货物运输公约》,1978 年 3 月在汉堡召开的 71 国全权代表大会上通过,1992 年 11 月 1 日生效。《汉堡规则》按照船方和货方合理分担风险的原则,适当加重了承运人的责任,使双方权利义务趋于合理、平等。其主要内容包括以下几方面:

(1) 适用范围。与《海牙规则》和《维斯比规则》相比,《汉堡规则》的适用范围更为明确,它规定《汉堡规则》适用于两个国家之间的所有海上货物运输合同,如果①装货港位于一个缔约国内;或②预订卸货港或实际卸货港位于一个缔约国内;或③提单或证明海上运输合同的其他单据是在一个缔约国内签发;或④提单或证明海上运输合同的其他单据中规定,公约的各项规定,或实施公约的各国国内立法，对提单有约束力；⑤依租船合同签发的提单，如果该提单约束承运人和不是租船人的提单持有人之间的关系。

(2) 增加实际承运人的概念。实际承运人是指接受承运人委托执行货物运输或部分运输的任何人。《汉堡规则》所有关于承运人责任的规定，不但适用于承运人的代理人、雇员，也同样适用于受其委托的实际承运人。

(3) 货物。《海牙规则》中货物的概念不包括舱面货或集装箱装运的货物以及活动物。《汉堡规则》规定，承运人只有与托运人达成协议或符合特定的贸易习惯或为法规或条例要求时，才能在舱面载运货物，否则要对舱面货发生的损失负赔偿责任。对于活动物，只要承运人证明是按托运人对该动物做出的指示办事，则对货物的灭失、损坏或延迟运货造成的损失视为运输固有的特殊风险而不承担责任。

(4) 关于清洁提单的规定。《海牙规则》规定，承运人在签发提单时应注明货物的表面状况，但是，承运人、船长或承运人的代理人，不一定必须将任何货物的唛头、号码、数量或重量标明或标示在提单上，如果他有合理根据怀疑提单不能正确代表实际收到的货物，或无适当方法进行核对的话。按照这一规定，一张由承运人签发的所谓表面状况良好的提单，实际上并不意味着是一张清洁提单，因为承运人的怀疑或无法核对的事项并没有如实反映在提单的批注当中。为了避免或减少由此产生的争议，《汉堡规则》明确规定，如果承运人或代其签发提单的其他人，确知或有合理的根据怀疑，提单所载有关货物的一般性质，主要唛头、包数或件数、重量或数量等项目没有准确地表示实际接管的货物，或者无适当的方法来核对这些项目，则承运人或上述其他人必须在提单上做出保留、注明不符之处，怀疑根据或无适当核对方法。与《海牙规则》不同，《汉堡规则》虽然要求承运人必须在提单上注明货物的表面状况，但如果承运人未在提单上批注货物的外表状况，则视为已在提单上注明货物的外表状况良好。

(5) 承运人责任起讫。《汉堡规则》将《海牙规则》规定的"钩至钩、舷至舷"规则，扩展为自承运人接管货物时起至货交收货人为止，货物在承运人掌管之下的整个期间。

(6) 承运人赔偿责任基础。《汉堡规则》将《海牙规则》中承运人的不完全过失责任改为承运人的推定完全过失责任制。即除非承运人证明他本人及代理人或所雇佣人员为避免事故的发生及其后果已采取了一切合理要求的措施，否则承运人对在其掌管货物期间因货物灭失、损坏及延迟交货所造成的损失负赔偿责任。如果承运人将运输全部或部分委托给实际承运人履行时，承运人仍需对全程运输负责，如双方都有责任，则在此限度内负连带责任。

(7) 提高赔偿金额。《汉堡规则》将承运人的最低赔偿金额在《海牙规则》和《维斯比规则》规定的基础上提高到每件或每一货运单位 835 记账单位或相当于毛重每千克 2.5 计算单位的金额，以较高者为限。所谓记账单位是指国际货币基金组织规定的特别提款权，以此取代原来采用单一货币所带来的汇率波动风险。

(8) 增加对于延迟交货赔偿的规定。《汉堡规则》对于承运人延迟交货时的赔偿做出了明确规定，即以相当于该延迟交付货物应付运费的 2.5 倍为限，但不得超过海上运输合同中规定的应付运费总额。所谓延迟交货，是指货物未能在明确议定的时间内，或在没有此项议定时，按照具体情况对一个勤勉的承运人未能在合理要求的时间内，在合同规定的卸货港交货，均构成延迟交货。

(9) 保函。《汉堡规则》第 17 条规定，任何保函或协议，据此托运人保证赔偿承运人由于承运人或其代表未就托运人提供列入提单的项目或货物的外表状况批注保留而签发提单所引起的损失，对包括收货人在内的受让提单的任何第三方，均属无效。这种保函或协议对托运人有效，除非承运人或其代表不批注是有意诈骗。

(10) 索赔与诉讼时效。《汉堡规则》将《海牙规则》和《维斯比规则》规定的 1 年时效改为 2 年，并经接到索赔要求人的声明，可以多次延长。收货人应在收到货物次一日，将损失书面通知承运人，如货物损失属非显而易见的，则在收货后连续 15 日内，延迟交货应在收货后连续 60 天内将书面通知送交承运人，否则收货人丧失索赔的权利。

(11) 管辖权。《汉堡规则》增加了关于管辖权的规定。原告就货物运输案件的法律程序，可就法院地作如下选择：①被告主营业所在地或惯常居所；或②合同订立地，且合同是通过被告在该地的营业所，分支机构或代理机构订立的；或③装货港或卸货港；或④海上运输合同中指定的其他地点。

(12) 《汉堡规则》与《海牙规则》、《维斯比规则》的关系。根据《汉堡规则》的规定，凡《海牙规则》和(或)《维斯比规则》的缔约国，在加入《汉堡规则》时，必须声明退出《海牙规则》和(或)《维斯比规则》，如有必要，这种退出可推迟至《汉堡规则》生效之日起 5 年，即以前曾为《海牙规则》和(或)《维斯比规则》的缔约国，在加入《汉堡规则》后，从 1997 年 11 月 1 日起，不再是前述两公约的缔约国。

5.3 租船运输合同

与提单运输不同，目前国际上还没有租船合同方面的公约。大陆法系国家在其国内法即海商法中对租船合同做出规定。英美法系国家没有指定租船合同的单行法。有些国家和地区的航运组织或协会团体，为了缩短洽谈时间，促进租船交易的进行，制定了各种租船合同标准格式。

5.3.1 航次租船合同

5.3.1.1 航次租船合同概念及特征

航次租船合同即程租合同，是指出租人将船舶租给承租人，按照约定的一个或几个航次运输货物，由承租人支付约定运费的运输合同。

航次租船合同的主要特征有：

1) 出租人负责船舶营运并负担营运费用。船舶由出租人雇用的船长或船员使用、占有，出租人负担船舶的营运费，主要包括船员的工资、伙食以及船舶的维修、保养、保险、检验等费用。

2) 出租人除对船舶负责外，还要对货物负责。出租人的责任与义务和提单运输中承运人的责任与义务一样，要提供适航船舶，维持船舶的有效状态，对货物负有妥善保管的义务，不得无故绕航。

3) 出租人承担航次租船合同的时间损失。承租人支付的报酬不称为租金，而称运费。运费是根据完成的航次的数目决定的，不是根据船舶完成运输的时间决定。不管一个航次完成的快慢，承租人支付的运费都是一样的，完成一个航次时间越短，船舶营运的效率就越高，出租人的利润就越高。

4) 规定装卸货物的时间和期限，计算滞期费和速遣费。承租人如未能在合同规定的期限内完成装卸作业，需向出租人支付滞期费。反之，如果承租人提前完成装卸任务，出租人应向承租人支付速遣费。

5.3.1.2 航次租船合同的标准格式

航次租船合同是由各大航运组织或各大宗货物贸易商会制订的适用于不同货物种类、运输航线以及租船方式的租船合同的标准格式，供船舶所有人和租船人洽谈租船业务时选择适用。

航次租船合同的标准格式很多，国际航运界通用的有以下几种：

1) 统一杂货租船合同(Uniform General Charter)，简称"金康格式"，租约代号"金康"(GENCON)。此格式由国际船东组织波罗的海国际航运公会制订，先后经过 1922 年、1976 年和 1994 年三次修订，目前国际上普遍适用的仍然是 1976年格式。"金康"条款较明显地维护了出租人的利益，它适用于不同航线和不同货物的航次租船运输。我国各大航运公司也常用"金康格式"。

2) 波尔的摩 C 式(Baltime Berth Charter Party Steamer, Form C)，此格式广泛适用于北美地区整船谷物运输。

3) 澳大利亚谷物租船合同(Australian Grain Charter Party)，租约代号为"AUSTRAL"。

4) 油轮航次租船合同(Tanker Voyage Charter Party)，租约代号为"AS BATANKVOY"，此格式由美国船舶经纪人和代理人协会于 1977 年制订，专门适用于油轮航次租船合同。

5.3.1.3 航次租船合同的主要内容

虽然航次租船合同使用的标准格式的内容各不相同，但通常包括船舶说明条款(Description of Vessel)、预备航次条款(Preliminary Voyage)、船东的责任条款(Owner's Responsibility)、运费的支付条款(Payment of Freight)、装卸条款(Loading/Discharging)、滞期费用和速遣费(Demurrage & Despatch)、留置权条款(Lien clause)、承租人责任终止条款、互有责任碰撞条款(Both-to-Blame Collision Clause)、新杰森条款(New Jason Clause)、共同海损条款(General Average Clause)、提单(Bill of Lading)、罢工条款(Strike Clause)、战争条款(War Risks Clause)、冰冻条款(Ice Clause)、仲裁条款(Arbitration Clause)、佣金条款(Broberage Commission Clause)等。

1) 船舶说明条款。出租人对所提供的船舶的船名、船籍、船级、船舶载重量与容积、船舶动态等内容如实陈述，从而使船舶特定化，这是承租人是否租用该船的重要依据，也是合同的主要条款，如所陈述内容与事实不符，出租人要承担相应的法律责任。该条款中船名、船籍、载重量与容积最为重要。一旦船舶被确定后，未经承租人同意，出租人无权更换船舶。在战争期间出租人对船籍的谎报或误报会影响到承租人对货物的保险，因此承租人有权解除合同并要求赔偿。船舶的实际载重量与合同约定载重量不符，承租人有权索赔因重量差异所造成的损失。

2) 预备航次条款。所谓预备航次，是指船舶完成上一航次后，从本合同的装货港的前一港口驶往本合同的装货港的一段航程。预备航次是合同规定的航次，即船舶出租航次的一部分。合同中出租人所承担的明示及默示义务，同样适用于预备航次。出租人有义务将船舶在预备航次中速遣，否则出租人承担因延迟给承租人造成损失的赔偿。此外，预备航次还涉及受载日和解约日两项内容。受载日是指承租人可以接受船舶并进行装货的最早日期；解约日是指合同中规定的船舶应到达装货港的最晚日期。船舶如晚于解约日到达装货港，承租人享有对合同解除的选择权。

3) 货物条款。货物条款是航次租船合同的条件条款。其内容包括货物的品名、种类、数量以及包装形态等方面。运送不同种类和性质的货物，对船舶的结构、设备以及管理上有不同的要求，而且与船舶的经营管理和经济利益密切相关。因此，货物条款是航次租船合同中关乎出租人及承租人双方切身利益的重要内容。

承租人应准确提供合同约定的运输货物；保证所装运货物的合法性，即符合装运港、目的港、沿途停靠港地的法律规定；承租人应交付"满舱满载"货物，如果承租人提供的货物少于应提供的数量，应向出租人提供亏舱费；如果船舶能实际装载的货物达不到出租人保证的数量，出租人应向承租人赔偿短装损失；承租人交付货物应当及时，如果船舶到港后，承租人不能提供货物装船，承租人应当承担违约责任。

4) 装卸条款。

(1) 港口的选择。出租人可以选择一个或一系列装货港或卸货港，或指明一个一定范围内的任一港口。承租人应在一定时间或合理时间内尽谨慎职责选择安全港口。港口的安全包括以下几个方面：港口的自然条件能够使船舶安全进出，在停泊时保持漂浮状态；政治上的安全，即不会发生扣押、拘捕船舶或货物的危险。与国际贸易合同价格条件相对应，承租人应在合同中订明装卸费用的分担办法。

(2) 装卸时间。装卸时间是整个航次时间的重要组成部分，因而涉及当事人双方的利益，需要在合同中订明。所谓装卸时间，是指合同双方当事人协议的，出租人应使船舶并保证船舶适于装卸，承租人在运费之外不支付任何费用的一段时间。在合同规定的装卸时间内，出租人具有使船舶等待并适于装卸货物的义务。在航次租船合同下，船舶的时间损失由出租人承担，因此出租人总是期望能尽量缩短每个航次的时间，以便提高船舶的营运效率。

如果承租人在装货时间内提前完成装货任务，可以从出租人处得到若干金额的报酬，称为速遣费；如果在装货时间内未能完成装货任务，应向出租人支付延误违约金，称为滞期费。

装卸时间的计算方式有两种：一是按港口习惯尽快装卸；二是规定一个固定的装卸时间。装卸时间的起算要满足三个条件：其一是船舶到达装卸地点；其二是船舶做好装卸准备；其三是出租人向承租人递交了准备就绪通知书。一般装卸时间是按日计算，有的是工作日，即不包括星期日和法定节假日的港口应进行工作的日子；有的可能是连续工作日，即从午夜到午夜的连续 24 小时，在此期间内，星期日或法定节假日或不良天气不能进行装卸的时间都应计入装卸时间内；也可能是晴天工作日，即天气良好可进行装卸的工作日；还有可能是连续 24 小时晴天工作日，即除星期六、星期日、法定节假日、天气不良影响装卸的工作日除外，以真正连续 24 小时工作为一日来表示装卸时间的方法。目前，最后一种方法在航次租船合同中被使用得最多。

5) 提单条款。提单是现代国际贸易中不可或缺的单据。为了配合贸易的需要，航次租船合同中一般也都规定船东或船长有签发提单的义务。

航次租船合同项下的提单的持有人是谁,是影响该提单法律作用的重要因素。如果提单的持有人是租承租人,那么提单在承租人与出租人之间的作用仅相当于承运货物的收据,无论提单有无背面条款以及背面条款如何规定,承租人与出租人之间的权利义务关系一切以租船合同为准。

如果提单持有人是其他任何第三方善意取得者,那么出租人与提单持有人之间的权利义务关系就以提单的规定为准。之所以有这样的法律规定,主要是为了维护提单在国际贸易中的地位。当然即便在这种情况下,出租人与承租人之间的权责关系划分仍应依据租船合同。

在航次租船合同下,还有一类提单也被大量采用,即简式提单,这种提单无背面条款。在签发这种提单时,一般在提单背面加注一条"并入条款"(Incorporation Clause),注明将租船合同内容并入提单。并入条款的用字应该清晰、明确、完整地将租船合同并入提单,否则,就可能会引致许多不必要的争议。

如果并入提单的租船合同条款违背约束提单的国内法律或国际公约(例如《海牙规则》)的规定,那么对善意的第三方提单持有人而言,这些条款失效,船东对提单持有人的最低责任仍以《海牙规则》为准。如果船东因此受到损失,可依据租船合同向租船人索赔。

另外,即便提单中有一条清晰明确的并入条款,甚至写明法律适用条款、管辖权条款、仲裁条款并入提单,这类条款能否有效并入提单,仍是有疑问的,实践中案例的判法也不稳定。

6) 运费支付条款。收取运费对船东来说是整个租船合同中最重要的内容。运费条款也是合同的条件条款之一。

(1) 费的计算方式。在航次租船合同中,经常使用的有两种计算运费的方法,即运费费率和整船包价。

运费费率是指规定一个运费率,再按照装运货物的数量计收,例如每公吨 10 美元,如果有两个以上的装货港或卸货港,则按港口分列费率,或者规定一个一港装一港卸的基本费率,然后订明每增加一个装港或卸港再加一个附加费率。用运费费率乘以货物数量就得出运费的数额。货物数量的计算标准有两种:一种是按装入量计算,另一种是按卸出量计算。多数情况下,装入量比卸出量大。这种情况一方面是货物运输途中的自然损耗所致,另一方面是有些散装货残存舱底不易卸出所致。但有些货物的卸出量可能比装入量大,如磷灰石和木材等。因此当合同采用此种方式计算运费时,必须明确按哪种标准计算货物数量,以避免争议。

整船包价运费即合同中不规定运费费率,而仅规定一个整额运费,不论实际装货数量多少,租船人都得按包价照付。当合同中采用这种方式计算运费时,通常都要求船东在合同中对船舶载货重量和载货容积做出保证,如果船舶的实际载货重量和载货容积少于船东保证数量，则租船人有权按照比例扣减运费作为补偿。

(2) 运费支付方式。运费是出租人为完成货物运输所得的报酬。换言之，如果合同中没有另文规定运费支付时间的话，承租人只有在船舶抵目的港卸货时才须支付运费。如果船舶在抵达目的港前沉没，即使离目的港近在咫尺，由于出租人未完成其运输任务，出租人是无权收取运费的。但如果出租人在该船发生事故时改用他船将货物运送至目的港，则出租人有权收取运费。现实中这种到付运费的支付方式虽已不多见，但在普通法系国家的这一基本原则却未改变。

随着国际间单证贸易的盛行，作为"有价证券"的提单要求"运费预付"。凡在船舶到达目的港前支付运费，都属于预付运费的范畴。在航次租船合同中，常见的预付运费的规定方法有以下几种：签发提单时全部预付；签发提单时付90%，10%于目的地卸货时支付；签发提单7天内预付。

签发提单7天内支付运费，对出租人来说是有一定风险的。因为签发的预付运费的提单相当于一张已收到运费的收据。如果事后承租人不付运费，而提单又已经转让，出租人不但收不到运费，而且还必须完成提单项下的义务，将货物运往卸货港。

而预付运费对于承租人而言也是有风险的。因为运费一经付妥，运费损失的风险就转移给承租人，即在运费预付后如果船货灭失，承租人就很难能讨回运费。

7) 货物损害赔偿。航次租船合同有关货物损害赔偿责任由合同双方当事人自行约定。按"金康"条款规定，船舶所有人应负货物灭失、残损或延迟交付的责任，但仅限于该灭失、残损或延迟是由于积载不当或疏忽造成的、或由于船舶所有人或其经营人本身未恪尽职责使船舶具有适航性并能保持是导航的船员、设备和供应所造成者为限。否则，即使货物灭失、残损或迟延交付是由于船长、船员在管理货物中的故事所致，出租人仍可免责。

8) 留置权条款。留置权条款是保证船东利益的条款。"金康"条款中规定，船东因运费、空舱费、滞期费、延滞损失等事项对货物享有留置权。承租人应对空舱费和在装货港发生的滞期费(包括延滞损失)负责，承租人亦应对运费和在卸货港发生的滞期费(包括延滞损失)负责，但仅以出租人对货物行使留置权后仍不能得到偿付为限。本条文的含义相当清晰。但须注意留置权的行使是以出租人合法地占有和控制货物为前提的，一旦货物脱离出租人的有效控制，留置权也就成为一纸空谈。因此，出租人有效行使留置权，就必须使本条款与运费支付款及船长所签发的提单上的租船合同条款并入提单的规定良好地配合。否则，即便本条款的规定清楚异常，留置权仍有可能落空。例如，租船合同内规定运费、空舱费、滞期费(包括延滞损失)在交货后结算，那么合同内即使有一条置留权条款，出租人也不能行使。又如船长签发的提单内没有写明租船合同条款并入提单，或是所用字句不够清楚，那么提单一经转让，就变成一份新的合同，提单持有人不受原租船合同的约束，出租人也不能合法地行使留置权了。

在有的航次租船合同中，还有一条与留置权条款相对应的承租人责任终止条款来保护承租人，限制其责任范围。例如，在《多式联运公约》的第 24 条就有这样的规定：租船人在本租船合同下的责任在货物装船后终止，但运费、空舱费、滞期费的支付除外，本租船合同对租船人责任有明确规定的所有其他事项除外。这样的条款显然对租船人有利，而船东是不欢迎这样的条款的。

5.3.2　定期租船合同

5.3.2.1　定期租船合同概念及特征

定期租船合同(Time Charter Contract)是指船舶出租人向承租人提供约定的由出租人配备船员的船舶，由承租人在约定的时间内按照约定的用途使用，并支付租金的合同。与航次租船合同相比，定期租船合同具有如下特征：

1) 双方分享对船舶的管理。出租人负责船舶的本身，包括机械、补给、人员等的配备和安全航行。承租人负责船舶商业使用包括船舶营运安排、货物的提供、装卸、保管、处理等。

2) 由双方分担船舶营运费用。出租人负担船舶每日的营运成本，包括船舶建造成本、船员工资以及船舶保险费、保养及维修费用等，承租人负责航程使用费，包括燃油费、港口使用费、货物装卸费、运河费、运费税等。

3) 租金按船舶使用的时间的长短计算，承租人负担租期内的时间损失。

4) 出租人负责租期内的航行风险。

5.3.2.2　定期租船合同的订立与格式

定期租船合同，通常要求以书面形式订立。目前，国际航运界常用的定期租船合同格式有：

1) 波罗的海航运公会制定的《统一定期租船合同》(Uniform Time Charter)，租约代号"波尔的摩"(BALTIME)，此格式经过 1909 年、1911 年、1912 年、1920 年、1939 年、1950 年和 1974 年的修订。目前适用的是 1974 年 7 月的格式。此格式在很大程度上维护出租人的利益。

2) 纽约土产交易所制定的《定期租船合同》(Time Charter)，租约代号"土产格式"(Produce Form)，此格式制订于 1913 年，航运界常称此格式为"NYPE"和"纽约格式"。此后经过 1921 年、1931 年、1946 年、1981 年和 1993 年五次修订。

此格式经美国政府批准使用，故又称"政府格式"。现在普遍使用的是经 1946 年 10 月 3 日修订后的格式。1981 年 6 月 12 日，美国船舶经纪人和代理人协会协会对此格式修订，修订后的租约代号为"ASBATIME"。但是，1993 年 9 月 14 日该组织再次对此格式进行修订后，租约代号恢复为"NYPE93"。此格式在船舶出租人和承租人双方利益的维护上，显得比较公正。

3) 英国伦敦壳牌石油公司制订的液体货物定期租船合同(Shell Time)；中国租船公司于 1980 年制订的《定期租船合同》(Time Charter Party)，租约代号"中租 1980"(SINOTIME 1980)，此格式较多地维护承租人的利益。

5.3.2.3　定期租船合同的主要内容

定期租船合同的内容与航次租船合同没有太大区别，主要包括：船舶说明条款、航区、用途、租船期间、交船与还船时间、地点及条件、租金的支付、停租和转租、出租人责任与免责、共同海损、互有责任碰撞条款、新杰森条款、战争条款、仲裁条款等。

1) 船舶说明条款。关于船名、船籍、载重量与容积在航次租船合同中已经详述，在此仅介绍航速与燃料消耗。定期租船合同中承租人按船舶使用的时间支付租金，因而，船速直接关系到承租人在租期内使用船舶的效益；同时，承租人负责提供燃油并支付费用，船舶燃油消耗直接影响到承租人使用船舶成本的大小。因此出租人由义务提供航速与燃油消耗符合合同规定的船舶。如果船舶的实际航速没有达到合同规定的要求，承租人有权向出租人提出索赔。如果实际燃油消耗量超过合同的规定，承租人有权向出租人索赔超过部分的损失。

2) 船舶状态。出租人提供约定的适航船舶，使船舶在租期内保持"有效状态"。船舶还应适于约定的用途。在租期内船舶一旦不能达到有效状态，出租人应采取合理措施维修船舶，并负担修理费。如果因维修影响到承租人使用，承租人有权停租。如果在合理的时间内，船舶不能修复投入营运，承租人有权解除合同并要求赔偿。

3) 交船时间。定期租船合同一般规定"合同解除日"条款，出租人按合同约定时间交付船舶，如未能按照约定的时间交付给承租人时，承租人有权解除合同，并要求赔偿损失。出租人预计将晚于解约日到达交货港时，把船舶延迟情况和预期抵达日期通知承租人，承租人应在接到通知 48 小时内将是否解除合同的决定通知出租人。

4) 航行区。定期租船合同一般列明承租人可以指示船舶前往的区域，有的还订明不能前往的区域，如战争区、冰冻区等。如果承租人指示船舶前往除外区域或港口，出租人有权拒绝；如果承租人坚持要去，出租人可撤销合同并提出索赔。

承租人应当保证船舶在安全港口或地区之间从事约定的海上运输，违反这一规定，出租人有全权解除合同，并有权要求赔偿因此遭受的损失。安全港口不仅是地理上安全，其中包括航道深浅、助航设施等，还包括政治上安全即船舶不会遭遇战争、敌对行为、恐怖活动等风险。

5) 租金的支付。承租人应当按合同约定的时间和方式支付租金。承租人未按合同规定支付租金的，出租人有权解除合同、撤船，并有权请求赔偿因此遭受的损失，而不管承租人是否有过失。定期租船合同通常规定租金应用先进支付，并且按月或按日预付。在整个租船期间，不论承租人是否实际使用了船舶，都应支付。如果最后一笔租金支付以前已经发现会提前还船，租金仍然应全额支付，但承租人可以随后向出租人要回多付的租金。

6) 停租条款。由于发生海损事故，如碰撞、搁浅、船体或机器设备故障、船舶入坞等不适承租人的过失而妨碍了承租人使用的时间，均可作为停租期间，承租人有权在该期间停付租金。承租人在停租期内不用支付租金，但仍然计入租期，不能从租期内扣减。

7) 还船。

(1) 还船状态。租期结束后，除船舶本身正常的自然磨损外，承租人所还船舶应具有与出租人交船时相同的良好状态，否则，承租人应负修复或赔偿。

(2) 还船时间。租船合同虽然规定了租期，但在租期届满时还船很难做到，常出现提前或超期还船。提前还船，出租人不能拒绝接受船舶，但有权要求承租人按合同规定租期支付租金或赔偿租金差价损失。超期还船的情况不同，处理方式也不同。如果因承租人无法控制的原因造成超期还船的，承租人对于超期的时间，应按照当时的市场租金率支付租金。如遇租金下跌，承租则按原合同约定的租金率支付租金。如果超期还船属于出租人的原因所致，承租人不承担责任。如果因承运人的原因造成超期还船，承租人则负赔偿责任。

5.3.3 光船租赁合同

5.3.3.1 光船租船合同的概念及特征

光船租船合同(Bareboat Charter Party)，亦称光船租赁合同，是指船舶出租人向承租人提供不配备船员的船舶，在约定的期间内由承租人占有、使用和营运，并向出租人支付租金的合同。

光船租船合同与定期租船合同一样按租用船舶时间的长短来计算租金，但又不同于定期租船合同，其具有以下特征：

1) 光船租船合同，出租人仅保留船舶的所有权，而把船舶的使用权和占有权都转移给了承租人。

2) 出租人除提供适航船舶和备有船舶文书外，不承担其他义务。承租人有权指派船长、轮机长和其他船员，完全承担船舶在营运中所发生的风险和责任，船舶的一切开支与费用均由承租人负担。

光船租船合同纯粹是一种财产租赁合同。光船租船的标的物仅局限于船舶这一特定物体，因而它属于海商法的调整范围。同时，又因它属于财产租赁合同受制于民法中有关财产租赁的约束。

5.3.3.2 光船租船合同的订立与格式

光船租船合同一般要求以书面形式订立。光船租船合同适用于光船租船这一不定期船的营运方式。同航次租船合同和定期租船合同一样，双方当事人在选定的合同格式基础上对此格式加以修改、补充后达成。

目前，国际航运界使用较为广泛的光船租船格式是波罗的海航运公会制定的"标准光船租船合同"(Standard Bareboat Charter)，租约代号"贝尔康 89"(BARECON)。贝尔康内容分三部分：①格式；②具体条款；③用于通过抵押提供资金的新造船舶租用购买协议。三部分内容供当事人选择使用。

5.3.3.3 光船租船合同的主要内容

光船租船合同的主要内容有：出租人和承租人的名称、船名、船籍、船级、吨位、容积、航行区域、用途、租期、交船港与交船时间、船舶检验、船舶保养与维修、租金支付、支付币种及方式、船舶保险、适用法律、仲裁地点等。

5.4 国际货物运输的其他方式

5.4.1 国际铁路货物运输

5.4.1.1 国际铁路货物运输的概念和特征

国际铁路货物运输是指使用同一的国际铁路联运单据，由铁路部门经过两个或两个以上国家的铁路进行运输。我国与周边国家的进出口货物以及欧洲各国之间的货物运输多数采用铁路货物运输方式。为了简化国际铁路货运手续，加速货物流转，降低运费和杂费，保障运输顺利进行，各国间通过双边或多边铁路联运协定，规定铁路联运的规章制度。目前有关国际铁路运输的国际协定主要有两个：《国际铁路货物运输公约》、《国际铁路货物联运协定》。

国际铁路货物联运的一些特征如下：

1) 涉及面广。每运送一批货物都要涉及两个和两个以上国家、几个国境站。

2) 货物运输条件高。要求每批货物的运输条件如包装、转载、票据的编制、添附文件及车辆使用都要符合有关国际联运的规章、规定。

3) 办理手续复杂。货物必须在两个或两个以上国家铁路参加运送，在办理国际铁路联运时，其运输票据、货物、车辆及有关单证都必须符合有关规定和一些国家的正当要求。

4) 使用一份铁路货物联运票据完成货物的跨国运输。

5) 国际铁路货物联运运输责任方面采用统一责任制。

6) 国际铁路货物联运仅使用铁路一种运输方式。

5.4.1.2　国际铁路运输的国际公约

1) 《国际铁路运输货物公约》(Convention Concerning International Carriage of Goods by Rail，CIM)。简称《国际货约》，是关于铁路货物运输的国际公约。它是在 1890 年制订的《国际铁路货物运送规则》(简称《伯尔尼公约》)基础上发展起来的。1961 年 2 月 25 日由奥地利、法国、西德、比利时等国在瑞士伯尔尼签订，又于 1970 年 2 月 7 日修订，修订后的《国际货约》于 1975 年 1 月 1 日生效。国际铁路运输中央事务局总部设在伯尔尼。

《国际货约》分 6 部分，共 70 条和 4 个附件。其主要内容包括：第 1 部分，公约的目的和适用范围(第 1～5 条)；第 2 部分，运输合同(第 6～25 条)；第 3 部分，责任、法律诉讼(第 26～53 条)；第 4 部分，各种规定(54～61 条)；第 5 部分，特殊规定(第 62～64 条)；第 6 部分，最终规定(第 65～70 条)。四个附件的内容分别是：附件 1，危险物品铁路运输国际规章；附件 2，国际铁路运输中央事务局规章；附件 3，修订委员会和专家委员规则；附件 4，仲裁规则。

《国际货约》适用于至少两个缔约国之间的铁路联运。铁路的运输单据称为运单，内容包括接货地点、日期和交货地点及货物质量情况、件数、标记等，是运输合同成立的证据。承运人对货物的灭失、残损或延误负责，但由索赔人的错误行为、货物的内在缺陷或承运人所不能避免的原因造成者除外，责任豁免的举证责任在于承运人。承运人的责任限制为每千克 50 金法郎，但由承运人的有意错误行为或严重错误所造成的损害的赔偿限额为上述赔偿限额的 2 倍。对承运人的诉讼时效为 1 年。但涉及承运人欺诈或有意错误行为的案件，诉讼时效为 2 年。

在《国际货约》的成员国中，有的同时还参加了《国际货协》，即参加《国际货约》国家的进出口货物，可以通过铁路直接转运到的《国际货协》成员国，它为国际间铁路货物的运输提供了便利的条件。

2）《国际铁路货物联运协定》(Agreement On International Railroad through Transport Of Goods)。简称《国际货协》，是于 1951 年 11 月由原苏联、捷克、罗马尼亚、东德等 8 个国家共同签订的一项铁路货运协定。1954 年 1 月我国参加，其后，朝鲜、越南、蒙古也陆续加入，至此共有 12 个国家加入《国际货协》。目前，我国对朝鲜、蒙古以及俄罗斯、独联体各国的一部分进出口货物均采用国际铁路联运方式运送。由于独联体的出现，近年来，在原有协定基础之上，我国同相关国家又重新增订了有关铁路运输的国际公约。

《国际货协》是缔约各国发货人、收货人以及过境办理货物联运所共同遵循的基本文件。《协定》共设 8 章 40 条。主要内容包括："适用范围"、"运输契约缔结"、"托运人的义务和权利"、"承运人权利和义务"、"赔偿请求与诉讼时效"等。

5.4.1.3　运输合同和运输单据

1）运输合同的形式。运输合同的形式是铁路始发站签发的运单。运单是发货人、收货人与铁路方之间订立的运输合同证明，对三者都具有法律约束力。运单是铁路方收取货物、承运货物的凭证，它随同货物由始发站到目的站的运送全程附送，最后交给收货人。与提单不同，铁路运单是运输合同的证明和接收货物的收据，但它不具有物权凭证的作用，不能转让。

2）运输合同的订立。根据《国际货协》的规定，发货人在托运货物时，应对每批货物按规定的格式填写运单和运单副本并签字，然后铁路方在铁路记载事项上填写。当发货人提取运单中所列的全部货物时，按照发送国国内规定付清费用后，铁路方则在运单上加盖戳记，此时运输合同成立。发货站位合同成立地，戳记日期为合同成立日期。运输合同订立后，运单副本应退还发货人。运单副本虽不具有运单的效力，但可作为卖方通过银行向买方结算的单据，也可以作为向铁路方索赔的依据。

3）运输合同当事人的基本责任。

(1) 铁路方的基本责任。①把运单项下的货物运到目的地，交付给收货人。《国际货协》规定：所有承运货物的铁路方对货物负有连带的运输责任。②执行托运人按规章提出的变更合同的要求。由于铁路方的过失造成有关要求未被执行，铁路方应对此后果负责。③妥善保管发货人在运单内所记载并添附的文件。由于铁路方的过失造成遗失，铁路方应对此后果负责。④铁路方对按照规定条件承运的货物在责任期间发生的全部或部分灭失或毁损以及逾期运到所造成的损失负赔偿责任。铁路方的责任期间从签发运单时起到交付货物时为止的一段时间。当货物遭受损坏时，铁路方赔付额应与货价减损相当。当货物全部或部分灭失时，赔偿额按外国售货者在账单上所开列的价格计算；如发货人对货物价格另有声明的，按声明价格给予赔偿。铁路方对货损赔偿的最高限额，在任何情况下都不得超过货物全部灭失时的款项。铁路方向收货人支付的逾期罚款，应以所收运费为基础，按逾期的长短来计算。逾期不超过总运到期限的 1/10 时，支付相当于运费的 6% 的罚款；逾期超过总运到期的 4/10 时，应支付相当于运费 30% 的罚款等。

(2) 托运人的基本责任。①发货人应对其在运单内所填报的声明事项的正确性负责。如果记载和声明事项由错误或遗漏的，由此产生的后果均由发货人负责。②发货人必须递交货物在运送中为履行海关或其他规定所需要的添附文件。铁路方没有义务检查发货人在运单上所附的文件是否正确和齐全。③交付运费。发送国铁路的运费，由发货人向发送站支付；终到国铁路的运费，由收货人向收货站支付；过境铁路的运费，由发货人向发送站支付或由收货人向收货站支付。如果有几个过境国，而发货人未支付运费，则收货人应按照《国际货协》统一过境运价规程的规定，向收货站支付全程运费。如果货物到达目的地后，收货人拒收货物，则发货人应向发送站支付一切运费和罚金。

5.4.1.4 索赔和诉讼

1) 索赔。《国际货协》规定："发货人和收货人有权根据运输合同提出赔偿请求，赔偿请求可以以书面方式由发货人向发送站提出，或由收货人向收货站提出，并附上相应根据，注明款额。"

(1) 运单项下货物全部灭失时，由发货人提出索赔要求，同时须提供运单副本；或由收货人提出，同时提供运单或运单副本。

(2) 货物部分灭失、毁损或腐坏时，由发货人或收货人提出，同时须提供运单及铁路在收货站交给收货人的商务记录。

(3) 逾期交货时，由收货人提出，同时须提供运单。

(4) 多收运送费用时，由发货人按其已交付的款额提出，同时必须提供运单副本或发送站国内规章的其他文件；或由收货人按其所交付的运费提出，同时须提供运单。

2) 诉讼。铁路方自有关当事人向其提出索赔请求之日起，必须在 180 天内审查该项请求，并予以答复。发货人或收货人在请求得不到答复或满足时，有权向受理赔偿请求的铁路方所属国家的法院提起诉讼。适用法院地的诉讼程序规定。

当事人依运输合同向铁路提出的赔偿请求和诉讼，以及铁路方对发货人、收货人有关支付运费、罚款和赔偿损失的要求和诉讼应在 9 个月内提出；有关货物逾期的赔偿请求和诉讼应在 2 个月内提出。其提诉讼时效起算日如下：

(1) 关于货物毁损或部分灭失以及运到逾期的赔偿，自货物交付之日起算。

(2) 关于货物全部灭失的赔偿，自货物运到期限届满后 30 天起算。

(3) 关于补充运费、杂费、罚款的要求，或关于退还此项款额的赔偿请求，或纠正错算运费的要求，应自付款之日起算；如未付款时，应自交货之日起算。

(4) 关于支付变卖货物的余款的要求，自变卖货物之日起算。

(5) 在其他所有情况下，自确定赔偿请求成立之日起算。时效期间已过得赔偿请求和要求，不得以诉讼方式提出。

5.4.2　国际航空货物运输

航空具有速度快、安全性高、破损率低、不受地面条件限制等优点，许多贵重物品、鲜活商品适于航空运输。国际航空运输方式主要有班机运输和包机运输两种。班机运输是指客、货班机，定时、定点、定线进行运输，它适用于运量少的货物。包机运输是指包租整机运输货物，它适用于数量大有急需或特殊要求的货物。采取哪种运输方式，应根据货运需要而定。随着航空运输技术的发展，飞机的速度、运载能力及适航性能不断提到，航空运输已在国际货物运输中显示出越来越重要的地位。

5.4.2.1　国际航空货物运输的国际公约

航空业的跨国特征是与生俱来的，因而航空货物运输的产生、发展必然伴随着调整这种运输方式的统一实体法规范的国际公约的产生、发展。又因为航空业历史较短，得以吸收了包括海运在内的其他各种运输方式有关国际公约、惯例的精神，并根据航空业的自身特征做出了修改。这其中较有影响力的国际航空运输公约有：《华沙公约》(1929 年)、《海牙议定书》(1955 年)、《瓜达拉哈拉公约》(1961 年)、《蒙特利尔附加议定书》(1975 年)。

这些文件中《华沙公约》是最基本的，随后的各项议定书都是对《华沙公约》的补充或修改。所以这些文件又被合称为华沙体系。它们彼此内容相关却又各自独立，《华沙公约》的缔约国并不自然成为以后各次议定书的参加国，也不一定受其管辖，其中以《华沙公约》和《海牙议定书》的适用最为广泛，已经为世界大多数国家所认可。

1) 《华沙公约》。全称为《统一国际航空运输某些规则的公约》，1929 年 9 月 12 日订于波兰华沙。1933 年 2 月 13 日生效，后经多次修改，我国于 1957 年 7 月通知加入，1958 年 10 月对我国生效。该公约规定了以航空运输承运人为一方，以旅客和货物托运人与收货人为另一方的法律义务和相互关系，是国际航空运输的意向基本公约。主要内容包括航空运输的业务范围，运输票证、承运人的责任、损害赔偿标准等，形成了国际航空运输上的"华沙体系"。《华沙公约》是统一国际航空运输某些规则的公约，其承运人承担赔偿责任的责任基础是推定过失责任制。

2) 《海牙议定书》。全称为《修改 1929 年 10 月 12 日在华沙签订的统一国际航空运输某些规则的公约的议定书》，制订的时间为 1955 年 9 月，1963 年 8 月 1 日生效。我国于 1975 年加入该议定书。《海牙议定书》的适用范围比《华沙公约》要广泛，无论是否是连续运输，无论有吴转运，只要启运地和目的地在两个成员国的领域内，或者在一个成员国领域内的而在另一个成员国或非成员国的领域内有一定的经停地点的任何运输。

3) 《瓜达拉哈拉公约》。全称为《非统一缔约承运人所办航空运输某些规则以<补充华沙>的公约》，制订的时间为 1961 年，1964 年 5 月 1 日生效。我国未加入该公约。该公约主要是为补充《华沙公约》而订立的，它把《华沙公约》中有关承运人的各项规定扩及非合同承运人，即根据与托运人订立航空运输的承运人的授权来办理全部或部分国际航空运输的实际承运人。

4) 《蒙特利尔附加议定书》。1975 年 9 月 25 日，有关国家又对《华沙公约》体制进行了修订，并形成了 4 个文件，分别称为"第 1 号、第 2 号、第 3 号和第 4 号蒙特利尔附加议定书"。它把原来《华沙公约》规定的主观规则原则改为客观规则原则，进一步简化了运输凭证，并将特别提款权规定为赔偿限额的计算单位。

上述四个公约都是相互独立的,《华沙公约》是最基本的规定其他公约是对《华沙公约》的修改或补充，但都没有改变《华沙公约》的基本原则。

5.4.2.2　航空货物运输单据

航空货物运输单是订立合同、接受货物、运输条件及关于货物的重量、尺码、包装和件数的初步证明,《海牙议定书》将其称为空运单。与提单不同，空运单不是物权凭证，一般不能转让。货到目的地后，收货人凭承运人的到货通知及有关证明提货，不要求收货人凭空运单提货。但《海牙议定书》规定，可以填发流通的航空货运单。

空运单一式三份，第一份经托运人签字后交承运人；第二份附在货物上，由托运人和承运人签字后交收货人；第三份由承运人在收货后签字交托运人。《海牙议定书》改为承运人在货物装机以前签字。空运单的主要内容包括：启运地和目的地、约定的停经地点、发货人和收货人的名称和地址、货物的性质、货物的数件和包装、货物的重量或数量及体积或尺码、声称该项运输受《华沙公约》所规定的责任制度的约束等。

如果承运人接运了没有填写空运单的货物，或托运单上没有包括上述具体内容，承运人则无权引用《华沙公约》中关于免除或限制承运人责任的规定，但不影响该合同的效力或《华沙公约》的适用。

5.4.2.3　空运合同当事人的责任

1) 承运人的责任。

(1) 承运人的基本责任。按照《华沙公约》的规定，承运人对货物在空运期间所发生的毁损、遗失或损坏承担责任。承运人对货物在空运过程中因延迟而造成的损失承担责任。

(2) 承运人的免责事项按照《华沙公约》的规定，承运人在下列情况下免除或减轻责任：①如果承运人能够证明自己或其代理人为避免损失的发生，已经采取一切必要措施，或不可能采取这种措施；②如果承运人能证明损失的发生是由于驾驶上、航空器的操作上的过失，而在其他方面，承运人及其代理人已经采取一切必要的措施以避免损失。但《海牙议定书》删除了这一免责规定；③承运人如果能够证明损失完全是由自然原因引起，承运人可免责，除非这种损失能够确定是由于承运人的疏忽或有意过失而造成的；④由于遵守法律、法规、法令或超出承运人的管辖以外原因，从而造成任何直接或间接的损失，承运人可以免责；⑤如果承运人能够证明损失是由于受损人的过失所造成的，可视情况免除或减轻承运人的责任。

(3) 承运人的责任限制。承运人对货物的灭失、损坏或迟延交付承担的最高赔偿额为每千克 250 金法郎。如果托运人在交运货物时已声明货价的价值高于每千克 250 金法郎，并支付了附加费，则可不在此限制内。但是，承运人并不是在所有条件下，都可以享有《华沙条约》规定的责任限制。《华沙公约》第 25 条规定："如果损失的发生是由于承运人的有意的不良行为，或由于承运人的过失，而根据受理法院的法律，这种过失被认为等于有意的不良行为，承运人就无权引用本公约关于免除或限制承运人责任的规定。"该公约还规定，承运人的代理人有此种行为的话，承运人也无权引用公约的规定。

2) 托运人的基本责任。

(1) 托运人应正确填写空运单上关于货物的各项说明和声明。如因这些说明或声明不合规定或不完备，使承运人或任何其他人遭受损失，托运人应赔偿责任。

(2) 托运人应提供货物或与货物有关的必要资料。如因这种资料或证件的不足或不合理规定所造成的一切损失，都应由托运人对承运人负责。

(3) 支付规定的各项费用。

(4) 承担承运人因执行其指示所造成的损失。

5.4.2.4　索赔与诉讼

1) 索赔。《华沙公约》规定，当货物发生损害时，发货人或收货人应当立即向承运人提出异议，或最迟应在收到货物后 7 天内提出；如果是迟延交货，最迟应在货物交给收货人后 14 天提出。异议必须以书面形式提出。《海牙议定书》对异议的期限做了延长，如果是货物损坏的，异议期限由收到货物后 7 天延长到 14天；如果迟延交付，收货人应在自由处置货物后 14 天延长到 21 天内提出。如果货物毁灭或遗失，一般应自空运单填开之日起 120 天内提出异议。

2) 诉讼。发货人如果在规定时间内没有对货物的灭失、短少、损坏或延迟提出异议，就不能向承运人起诉。起诉的诉讼时效为 2 年，应该在航空器到达目的地之日起，或应该到达之日起，或从运输停止之日起 2 年内提出，否则就丧失追诉权。诉讼期限的计算方法根据受理法院的法律决定。发货人可以根据自己的意愿选择以下缔约国之一的法院提出诉讼请求：承运人所在地、承运人的总管理处所地、签订合同的机构所在地、目的地。诉讼程序依照受理法院地的法律规定进行。

5.4.3　国际货物多式联合运输

国际货物多式联运是在集装箱运输的基础上发展起来的，它以集装箱为媒介，将海上运输、铁路运输、公路运输、航空运输和内河运输等传统运输方式结合在一起，形成一体化的门至门运输，即将货物从卖方工厂或仓库直接运送到买方工厂或仓库。这种运输具有以下优点：提高装卸效率，扩大港口吞吐能力，加速船舶周转，降低经营成本；减少货损货差，提高货运质量；节省包装材料，减少运杂费用，便利运输，简化手续等。国际货物多式联运为国际贸易提供了一种更安全、经济、便利、畅通的运输方式。

国际货物多式联合运输的特征有：运输必须使用全程提单；联运经营人对货主承担全程的运输责任；联运经营人以单一费率向货主收取全程运费；必须是国际间的货物运输；必须是采用两种以上不同运输方式衔接组成一个连贯的运输以完成国际间的货物运输。

5.4.3.1　国际货物多式联运国际公约及惯例

1)《联合国国际货物多式联运公约》。该公约是 1980 年 5 月 24 日在日内瓦举行的联合国国际联运会议第二次会议上，经与会的 84 个贸易与发展会议成员国一致通过的，是关于国际货物多式联运中的管理、经营人的赔偿责任及期间、法律管辖等的国际协议，旨在对多式联运经营人和托运人之间的权利义务关系进行规定，解决因国际货物多式联运的发展而带来的一系列法律问题。该公约由总则、单据、联运人的赔偿责任、发货人的赔偿责任、索赔和诉讼、补充规定、海关事项及最后条款等8个部分组成，共40条。

2)《多式联运单证规则》。全称为《1991年联合国贸易和发展会议/国际商会多式联运单证规则》(UNCTAD/ICC Rules for Multimodal Transport Documents, 1991)，是1991年由联合国贸易和发展会议与国际商会在《联合运输单证统一规则》的基础上，参考《联合国国际货物多式联运公约》共同制定的，是一项国际规则，供当事人自愿采纳。该规则共13条，主要内容有：①本规则经当事人选择后适用，一经适用就超越当事人订立的条款，除非这些条款增加多式联运经营人的义务；②对一些名词做了定义；③多式联运单证是多式联运经营人接管货物的初步证据，多式联运经营人不得以相反的证据对抗善意的单据持有人；④多式联运经营人责任期间自接管货物时起到交付货物时止，多式联运经营人为其受雇人、代理人和其他人的作为或不作为承担一切责任；⑤多式联运经营人的赔偿责任基础是完全责任制，并且对延迟交付应当承担责任；⑥多式联运经营人的责任限制为每件或每单位666.67特别提款权，或者毛重每千克2特别提款权；⑦如果货物的损坏或灭失的原因是多式联运经营人的作为或不作为造成的，则不得享受责任限制；⑧如果货物的损坏或者灭失是由托运人的原因造成的，则多式联运经营人应先向单据的善意持有人负责，而后向托运人追偿；⑨货物损坏明显，则收货人立即向多式联运经营人索赔，如不明显，则在6日内索赔；⑩诉讼时效为9个月；⑪规则对无论是侵权还是违约均有效；⑫本规则适用于所有多式联运关系人。

5.4.3.2 国际多式联运的概念

按照《联合国国际货物多式联运公约》的规定，国际货物多式联运是指按照多式联运合同，以至少两种不同的运输方式，由多式联运经营人将货物从一国境内接管货物的地点运送到另一国境内指定交付货物的地点的运输方式。多式联运合同是指多式联运经营人凭以收取运费、负责完成或组织完成国际多式联运的合同。多式联运合同由多式联运经营人与发货人订立。多式联运经营人是指其本人或通过代表订立多式联运合同的任何人，其本人就是合同当事人，负有履行整个多式联运合同的责任，并以"本人"的身份对联运全程负责。

5.4.3.3 国际多式联运单证

根据《联合国国际货物多式联运公约》的规定，多式联运人在接管货物时，应向发货人签发一项多式联运合同和联运人接收货物并负责按照合同条款交付货物。依交货人的选择，既可签发可转让多式联运单证，也可以签发不可转让多式联运单证。可转让多式联运单证应列明按指示或向持票人支付，不可转让多式联运单证应指明收货人。多式联运单证的作用与提单相类似，既是接收货物的收据，也是运输合同的证明。可转让多式联运单据还具有物权凭证的作用，提货时需提交此单证。

5.4.3.4　多式联运当事人的主要责任

1) 多式联运经营人的主要责任

(1) 责任期间。根据《联合国国际货物多式联运公约》第 14 条的规定，多式联运经营人的责任期间是全程统一负责制，即自其接管货物之时起到交付货物时为止承担责任。

接管货物的起点是多式联运经营人接管货物之时，包括发货人或代其行事的人；或者根据接管货物地点适用的法律或规章，货物必须交付运输的当局或其他第三方；交付货物时包括将货物交给收货人；如果收货人不向多式联运经营人提取货物，则按照多式联运合同或按照交货地点适用的法律或特定行业惯例，将货物置于收货人支配之下；或者根据交货地点适用的法律或规章，将货物交给必须向其交付的当局或其他第三方。

(2) 责任基础。《联合国国际货物多式联运公约》规定，多式联运经营人的赔偿责任应以推定过失或疏忽原则为基础。联运经营人对货物灭失、损坏和迟延交付所引起的损失应负赔偿责任，除非多式联运经营人能证明本人、受雇人或代理人等为避免事故的发生及其后果，已采取了一切合理要求的措施。

(3) 责任限制。《联合国国际货物多式联运公约》规定，如果多式联运经营人对货物的灭失或损坏造成的损失赔偿责任，其赔偿责任以灭失或损坏的货物的每件或其他货运单位计，不得超过 920 计算单位的数额，或按毛重每千克计不得超过 2.75 计算单位的数额，以较高者为准。

国际多式联运如果根据合同不包括海上或内河运输，则多式联运经营人的赔偿责任按灭失或损坏货物毛重每千克不得超过 8.33 计算单位的数额为限。

多式联运经营人对迟延交货造成损失所负的赔偿责任限额，以相当于迟延交付货物应付运费的 2.5 倍的数额为限，但不得超过多式联运合同规定的应付运费的总额。

如果货物的灭失或损坏发生于多式联运的某一特定区段，而对这一区段适用的一项国际公约或强制性国家法律规定的赔偿限额高于适用公约第 18 条第 1 款至第 3 款所得出的赔偿限额，则多式联运经营人对这种灭失或损坏的赔偿限额，应按该公约或强制性国家法律予以确定。

《多式联运单证规则》规定，除非在多式联运经营人接管货物之前，已由托人对货物的性质和价值做出声明并已在单证上注明，多式联运经营人在任何情况下对货物灭失或损坏的赔偿额不得超过每件或每单位 666.67 特别提款权或者毛重每千克 2 特别提款权，以其高者为准。如果多式联运不涉及海上或内河运输的，多式联运经营人的赔偿责任以不超过灭失或损坏货物毛重每千克 8.33 特别提款权为限。

2) 发货人的主要责任。

(1) 过失责任。如果多式联运经营人遭受的损失是由于发货人或其受雇人或代理人在受雇范围内行事时的过失造成，发货人应对这种损失负赔偿责任。

(2) 运送为限品责任。如果是危险品，发货人将其交付给多式联运经营人或其代理人时，应告知货物的危险性，必要时告知应采取的预防措施。如果发货人未告知而联运人又无从得知货物的危险特性，则发货人对由于运载危险品而遭受的一切损失负赔偿责任。

5.4.3.5 索赔与诉讼

1) 索赔。无论是收货人还是联运人提出索赔，都应在规定的时间内就遭受的损失向对方发出书面通知。收货人应在收货后下一个工作日内发出；对于货物灭失或损坏不明显的，应在收货后 6 日内发出；对于迟延交货的索赔，应在交货后 60 天内提出；对于发货人或其受雇人或代理人的过失或疏忽给联运人造成损失的索赔，联运人应在损失事故发生后 90 天内向发货人发出书面通知。

2) 诉讼。国际多式联运的诉讼时效为 2 年，自联运人交付货物或应交付货物之日的下一日算起。但自货物交付之日或应交付之日起 6 个月内未提出书面索赔通知的，在此期限届满后诉讼时效即告结束。

根据《联合国国际货物多式联运公约》的规定，国际多式联运的诉讼可以在下列有管辖权的法院进行：被告主营业地法院、多式联运合同订立地法院、接收或交付货物地法院、多式联运合同或单据载明地法院。纠纷发生后，当事人还可以约定其他地点法院。

本章小结

本章主要讲述了国际货物运输方式，即海上运输、航空运输、铁路运输以及多式联合运输，其中海上运输的突出特点使其成为国际货物运输的主要渠道。国际货物运输的国际条约、国际习惯中关于海上运输的较多，其中《海牙规则》、《维斯比规则》、《汉堡规则》是最为主要的海上运输规则。除了海上运输之外，部分国家就铁路运输、航空运输、多式联合运输签订了类似的国际条约，其中《联合国国际货物多式联运公约》是较为广泛适用的国际规则之一。

案例分析

1) "阿登内斯"轮代理人对一票橘子的托运人口头保证：该轮在西班牙港口塔黑纳装上该批橘子后，将直接驶往伦敦并卸货。但是该船并没有直接驶往伦敦，而是驶向了比利时的安特卫普。结果当托运人的橘子到达伦敦时，橘子的进口关税提高了，且由于其他橘子的大量到货，使橘子的价格下降。托运人认为如果货轮是依口头的约定直驶伦敦的，则关税的提高和价格的下降都应该是在该船到达之后发生。于是托运人向法院起诉，要求承运人承担损失。但是承运人辩称：提单中载明规定承运人可以任意经由任何航线直接或间接到达伦敦。因此，不负责任。试问此案将如何判定？

2) 有一批货物共 1 000 箱，自 A 国港口装运至 B 国某港口，承运人签发了"已装船清洁提单"，但货运到目的港后，收货人发现下列情况：①少 10 箱货；②20 箱包装严重破损，内部货物大部分散失；③50 箱包装外表完好，箱内货物短少。试问上述三种情况是否应属承运人的责任？为什么？

练习与思考

1) 简述提单的概念。

2) 有关承运人的责任，《海牙规则》、《维斯比规则》和《汉堡规则》有哪些不同规定？

3) 简述定期租船合同与航次租船合同的区别。

4) 简述国际铁路运输托运人的基本责任。

5) 简述国际航空运输承运人的免责事项。

6) 简述多式联运经营人的主要责任。

6 国际商事组织法概述

⭐ **本章要点**

- 商事组织的分类
- 个人合伙企业的概念与法律特征
- 合伙企业设立的条件
- 各国公司法概述
- 有限责任公司与股份有限公司的法律差异
- 公司的治理结构与组织机构

6.1 国际商事组织的基本法律形式

6.1.1 商事主体与商事组织

商事组织是国民经济运行的主体和基本运行单位，是指能够以自己名义从事营利性活动，并具有一定规模的经济组织。所谓商事主体就是从事商事活动、发生商事关系的当事人。在现代大生产和企业产生之前，商事主体主要是自然人，随着商品经济的发展，商事主体的生产经营规模不断扩大，其组织化程度不断提高，形成了个人企业、合伙企业与公司企业三种基本的组织形式。尤其是在国际商事活动中，商务活动的业务量大、范围广、商事关系复杂，因而从事国际商事业务的主体更是以各类商事组织为主。

6.1.2 商事组织的经济分类

6.1.2.1 个人独资

个人独资企业是指由一个自然人投资并从事经营管理的企业，财产为投资人个人所有，投资人以其个人财产对企业债务承担无限责任的经营实体。

个人独资企业的基本特征如下：

1) 投资人只能是一个自然人，而不能是法人、其他社会组织或者国家。

2) 投资人应具有完全民事行为能力，而不能是限制行为能力或无行为能力的自然人。

3) 投资人应具有从事经营性活动的资格，而不能是有关法律、行政法规禁止以个人名义从事经营性活动的人，如国家公务员、公职人员、特定行业(银行、证券等)的从业人员。

4) 企业财产由投资人个人所有个人独资企业的财产，是指在该企业名义下的财产，包括投资人对企业的实际出资和以企业名义取得的一切收益。投资人对本企业的财产依法享有所有权，其有关权利可以依法进行转让或继承投资人对企业债务承担无限责任。

因投资人对企业财产及企业经营管理享有绝对权利，因而企业的义务也与投资人不可分离，当企业的财产不足以清偿企业到期债务时，投资人应以其个人或其家庭共有的全部财产用于清偿。独资企业为非法人企业，内部结构简单，经营灵活，法律限制较少。

6.1.2.2　合伙企业

所谓合伙，是两个或者两个以上主体为共同目的，按照协议共同投资、共同经营、共享权益、共担风险的组合关系。合伙是一种基于契约而形成的特定法律关系。合伙最初起源于家族共有经营形式，后来演变为一种特定的企业组织形式。但在现在社会生活中，合伙关系不仅存在于企业，也广泛存在于其他一些营利性的事业中，如会计师事务所、律师事务所、医疗诊所、私立学校、托幼院所等允许个人投资经营的领域，均已引入合伙制。

根据合伙的性质及所适用的法律的不同，分为民事合伙和商事合伙。这种分类存在于实行民商分立体例的大陆法系国家，如德国、日本等，其民法典中规定的合伙称为民事合伙，指各个合伙人提供约定出资，以实现某一共同目的的合同；其商法典中规定的合伙称为商事合伙，指两个或两个以上的合伙人基于协议，在一个商号下，以经营商事营业为目的所建立的营利性商事组织

当一个企业采用合伙组织形式设立并经营时，则称作合伙企业。我国于1997年2月23日八届人大常委会第24次会议通过了《中华人民共和国合伙企业法》(以下简称《合伙企业法》)，共9章78条，于同年8月1日施行。该法第2条规定："本法所称合伙企业，是指依照本法在中国境内设立的由各合伙人订立合伙协议，共同出资、合伙经营、共享收益、共担风险，并对合伙企业债务承担无限连带责任的营利性组织。"

6.1.2.3 公司

公司是目前世界上普遍存在的一种企业组织形式，各国一般均以民商法予以规制。但是，在法律上，关于"公司"一词的含义，不同国家因所属法系不同而有不同表述。大陆法系中，公司是指依法定程序设立的，以营利为目的的社团法人。英美法系中的公司并非仅指以营利为目的的公司，以营利为目的的公司是商业公司，而非营利性的公司则相当于大陆法中非营利的社团法人。如英国的《伯尔门公司法》一书中说："公司是依公司法的规定而设立的经济组织体"。《美国标准公司法》给公司下的定义则是："公司是指受本法令管辖之营利公司。"我国《公司法》第 2 条规定："本法所称公司是指依照本法在中国境内设立的有限责任公司和股份有限公司"；"有限责任公司和股份有限公司是企业法人"。

6.2 合伙企业法

6.2.1 合伙与合伙企业概述

合伙企业作为一种赢利性的结构，最初出现在巴比伦的共耕制度。巴比伦的《汉穆拉比法典》中有此规定："某人按合伙的方式将银子交给他人，则以后不论盈亏，他们在神的面前平分。"合伙制企业是人类社会最古老的企业组织形式之一，也是具有灵活性和生命力的一种企业组织形式。

我国《合伙企业法》第 2 条规定：本法所称合伙企业，是指依照本法在中国境内设立的由各合伙人订立合伙协议，共同出资、合伙经营、共享收益、共担风险，并对合伙企业债务承担无限连带责任的营利性组织。

美国《统一合伙法》第 6 条规定：合伙是 2 人或 2 人以上，作为共同所有人，从事营利事业的联合体或团体。

6.2.1.1 合伙企业的特征

合伙企业具有以下主要特征：

1) 由 2 个或 2 个以上的投资人共同设立。其含义包括：①合伙企业的投资人至少为 2 个，故而称其为"合伙人"；②合伙人应当为具有完全行为能力的人；③法律、法规禁止从事营利性活动的人不得成为合伙企业的合伙人；④合伙人应为自然人，非自然人之间设立的企业采用合伙组织形式的，不适用《合伙企业法》，而由其他有关法律、行政法规另行规定。

2) 以合伙协议为基础。合伙协议是合伙人之间旨在建立合伙关系，明确合伙人的权利和义务的一致的意思表示。合伙是合伙人双方或多方的法律行为，不能由一人所为，因此，在合伙行为实施之前，必须由合伙人达成合伙协议，取得一致的意思表示。合伙协议是合伙企业设立的基础，没有合伙协议，就不能设立合伙企业。合法有效的合伙协议是处理合伙关系的直接依据，合伙人应依照合伙协议享有权利，承担责任。合伙人违反合伙协议的，依法承担违约责任。

3) 合伙人按照协议共同投资、共同经营、共享收益、共担风险。其含义是：①每个合伙人都有对企业出资的义务，不出资则不构成合伙人；②每个合伙人都有参与企业经营的权利，且法定的经营权是平等的而不取决于其出资比例；③每个合伙人都有分享企业经营收益的权利和分担经营风险的义务，其损益分配依据合伙协议约定的比例而不按各自出资的比例。

4) 合伙人对企业债务均负无限连带责任。其含义是：①当合伙企业的财产不足以清偿合伙企业的债务时，对不足的部分，每个合伙人都有责任用其在合伙企业以外的个人财产承担清偿责任，此乃无限责任；②当企业的债权人对任何一个合伙人主张的债权超过该合伙人的应担份额时，该合伙人应在自己具有的清偿能力的范围内满足债权人的权利要求，也就是说，任何一个合伙人都有义务代替其他合伙人承担偿债责任，而不能以其应担责任的比例及数额对抗债权人，合伙人的这种责任即为连带责任。当然，一个合伙人承担了连带责任后，对超过应担份额部分，有权按约定或法定的分担比例向其他合伙人追偿。

5) 合伙企业不能取得法人资格。与个人独资企业一样，因合伙企业没有独立的民事责任能力，不符合法人应具备的条件，因而在法律地位上不能成为企业法人，不具有民事主体资格；但它是一种独立的企业类型，是一种特定的商事主体。

6.2.1.2　合伙的分类

合伙可分为普通合伙和特殊合伙。普通合伙就是全体合伙人共同出资、共同经营、共享利润和共负亏损，全体合伙人对合伙债务承担无限责任的合伙。我国《民法通则》规定的个人合伙和《合伙企业法》规定的合伙企业，都属于普通合伙。

特殊合伙是部分成员不参加经营并且对合伙债务负有限责任的合伙。特殊合伙主要包括两种，一为隐名合伙，二为有限合伙。前者出自大陆法法系，后者出自英美法系。

1) 隐名合伙。指当事人约定一方对他方所经营的事业出资，而分享其营业所得收益及分担其营业所受损失的契约。其中，出资的一方称为隐名合伙人，而经营事业的他方称为营业人。隐名合伙为大陆法所特有。它起源于中世纪的海上商业贸易合伙和陆上商业贸易合伙。在大陆法上，隐名合伙只是一种契约关系，没有团体人格，其成立方式比较简易、自由。隐名合伙的特点是：

(1) 隐名合伙无独立的合伙财产，隐名合伙人的出资归入营业人的营业财产。

(2) 隐名合伙人只分享营业利润和分担营业损失，并不参加营业。基于这一特点，隐名合伙人的所谓隐名，并非绝对地隐姓埋名；他可以公开其隐名合伙人身份。但是，如果隐名合伙人将其身份(姓名或商号)加入营业单位，即属以普通合伙方式出现，这样，他就应当对合伙营业所生债务承担连带责任。

2) 有限合伙。指 1 名以上普通合伙人与一名以上有限合伙人组成的合伙。其中，普通合伙人执行合伙事务，对外代表合伙组织，并对合伙的债务承担无限责任。有限合伙人不执行合伙事务，不对外代表合伙组织，只按出资比例享受利润分配和分担亏损，并仅以其出资额为限度对合伙的债务承担清偿责任。有限合伙人的出资必须是金钱或者其他财产，不得是劳务或信用。有限合伙为英美法上的一种独立的合伙形态。英国有 1907 年有限合伙法，美国有 1916 年统一有限合伙法。其含义为：由两人以上组成，其中一人或数人为普通合伙人，管理合伙事务并对合伙债务人负无限责任，另有一人或数人为有限合伙人，不管理合伙事务，对合伙债务人仅负有限责任。有限合伙这种企业形式，现已为一些大陆法国家(如瑞典、瑞士)所接受。

有限合伙不同于大陆法上的隐名合伙的主要之点，在于它具有明显的实体性，即有一定的团体人格。在英国，有限合伙的成立必须在公司注册处履行登记，即是明证。英美学者认为，有限合伙是比普通合伙更接近于公司的企业组织形式。在英美，企业改变组织形态相当自由。一个独资企业，可以通过吸收他人入伙而变成合伙；为扩大资本，他们又可以吸收一些有限合伙人，以便继续控制企业的领导权。以后，企业继续扩大，这个有限合伙又可以进一步转变为公司。

6.2.2 合伙企业的设立

6.2.2.1 设立条件

1) 合伙人范围和资格。关于合伙人的人数，我国规定以 2 人为最低限度。合伙企业注重合伙人之间关系，所以，合伙人不会太多。各国情况中，大陆法系一般没有人数上限。英美法系一般有限制，因为人太多了合作不会顺利。关于合伙人的资格问题：我国《合伙企业法》第 14 条规定，合伙人为自然人的，应当是具有完全民事行为能力的人。现行的我国《合伙企业法》对法人合伙的规定不够明确。法人参与合伙可以使公司等企业法人利用合伙企业形式灵活、合作简便、成本较低等优势，实现其特定的目的事业，也有利于大型企业在开发新产品、新技术中与创新型中小企业进行合作。因此，《合伙企业法》明确规定："本法所称合伙企业，是指自然人、法人和其他组织依照本法在中国境内设立的普通合伙企业和有限合伙企业"。在国外，法律允许法人成为合伙人不乏其例。例如：在德国，"普通商事合伙的合伙人并不局限于自然人，诸如股份有限公司和有限公司这样的法人，以及其他普通商事合伙或有限合伙，都可以成为普通商事合伙的合伙人。"美国《统一合伙法》也规定，能够成为合伙人的"人"包括"个人、合伙、公司和其他团体"。在英国，"关于合伙人是否必须是自然人的问题，法律没有明文规定。由若干自然人和公司组成的合伙已经被法院确认为有两种团体成员的合伙。"

2) 合伙协议。合伙协议作为合伙协议设立的基础，应具备法定的形式要件和实质要件。其形式要件包括：①合伙协议必须采用书面形式，不能采用口头协议；②订立合伙协议，应当遵守自愿、平等、公平、诚实的原则，经全体合伙人协商一致；③合伙协议须经全体合伙人签名、盖章后，方能生效。其实质要件是指合伙协议中应载明的事项，包括应当载明的事项和可以载明的事项。根据大陆法的规定，合伙必须有明确的协议，否则不能认为存在合伙关系。而英美法系则主张，合伙可以是明示的或默示的，法律并不一定要求必须用书面形式固定。根据我国《合伙企业法》第18条第1款的规定，合伙协议应当载明下列事项：①合伙企业的名称和主要经营场所的地点；②合伙目的和合伙企业的经营范围；③合伙人的姓名及其住所；④合伙人出资的方式、数额和缴付出资的期限；⑤利润分配和亏损分担的办法；⑥合伙企业事务的执行；⑦入伙与退伙；⑧合伙企业的解散与清算；⑨违约责任。根据该条第 2 款规定，合伙协议可以载明的事项为：合伙企业的经营期限和合伙人争议的解决方式。在合伙协议中，应当载明的事项是必要事项，是合伙协议不可缺少的内容，任何一项未载明的，则该合伙协议不能生效；但在其中的第五项"利润分配和亏损分担的办法"中未约定利润分配和亏损分担比例的，适用法律的规定，即由各合伙人平均分配和分担，而不影响该合伙协议的效力。可以载明的事项是非必要事项，是合伙协议中可有可无的内容，未载明的，并不影响合伙协议的效力。经全体合伙人协商一致，可以对合伙协议修改或者补充。

3) 有各合伙人缴付的出资。合伙人应当按照合伙协议约定的出资方式、数额和缴付出资的期限，履行出资义务，即实际缴付财产。合伙人作为出资的财产，应当是合伙人的合法财产及财产权利；其出资方式可以是货币，也可以为实物、土地使用权、知识产权或者其他财产权利；经全体合伙人协商一致，合伙人也可以用劳务出资。对货币以外的出资需要评估评估作价的，可以由全体合伙人协商确定，也可以由全体合伙人委托法定评估机构进行评估；但对劳务出资的评估办法，应由全体合伙人协商确定。对全体合伙人的出资额，法律未规定最低限，但原则上应与所申请的合伙企业从事的经营活动相适应。

4) 有合伙企业的名称。合伙企业必须确定其合伙名称，但其名称中不得使用"有限"或者"有限责任"字样(但未禁止使用"公司"字样)。

5) 有经营场所和从事合伙经营的必要条件。合伙企业应有固定的营业场所，该场所可以由合伙人以出资方式提供，也可以合伙企业名义受让、租赁、借用等方式取得。"从事合伙经营的必要条件"是指从事合伙企业经营范围内的经营活动所必需的环境、设施等条件。

6.2.2.2 设立程序

1) 提出设立申请。设立合伙企业，应由全体合伙人指定的代表或者共同委托的代理人向合伙企业所在地的登记主管机关(工商行政管理机关)提出书面申请。申请时一般应提交下列文件：①全体合伙人签署的设立合伙企业的申请书；②合伙协议；③合伙人身份证明；④经营场所使用权证明。另外，委托代理人申请设立登记时，还应当出具全体合伙人签署的委托书和代理人的合法证明；企业拟从事法律、行政法规规定须报经有关部门审批的业务的，还应当在申请登记时提交有关部门的批准文件

2) 核准登记。企业登记机关应当自收到申请登记文件之日起 30 日内，做出是否登记的决定。对符合上述法定条件的，予以登记，发给营业执照；对不符合法定条件的，不予登记，并应当给予书面答复，说明理由。合伙企业以营业执照的签发日期为企业成立日期，在领取营业执照前，投资人不得以合伙企业的名义从事经营活动。

需要注意的是，合伙企业的成立与合伙协议的成立是两个不同的概念。合伙协议是诺成性合同，一经成立，即在当事人之间产生约束力。在合伙企业领取营业执照前，合伙协议是合伙人履行出资、办理登记和筹备开业的行为依据。但是，由于此时合伙企业并未依法成立，合伙人只能以他们个人的名义从事民事活动，而不能以合伙企业的名义对外交易。

类似的规定在国外也能见到。例如，在德国，商事合伙必须依据《德国商法典》第 2 条申请登记。只有在登记之后才能被视为商事合伙。而在登记之前，它们只能被作为民事合伙对待。瑞典法律过去规定，商事合伙于合伙人达成合伙协议时成立并成为法人，但是，合伙人必须在合伙开始营业前办理商事登记，但是根据新的法律规定，自 1995 年起，商事合伙只有经过登记才能成立。不过，在有些国家，如英国、美国和比利时，法律并不以登记为合伙成立的条件。

【例 6.1】 2008 年 1 月，甲、乙、丙共同设立一合伙企业。合伙协定约定：

甲以现金 5 万元人民币出资，乙以房屋作价 8 万元出资，丙以劳务作价 4 万元出资；各合伙人按相同比例分配赢利，分担亏损。合伙企业成立后，为扩大经营，于 2008 年 6 月向银行贷款人民币 5 万元，期限为 1 年。2008 年 8 月，甲提出退伙，鉴于当时合伙企业盈利，乙、丙表示同意。同月，甲办理了退伙结算手续。2008 年 9 月，丁入伙。丁入伙后，因为经营环境变化，企业严重亏损。2009 年 5 月，乙、丙、丁决定解散合伙企业，并将合伙企业现有财产价值人民币 3 万元予以分配，但对未到期的银行贷款未予清偿。2009 年 6 月，银行贷款到期后，银行找合伙企业清偿债务，发现该企业已经解散，于是向甲要求偿还全部货款，甲称自己早已退伙，不负责清偿债务。银行向丁要求偿还全部贷款，丁称该贷款是在自己入伙前发生的，不负责清偿。银行向乙要求偿还全部贷款，乙表示只按照合伙协议约定的比例清偿相应数额。银行向丙要求偿还全部贷款，丙则表示自己是以劳务出资的，不承担还贷款义务。

　　分析：该案中作为债权人可以向合伙人乙、丙、丁主张债权，作为合伙人对合伙企业的债务承担无限连带责任。

6.2.3　合伙财产

　　合伙财产是指合伙企业存续期间以企业名义取得的收益连同合伙人的出资构成合伙企业的财产。合伙企业的财产虽然属于各合伙人按份所有，却依法由全体合伙人共同管理和使用。合伙企业在清算前，除非有退伙等法定事由，合伙人一般不得请求分割企业的财产。合伙人向合伙以外的人转让自己在合伙企业的份额时，须得到其他合伙人的一致同意。合伙人之间转让财产份额的，应通知其他合伙人。合伙人依法转让其财产份额的，在同等条件下其他合伙人有优先受让的权利。

6.2.3.1　合伙财产的构成

　　《合伙企业法》第 19 条规定，"合伙企业存续期间，合伙人的出资和所有以合伙企业名义取得的收益均为合伙企业的财产"。因此，合伙财产由合伙人出资和合伙收益两部分组成，其中，合伙人出资应为各合伙人按照合伙协议实际缴付的出资，协议应缴而实际未缴的出资、合伙人在合伙协议约定的出资之外置于合伙企业的财产以及合伙人出资之外的其他个人财产，均不属于合伙财产；合伙收益包括合伙企业的经营收益、投资收益和营业外收益(如获奖、受赠等)，合伙存续期间以合伙人名义取得的收益不属于合伙收益。

6.2.3.2 合伙财产的性质及其处分

合伙财产属于全体合伙人共有的财产,应由全体合伙人依法共同管理和使用,并应按全体合伙人的共同意志进行处分。因此,在合伙企业存续期间,合伙人对合伙财产行使权利应受下列限制:

1) 合伙企业存续期间,应保持合伙财产的完整性,除退伙等法定情形外,在合伙企业进行清算前,合伙人不得请求分割合伙企业的财产。但是,合伙人在合伙企业清算前私自转移或者处分合伙企业财产的,合伙企业不得以此对抗不知情的善意第三人。

2) 合伙人可以依法转让其在合伙企业中的财产份额。合伙人之间转让在合伙企业中的全部或者部分份额时,应当通知其他合伙人,不须其他合伙人同意;而合伙人向合伙人以外的人转让其在合伙企业中的全部或者部分份额时,则须经其他合伙人一致同意。

3) 合伙人可以依法以其在合伙企业中的财产份额作为合伙企业以外的其他债的担保物。合伙人以其财产份额出资的,须经其他合伙人一致同意;未经其他合伙人一致同意的,该出资行为无效,或者作为退伙处理;由此给其他合伙人造成损失的,依法承担赔偿责任。

6.2.4 合伙企业的事务执行

6.2.4.1 合伙企业事务的执行方式

所谓合伙企业事务执行,即掌管合伙企业的业务,负责合伙企业的经营管理。根据《合伙企业法》第 25 条和第 29 条第 1 款的规定,合伙企业事务的执行方式,亦即事务执行人的确定方式有三种

1) 共同执行方式,即由全体合伙人共同执行合伙企业事务,每个合伙人均为事务执行人,享有同等执行权。

2) 委托执行方式,即由合伙协议约定或者由全体合伙人决定,委托 1 名或者数名合伙人执行合伙企业事务,此种方式下,合伙企业事务的执行权集中委托给受托的一名或者数名合伙人行使,其他合伙人则不再执行合伙企业事务。

3) 分别执行方式,即由合伙协议约定或者由全体合伙人决定,合伙人分别执行某项或者部分合伙企业事务,此种方式下,各合伙人只在被委托授权的单项事务或部分事务上有执行权。

6.2.4.2　合伙事务执行人的对外代表权及其限制

负责执行合伙企业事务的合伙人即为合伙企业的负责人,对外代表合伙企业,其以合伙企业名义实施的行为,归属该合伙企业,由全体合伙人承受其后果:其执行合伙企业事务所产生的收益归全体合伙人;所产生的亏损或者民事责任,也由全体合伙人承担。

为了维护全体合伙人的利益,对合伙事务执行权及其对外代表权,应给予一定的限制。根据《合伙企业法》第31条的规定,合伙事务执行人执行合伙企业的下列事务必须经全体合伙人同意:①处分合伙企业的不动产;②改变合伙企业的名称;③转让或者处分合伙企业的知识产权和其他财产权利;④向企业登记机关申请办理变更登记手续;⑤以合伙企业名义为他人提供担保;⑥聘任合伙人以外的人担任合伙企业的经营管理人员;⑦依照合伙协议约定的有关事项。

合伙事务执行人擅自处理上述事务,给其他合伙人造成损失的,依法承担赔偿责任。不具有事务执行权的合伙人,擅自执行合伙企业的事务,给合伙企业或者其他合伙人造成损失的,依法承担赔偿责任。

6.2.4.3　合伙人在执行合伙事务中的权利与义务

1) 合伙人的权利。包括:

(1) 同等执行权,这是针对共同执行方式下的每个合伙人而言的。

(2) 对外代表权,该权利属于任何执行方式下的有权执行合伙事务的合伙人。

(3) 监督权,这是对委托执行方式下的不执行合伙事务的合伙人而言的,他们有权监督执行事务的合伙人,检查其执行合伙企业事务的情况。

(4) 查阅账簿权,任何执行方式下的合伙人为了了解合伙企业的经营状况和财务状况,均有权查阅企业的账簿。

(5) 异议权,这是对分别执行方式下的各合伙人而言的,合伙人分别执行合伙企业事务时,合伙人可以对其他合伙人执行的事务提出异议;提出异议时,应暂停该项事务的执行;如果发生争议,可由全体合伙人共同决定。

(6) 撤销权,在委托执行和分别执行方式下,被委托执行合伙企业事务的合伙人不按照合伙协议或者全体合伙人的决定执行事务的,其他合伙人可以决定撤销该委托。

2) 合伙人的义务。在执行合伙企业事务中,视不同情况,合伙人分别负有以下有关义务:

(1) 受托执行合伙企业事务的合伙人,应当依照约定向不参加执行事务的合伙人报告事务执行情况以及合伙企业的经营状况和财务状况。

(2) 合伙人不得自营或者同他人合作经营与本合伙企业相竞争的业务。

(3) 合伙人不得同本企业进行交易，但合伙协议另有约定或者经全体合伙人同意者除外。

(4) 合伙人不得从事损害本合伙企业利益的活动。

6.2.4.4　合伙企业的损益分配及决议办法

合伙企业的利润和亏损，应由合伙人依照合伙协议约定的比例分配和分担，但合伙协议不得约定将全部利润分配给部分合伙人，也不得约定由部分合伙人承担全部亏损；合伙协议未约定利润分配和分担比例的，应由各合伙人平均分配和分担。

合伙企业存续期间，合伙人依照合伙协议的约定或者经全体合伙人决定，可以增加对合伙企业的出资，用于扩大经营规模或者弥补亏损。合伙企业年度的或者一定时期的利润分配或者亏损分担的具体方案，由全体合伙人协商决定或者按照合伙协议约定的办法决定。

合伙人依法或者按照合伙协议对合伙企业有关事项做出决议时，除法律另有规定或者合伙协议另有约定外，经全体合伙人决定可以实行一人一票的表决方法。

6.2.5　合伙企业与第三人的关系

6.2.5.1　对外代表权的限制与第三人的关系

合伙事务的执行无论采取哪种方式，执行人的对外代表权都有一定的限制。但是，合伙企业对合伙人执行合伙企业事务以及对外代表权的限制，不得对抗不知情的善意第三人。

6.2.5.2　债务清偿与第三人的关系

1) 合伙企业的债务清偿关系有：

(1) 合伙企业的债务，应先以其全部财产进行清偿；合伙企业财产不足清偿到期债务的，对其不能清偿的部分债务，各合伙人应当承担无限连带责任。

(2) 各合伙人承担无限清偿责任时，原则上应按合伙协议约定的或者法定的损益分配比例；但依照连带责任原则，债权人可以不按该比例，而可以以其认为最有利于实现其债权的任何比例，向任一合伙人、部分合伙人或者全部合伙人主张部分或者全部债权，而合伙人均无权对其抗辩。

(3) 合伙人应债权人的要求而承担了连带责任的，对所清偿的数额超过其所应当承担的数额部分，有权向其他合伙人追偿。

【例 6.2】　某合伙企业由 A、B、C、D 四个合伙人组成，合伙协议约定的出资比例及损益分配比例均分别为 40%、30%、20%、10%。该合伙企业清算时，拥有全体合伙人的出资额 100 万元、留存收益 50 万元、负债额 200 万元，则 A、B、C、D 四个合伙人对合伙财产不足清偿的 50 万元债务应按比例承担无限清偿责任。但若债权人只向 A、B 两个合伙人分别主张 40 万元和 10 万元的债权，A、B 满足债权人要求后，A 因清偿数额超过了其应担的数额，那么，A 有权就多偿的 20 万元，向未足额偿债的 B 和尚未承担偿债责任的 C、D 追偿，其向 B、C、D 的追偿数额分别应为 5 万元、10 万元和 5 万元。

2) 合伙人的债务清偿关系有：

(1) 在合伙企业存续期间，合伙人的个人债务，应以其个人财产清偿；合伙人个人财产不足清偿其个人所负债务的，该合伙人只能以其从合伙企业中分取的收益用于清偿；若无分取的收益或者分取的收益仍不足清偿的，债权人也可以依法请求人民法院强制执行该合伙人在合伙企业中的财产份额用于清偿。对被执行的该合伙人的财产份额，其他合伙人有优先受让的权利。

(2) 合伙人的个人财产不足清偿其个人债务的，其债权人只能通过民事诉讼法规定的强制执行程序，从执行该合伙人在合伙企业中应分得的收益或者属于该合伙人的财产份额中受偿，而不得自行接管合伙人在合伙企业中的财产份额，代位行使该合伙人在合伙企业中的权利。合伙人的财产份额被执行完毕时，该合伙人当然退伙。

(3) 合伙企业中的某一合伙人的债权人，不得以该债权抵销其对合伙企业的债务。

6.2.6　入伙与退伙

6.2.6.1　入伙

入伙是指在合伙企业存续期间，合伙人以外的人加入合伙企业，从而取得合伙人的资格的活动。

1) 入伙的条件与程序。吸收合伙人以外的人入伙，无疑会改变合伙企业的合伙人的构成、投资构成及损益分配关系，特别是会影响原合伙人的利益和责任，因此，新合伙人入伙时，应当经全体合伙人一致同意；同时，为了确定入伙后新合伙人及原合伙人的各自的权利和义务，新合伙人须与原合伙人依法订立书面入伙协议，并须相应修改原合伙协议的有关事项。依照订立合伙协议的基本原则，订立入伙协议时，原合伙人应当向新合伙人告知原合伙企业的经营状况和财务状况，不得骗取新合伙人入伙。

2) 新合伙人的权利与责任。新合伙人与原合伙人享有同等权利，承担同等责任，即使对其入伙前的合伙企业的债务，也应承担连带责任。但入伙协议对新合伙人的权利和责任另有约定的，从其约定。

6.2.6.2　退伙

退伙是指在合伙企业存续期间，合伙人退出合伙企业，从而丧失合伙人资格的活动。

1) 退伙的原因及程序。按是否基于退伙人的退伙意愿，退伙原因可分为自愿退伙和法定退伙两大类。

(1) 自愿退伙。也称声明退伙，是指基于合伙人的退伙意愿而退伙。自愿退伙也须符合法定事由而并非任意，但该类法定事由的发生并不直接导致退伙，而是在此前提下，由合伙人决定是否退伙。自愿退伙又分为协议退伙和通知退伙，前者是在合伙协议约定合伙企业经营期限的情况下的自愿退伙；后者是在合伙协议未约定经营期限的情况下的自愿退伙。《合伙企业法》第46条规定，合伙协议约定合伙企业经营期限的，有下列情形之一时，合伙人可以退伙：①合伙协议约定的退伙事由出现；②经全体合伙人同意退伙；③发生合伙人难以继续参加合伙企业的事由，如移居异地、丧失从事营利性活动的资格等；④其他合伙人严重违反合伙协议约定的义务。《合伙企业法》第47条规定，合伙协议未约定合伙期限的，合伙人在不给合伙企业事务造成不利影响的情况下，可以退伙，但应当通知其他合伙人。违反上述两条规定擅自退伙的，应当赔偿由此给其他合伙人造成的损失。

(2) 法定退伙。也称强制退伙，是指直接基于法定退伙事由的退伙。法定退伙由法定事由直接导致，而并不取决于合伙人的退伙意愿。法定退伙又分为当然退伙和除名退伙，前者是基于法定的客观事实而认定的退伙；后者则是基于合伙人的主观过错而被强制退伙。《合伙企业法》第49条规定，合伙人有下列情形之一的，当然退伙：①死亡或者被依法宣告死亡；②被依法宣告为无民事行为能力的人；③个人丧失偿债能力；④被人民法院强制执行在合伙企业中的全部财产份额。当然退伙以上述法定事由实际发生日为退伙生效日。《合伙企业法》第50条规定，合伙人有下列情形之一的，经其他合伙人一致同意，可以决定将其除名：①未履行出资义务；②因故意或者重大过失给合伙企业造成损失；③执行合伙事务时有不当行为；④合伙协议约定的其他事由。对合伙人除名的协议应当书面通知被除名人；被除名人自接到除名通知之日起，除名生效，被除名人退伙。被除名人对除名有异议的，可以在接到除名通知之日起 30 日内，向人民法院起诉。

2) 退伙的法律后果。

(1) 财产份额及合伙人资格的继承。合伙人死亡或者被依法宣告死亡的，对该合伙人在合伙企业中的财产份额享有合法继承权的继承人，依照合伙协议的约定或者经全体合伙人同意，从继承开始之日起，即取得该合伙企业的合伙人资格；但合法继承人不愿意成为该合伙企业的合伙人的，合伙企业应退还其依法继承的财产份额；合法继承人为未成年人的，经其他合伙人一致同意，可以在其未成年时由其监护人代行其权利。

(2) 退伙结算。合伙人退伙的，其他合伙人应当与该退伙人按照退伙时的合伙企业的财产状况进行结算，退还退伙人的财产份额；退伙时有未了结的合伙企业事务的，待了结后进行结算；退伙人在合伙企业中的财产份额的退还办法，由合伙协议约定或者由全体合伙人决定，可以退还货币，也可以退还实物。

(3) 退伙人的责任。合伙人退伙时，合伙企业财产少于合伙企业债务的，退伙人应当按照约定或者法定的损益分配比例分担亏损；退伙人对其退伙前已发生的合伙企业债务，与其他合伙人承担连带责任。

6.2.7　合伙企业的解散和清算

6.2.7.1　合伙企业解散的法定原因

合伙企业有下列情形之一时，应当解散：

1) 合伙协议约定的经营期限届满，合伙人不愿继续经营的。
2) 合伙协议约定的法定事由出现。
3) 全体合伙人决定解散。
4) 合伙人已不具备法定人数。
5) 合伙协议约定的合伙目的已经实现或者无法实现。
6) 依法被吊销营业执照。
7) 出现法律、行政法规规定的合伙企业解散的其他原因。

6.2.7.2　合伙企业的清算

合伙企业解散后应当按下列规定进行清算：

1) 合伙企业进行清算，应当通知和公告债权人。
2) 合伙企业解散，清算人由全体合伙人担任；未能由全体合伙人担任清算人的，经全体合伙人过半数同意，可以自合伙企业解散后 15 日内指定 1 名或者数名合伙人，或者委托第三人担任清算人；15日内未能确定清算人的，合伙人或者其他利害关系人可以请求人民法院指定清算人。

3) 清算人在清算期间执行下列事务：①清理合伙企业财产，分别编制资产负债表和利润表；②处理与清算有关的合伙企业未了结的事务；③清缴所欠税款；④清理债权、债务；⑤处理合伙企业清偿债务后的剩余财产；⑥代表企业参与民事诉讼活动。

4) 合伙企业财产在支付清算费用后，按下列顺序清偿：①合伙企业所欠的职工工资和劳动保险费用；②合伙企业所欠税款；③合伙企业的债务；④返还合伙人的出资。合伙企业财产按上述顺序清偿后仍有剩余的，合伙人按照约定或者法定的损益分配比例进行分配；合伙企业清算时，其全部财产不足清偿其债务的，由合伙人依法承担无限连带责任。合伙企业存续期间的债务在清算时未能清偿的，在合伙企业解散后，原合伙人仍应承担连带责任，但债权人在5年内未向债务人提出偿债请求的，该责任消灭。

清算结束，应当编制清算报告，经全体合伙人签名、盖章后，在15日内向企业登记机关报送清算报告，办理合伙企业注销登记。

6.3　公司法律制度

6.3.1　公司与公司法概述

6.3.1.1　公司的法律特征

公司作为企业的一种组织形式，产生于资本主义萌芽和上升时期，是资本主义商品经济发展的产物。它经历了由合伙向无限公司、两合公司、股份有限公司、股份两合公司及有限公司的发展过程。由于各国公司法律制度的差异，各国法律对公司的概念没有形成统一的解释，但基本上肯定了公司法定性、营利性和独立法人人格的三大特点，即：①公司是法人，具有独立性；②公司是社团法人，具有集合性；③公司是企业，具有营利性；④公司是依照专门法律设立的，具有合法性。

6.3.1.2　公司人格的否认

公司的人格是指公司在法律上的名分与地位。如前所述，公司是具有法人资格的商事主体，同时也是被民法赋予了民事主体资格。但在理论上，对公司的法律人格则有"拟制说"与"实在说"两种理解。前者认为公司虽为独立法人，但并无客观实体存在，只是法律拟设的主体；后者则认为，公司有其客观实体的存在，其存在的具体形态是公司机关，他们代表公司独立于自然人而存在，行使公司的权利与义务。现代国家法律大多奉行"法人实在说"。法人资格及其有限责任是把法人同其出资者分开的"面纱"、面具或屏障，在适用法人独立人格和有限责任会出现不公正现象的情况下，直接追究法人的出资者或股东的责任，这就是所谓"刺破法人面纱"的法律原则。这是英美法上针对法人、主要是公司背后的利益主体滥用法人资格而予补救的一项法律原则或制度，在大陆法系国家则称为"否认法人人格"。这一原则或理论针对的不是某种具体行为，只要法人成了其背后的主体借以逃避法律责任或牟取不当利益的"合法"外衣，从而损害到他人和社会的利益，即可根据该原则或理论，酌情令法人的出资者、股东或其他有关主体直接承担法人的债务或责任，以弥补原先在这种情况下，只能令不法行为人承担行政责任和刑事责任，债权人或其他受害人的经济损失无法得到补偿之缺陷。即要"刺破"法人的合法面具，则这项制度与法人本质和法人财产权性质问题的关系非常密切。在适用上，"刺破法人面纱"或"否认法人人格"主要针对两类情况：一是确认某个自然人、主要是公司的股东或董事与公司的人格混同；二是确认某个企业集团实为一个主体。英美法赋予法官自由裁量权，司法实践中对"刺破法人面纱"原则的解释或适用范围较宽，不仅将其适用于利用法人规避法律的行为，而且用以解决代理责任和公共秩序保留等问题。以英国公司法为例，其适用该原则的情形包括：

1) 如果公司明显是假的，其设立者的目的是借以规避法律责任或作为某违法行为的伪装，法院可探究公司的真正目的，并追究行为人的法律责任。

2) 公司股东在知道公司不足法定人数的情况下继续经营达到 6 个月，即须对公司在不足法定人数期间所发生的债务直接承担责任。

3) 工业和贸易主管部门有权调查关联企业的情况，以确定某企业集团的控股结构及股东身份，必要时可直接追究应对某企业的行为负责的个人或其他企业的法律责任。

4) 公司在清算中如果继续从事某些经营活动，且这些活动具有欺诈债权人或其他人的性质，法院可以判决参加活动者承担公司的债务。

5) 战时由敌国国民控制的公司，可揭开其面纱。

6) 对封闭性公司，可揭开其面纱。所谓封闭性公司即为"少数人控制公司"或"个人控制公司"，这是英美法系税法上的一个概念。通常，如果一个公司的多数股份为少数自然人(如 5 人以下)所控制，而且公司收益的大部分(如 60%以上)不是通过公司的积极经营活动所取得、而具有消极坐收或个人劳务收入的性质，该公司就可能被税务部门认定为封闭性公司，并否认公司的法人人格及其财产，而直接对股东个人征税。这样做的目的，是为了防止股东用为自己提薪或增加纳税时可予扣除的费用等手段来规避税收，以及诸如电影明星、体育运动员、作家等利用公司来收取个人劳务收入以逃避纳税的情形。

7) 公司高级管理人员在签署公司的汇票、支票、本票等票据时，如果未写明或写错了公司名称，除非公司及时付款，否则签署票据者应就该票据承担个人责任。

6.3.1.3 公司法概述

公司制度的确立与完善，是以公司法为依据和保障的。所谓公司法，就是调整公司在设立、变更、终止及其运营过程中的对内对外关系的法律规范的总称。简言之，公司法是关于公司组织和行为的法律规范之和。

公司法是随着现代公司制度的产生而逐渐发展和完善起来的规范公司组织和公司活动的法律制度。对公司做出最早规定的当推英国政府于 1672 年颁布的《商事条例》。300 余年来，公司立法大致经过了三个发展阶段：

19 世纪以前，各国基本上没有制定统一的、一般性的公司法。早期公司设立，由当事人自由为之，法律不作规定。17 世纪至 19 世纪，一些国家对于公司的设立采取国家元首发布特许令或由议会通过特种法案，许可成立并授予特权。如 17 世纪成立的英国的东印度公司、英格兰银行等就是通过王室授予特许证并在特许证上规定公司的性质和特权这种方式成立的。

从 19 世纪开始，公司立法进入第二个阶段，各国陆续制定了关于公司的一般性法律，公司组织及行为开始有了一般性规范；法国 1807 年颁布了商法典，其第一编(商行为)第 3 章关于公司的规定就有 29 条；1867 年又颁布了单行公司法规；1966 年重新制定了统一、完整的公司法，废止了过去公司法的规定。德国于 1861 年和 1897 年先后颁布了旧商法和新商法，其中第 2 编均为公司法，1892 年德国通过了世界上第一部有限责任公司法；1931 年又以单行法规对商法典中有关股份公司和股份两合公司的规定加以修正；1937 年制定、通过了"股份法"。其他主要西方国家如英、美、日等国也都先后制定了自己的公司法，并注重随着变化了的形势而予以不断修改。

20 世纪 50 年代以后，公司立法进入了第三个阶段。适应公司制度的社会化、国际化变革，公司立法在内容上发生了明显更新。其主要趋向是：加强董事会、经理的经营管理权限，使之能够适应市场变化，集中统一指挥生产经营活动；限制股东特别是大股东对公司业务活动的干预，为防止董事会滥用权力损害股东正当权利，规定了股东的派生诉讼权，强化对公司监察权，抛弃资本确定制而采取授权资本制，加速公司的成立和扩大；立法精神上从个人利益原则转向社会利益原则，加强国家干涉主义，增加并逐步强化职工参加公司管理的规定等。

在公司制度不断发展和完善的过程中，各国公司立法根据不同的国情及法律传统形成了各自独特的立法体例；公司法大致可以分为三大法系：德国法系、英美法系和法国法系。德国法系条文严谨、论理精密；英美法系切合实际，有丰富的判例作为其立法基础；法国法系介于前两者之间，内容接近于德国法系。在各国立法过程中，常常相互参照，互相影响。特别是现代社会，各国交往频繁，各种法系的界限已逐渐缩小。

从立法体例上看，有些国家实行民商分立，制定了商法典，它们把公司法作为商法的一个部分，规定于商法典之中。例如，法国及受法国商法典影响的国家，即将公司法归于商法典的"商行为"编之中。德国及受德国商法典影响的国家则将其列为商法典中独立的一编。有些国家实行民商合一，没有商法典，它们把公司法作为民法的一个部分，例如瑞士有关公司立法便列入瑞士债务法中。还有一些国家则将公司法制定为单行法，英国、美国及属于英美法系的其他国家即如此。20 世纪以来，将公司法单独立法的国家越来越多，成为一种立法趋势，例如，法国、德国等都先后制定了单行公司法，并废止了以前商法典中关于公司法的规定。为了推行现代企业制度的建立，完善公司制度，促进社会主义市场经济的发展，1993 年 12 月 29 日，第八届全国人民代表大会常务委员会第五次会议通过了《中华人民共和国公司法》该法共 11 章 230 条，于 1994 年 7 月 1 日起施行；1999 年 12 月 25 日，第九届全国人民代表大会常务委员会第十三次会议通过《关于修改〈中华人民共和国公司法〉的决定》，对该法的部分条款进行了修改。2005 年第十届全国人大常务委员会第十八次会议作了最后修订。修订后的《中华人民共和国公司法》自 2006 年 1 月 1 日施行。

6.3.2　公司的分类

公司根据不同标准可进行不同分类，如法律分类、学理分类，依股东所负责任的不同，按股东承担的有限责任的限度的不同，又可分为普通有限公司和保证有限公司之分，按公司国籍的不同，分为本国公司、外国公司和跨国公司，按公司之间关系性质的不同，分为母公司和子公司、总公司和分公司等。

1) 根据股东所负责任形式来划分的，是最常见和最基本的分类。

(1) 无限责任公司。简称无限公司，它是由对公司债务负无限连带清偿责任的股东所组成的公司。当公司的资本不足以清偿债务时，公司的债权人可以通过公司对公司的全体股东或任何一个股东要求清偿债务。而股东不论出资多少都对公司债务负无限清偿责任。

(2) 有限责任公司。简称有限公司，是指由法律规定的一定人数的股东所组成的，股东以其出资额为限对公司债务承担责任的公司，是现代公司制度的一种基本形式。

(3) 股份有限公司。简称股份公司。是指由一定人数以上的股东发起成立的，全部资本被划分为若干均等的股份由股东共同持有，所有股东均以其所有股份对公司债务承担责任的公司。

(4) 两合公司。它是由承担无限责任的股东和承担有限责任的股东混合组成的公司。这种公司的股东中必须至少有一人承担无限责任，同时也必须至少有一人承担有限责任。

(5) 股份两合公司。它是由承担无限责任的股东和承担股份有限责任的股东共同组成的公司。与两合公司的不同之处主要是，股份两合公司中承担有限责任的资本部分被划分成了股份，而且是用发行股票的方式筹集而来的。

2) 按公司之间关系性质的不同，分为母公司和子公司、总公司和分公司。

(1) 母公司和子公司。这是《公司法》涉及的按公司外部组织关系——控制、依附关系的分类。在不同公司之间的控制与被控制、依附与被依附的关系中，处于控制和被依附地位的公司是母公司，处于被控制和依附地位的则是子公司。母公司或控制公司与子公司或附属公司之间虽然有控制与被控制的组织关系，但依国际惯例和我国的《公司法》，它们在参与外部的交易和管理关系时，都具有法人资格。母公司或控制公司控制其子公司或附属公司，可以采取独资设立、全资控股、控制多数股份、掌握实际得以控制子公司或附属公司的股份等方法。对于股份公司来说，视其股份的分散程度，通常只需掌握其不到半数，甚至只有5%～10%的股份，即可对其加以控制。在实践中，企业集团中的上级公司与下级公司、跨国公司与其设立在世界各地的公司、控股公司与被其控股的公司等，都是母公司和子公司或者说控制公司与附属公司的关系。

(2) 总公司和分公司。这是从公司内部组织关系——管辖、隶属关系上进行划分，分公司其实只是公司的分支机构，并非真正意义上的公司，总公司又称本公司是相对于其分支机构而言，有权管辖公司的全部内部组织如各个分部门、分公司、科室、工厂、门市部等的总机构。分公司也需依法设立及登记，但其作为公司的一种分支机构，不具有法人资格，设立比较方便，程序简单。

3) 按公司国籍的不同，分为本国公司、外国公司和跨国公司。跨国公司，又称"多国公司"、"国际性公司"、"全球性公司"等，是指以一个或几个国家为基地或母国，制订并服从统一的经营方针或战略，在两个或两个以上的国家设有分支机构、子公司或附属公司的企业或企业集团。

4) 人合公司、资合公司、人合兼资合公司。

(1) 资合公司是指以资本的结合作为公司信用基础的公司，资合公司通常具有比较健全的制度，依赖制度化的管理，有较强的独立性，其经营和公司的存续与个别股东没有直接联系，因而也是现代典型的公司法人形式。

(2) 人合公司是指以股东的能力、财力、声望和信誉等作为公司信用基础的公司。人合公司在市场交往中，不以资本为信用的基础，企业的所有权和经营权一般也不分离。所以，他人与人合公司交往，必然依赖于股东个人的信用。人合公司的人格与其股东的人格没有完全分离，是一种较低级的公司，其典型形式为无限公司。

(3) 人合兼资合公司是指同时以公司资本和股东个人信用作为公司信用基础的公司，其典型形式为两合公司和股份两合公司。在这两种公司中，有限责任股东的出资或股本为公司提供了较稳定的资本，无限责任股东则以其能力和信用从事经营活动，从而将资本信用和人的信用结合在一起。一般认为，现代的有限公司作为法人，应属于资合公司的范畴，而这种公司，尤其是家族性或规模较小的有限公司，也兼有人合甚至完全属于人合的性质。

6.3.3 公司的设立

公司设立是指公司设立人依照法定的条件和程序，为组建公司并取得法人资格而必须采取和完成的法律行为。公司设立行为属于法律行为之一种，其成立要件、效力要件除了需要受民商事基本法，如民法典、商法典的规制外，主要受公司法的规制。从公司发展史考察，公司设立的立法体例大体经历了从自由设立主义、特许主义到核准主义、准则主义、严格准则主义的过程。许多国家在公司的设立审查手续采取了严格准则主义，即在法律上严格规定设立公司的条件，并加强法院和行政机关对公司的监督。现代大多数国家公司立法普遍采用严格的准则主义。

6.3.3.1 公司设立方式

公司设立的方式基本为两种，即发起设立和募集设立。

1) 发起设立又称"同时设立"、"单纯设立"等，是指公司的全部股份或首期发行的股份由发起人自行认购而设立公司的方式。有限责任公司只能采取发起设立的方式，由全体股东出资设立。股份有限公司也可以采用发起设立的方式。我国公司法第 78 条明确规定，股份有限公司可采取发起设立的方式，也可以采取募集设立的方式。发起设立在程序上较为简便。

2) 募集设立又称"渐次设立"或"复杂设立"，是指发起人只认购公司股份或首期发行股份的一部分，其余部分对外募集而设立公司的方式。我国公司法第 78 条第 3 款规定："募集设立，是指由发起人认购公司应发行股份的一部分，其余股份向社会公开募集或者向特定对象募集而设立公司。"所以，募集设立既可以是通过向社会公开发行股票的方式设立，也可以是不发行股票而只向特定对象募集而设立。这种方式只为股份有限公司设立之方式。由于募集设立的股份有限公司资本规模较大，涉及众多投资者的利益，故各国公司法均对其设立程序严格限制。如为防止发起人完全凭借他人资本设立公司，损害一般投资者的利益，各国大都规定了发起人认购的股份在公司股本总数中应占的比例。我国的规定比例是 35%。

6.3.3.2　公司章程

公司章程是指公司所必备的，规定其名称、宗旨、资本、组织机构等对内对外事务的基本法律文件。公司章程作为规范公司的组织和活动的基本规则，在公司存续期间具有重要意义。

1) 公司章程的订立和内容。公司章程的订立通常有两种方式：一是共同订立，是指由全体股东或发起人共同起草、协商制订公司章程，否则公司章程不得生效；二是部分订立，是指由股东或发起人中的部分成员负责起草、制订公司章程，而后再经其他股东或发起人签字同意的制订方式。公司章程必须采取书面形式，经全体股东同意并在章程上签名盖章，公司章程才能生效。公司章程记载的内容，也会对其效力产生影响。理论上一般根据这些记载内容的重要性，将其划分为三类，即"绝对记载事项"、"相对记载事项"和"任意记载事项"。综观各国公司立法，尽管在立法体例上不同，但对公司记载的内容大体一致。如美国《标准公司法》将章程记载事项分为三个部分，一部分是"必须开列"，相当于绝对记载事项；第二部分是"可以开列"，相当于相对记载事项；第三部分是规定不重复公司法中的权利，相当于任意记载事项。《日本商法》公司编也将章程记载事项作了专条规定，第 166 条规定"章程绝对记载事项"，第 168 条规定"相对必要的设立事项"。与上述立法例不同，大多数国家在立法上没有作这样的分类，而是按照其重要性，以列举的方式，排列在一个条文中。如我国台湾地区《公司法》第 101 条规定了 10 项应载明的事项。我国《公司法》第 22 条规定了 11 项应当载明的事项。尽管立法形式不同，但这些内容与排列顺序与其他国家和地区的规定基本相同或相近。

2) 公司章程的效力。

(1) 公司章程对公司的效力。公司章程对公司的效力表现在，公司自身的行为要受公司章程的约束。具体而言，一是公司应当依其章程规定的办法，产生权力机构、业务执行和经营意思决定机构、监督机构等公司组织机构，并按章程规定的权限范围行使职权；二是公司应当使用公司章程上规定的名称、在公司章程确定的经营范围内从事经营活动；三是公司依其章程对公司股东负有义务，股东的权利如果受到公司侵犯时，可对公司起诉。

(2) 公司章程对股东的效力。公司章程系由公司股东制定，并对股东具有约束力。这种约束力不仅限于起草、制定公司章程的股东，而且对后来加入公司的股东是同样的，这是由公司章程的自治规则性质所决定的。公司章程对股东的效力主要表现为股东依章程规定享有权利和承担义务。如股东有权出席股东会、行使表决权、转让出资、查阅有关公开资料、获取股息红利等；同时，负有缴纳所认缴的出资及公司章程上规定的其他义务。

(3) 公司章程对董事、监事和高级管理人员的效力。公司章程对董事、监事、高级管理人员的效力表现为，公司的董事、监事、高级管理人员应当遵守公司章程，依照法律和公司章程的规定行使职权。若董事、监事、高级管理人员之行为超出公司章程对其赋予的职权范围。其应就自己的行为对公司负责。

(4) 公司章程的变更。是指已经生效的公司章程的修改。原则上公司章程所记载的事项，不论是绝对记载事项还是任意记载事项，只要确属必要，均可变更。但公司章程在变更时，就公司章程变更的程序而言，首先，由董事会提出修改公司章程的提议；其次，将修改公司章程的提议通知其他股东；再次，由股东会或股东大会表决通过。我国《公司法》规定，有限责任公司修改公司章程的决议，必须经代表 2/3 以上表决权的股东通过；股份有限公司修改公司章程的决议，必须经出席股东大会的股东所持表决权的 2/3 以上通过。公司章程变更后，公司董事会应向工商行政管理机关申请变更登记。

6.3.4　公司资本

6.3.4.1　公司资本的含义

公司资本也称为股本，它在公司法上的含义是指由公司章程确定并载明的、全体股东的出资总额。公司资本的具体形态有以下几种：

1) 注册资本。即狭义上的公司资本，是指公司在设立时筹集的、由章程载明的、经公司登记机关登记注册的资本。我国《公司法》第 26 条规定："有限责任公司的注册资本为在公司登记机关登记的全体股东认缴的出资额。"第 81 条规定："股份有限公司采取发起设立方式设立的，注册资本为在公司登记机关登记的全体发起人认购的股本总额。股份有限公司采取募集方式设立的，注册资本为在公司登记机关登记的实收股本总额。"

2) 发行资本。又称认缴资本，是指公司实际上已向股东发行的股本总额。发行资本可能等于注册资本，也可能小于注册资本。实行法定资本制的国家，公司章程所确定的资本应一次全部认足，因此，发行资本一般等于注册资本。但股东在全部认足资本后，可以分期缴纳股款。实行授权资本制的国家，一般不要求注册资本都能得到发行，所以它小于注册资本。

3) 认购资本。是指出资人同意缴付的出资总额。

4) 实缴资本。又称实收资本，是指公司成立时公司实际收到的股东的出资总额。它是公司现实拥有的资本。由于股东认购股份以后，可能一次全部缴清，也可能在一定期限内分期缴纳。故而实缴资本可能等于或小于注册资本。

我国新修订的公司法对公司资本采纳了一定程度上的授权资本制，即允许公司成立时股东只实际缴付一定比例的认缴资本，其余认缴的资本在公司成立后的一定期限内缴清即可。所以，公司的注册资本等于公司成立时全体股东的认缴资本总额，但公司成立时的实缴资本可能小于注册资本。

6.3.4.2 公司资本原则

公司资本原则，是指由公司法所确立的在公司设立、营运以及管理的整个过程中为确保公司资本的真实、安全而必须遵循的法律准则。传统公司法所确认的三项资本原则最为重要，即资本确定原则、资本维持原则和资本不变原则。

1) 资本确定原则。资本确定原则是指公司设立时应在章程中载明的公司资本总额，并由发起人认足或募足，否则公司不能成立。现在很少有国家严守此项原则。

2) 资本维持原则。资本维持原则又称资本充实原则，是指公司在其存续过程中，应当经常保持与其资本额相当的财产。我国公司法贯彻了资本维持原则的要义，规定了若干强制性规范以确保公司拥有充足的财产。主要有：公司成立后，发起人或股东不得退股，不得抽回股本；股票发行价格不得低于股票面值；公司应按规定提取和使用法定公积金。法定公积金可视为资本储备，主要用途在于弥补公司的亏损、扩大公司经营规模而增加资本；亏损或无利润不得分配股利；公司原则上不能收购自己的股份，也不得接受本公司的股票作为抵押权的标的等。

3) 资本不变原则。资本不变原则是指公司资本总额一旦确定，非经法定程序，不得任意变动。实际上资本不变原则是资本维持原则的必然要求。我国公司法主要对公司资本的减少做出严格限制。这些规定有：须编制资产负债表和财产清单；须经股东大会做出决议；须于减资决议后的法定期间内向债权人发出通知并且公告；债权人有权在法定期间内要求公司清偿债务或者提供相应的担保；公司减少注册资本后的数额不得低于法定的最低限额；须向公司登记机关办理变更登记。

6.3.5　公司治理结构和组织结构

6.3.5.1　公司治理结构概述

公司治理结构(corporate governance，又译法人治理结构、公司治理)是一种联系并规范股东(财产所有者)、董事会、高级管理人员权利和义务分配，以及与此有关的聘选、监督等问题的制度框架。简单地说，就是如何在公司内部划分权力。良好的公司治理结构，可解决公司各方利益分配问题，对公司能否高效运转、是否具有竞争力，起到决定性的作用。

西方的公司治理结构通常有英美模式、日本欧洲大陆模式等。英美重视个人主义的不同思想，在企业中的组织是以平等的个人契约为基础。即股东利益最大化。我国公司治理结构是采用"三权分立"制度，即决策权、经营管理权、监督权分属于股东会、董事会或执行董事、监事会。通过权力的制衡，使三大机关各司其职，又相互制约，保证公司顺利运行。

目前，公司组织结构有两种方式，单层制和双层制。所谓单层制，就是只有一个管理机关，即只有董事会而没有监事会；所谓双层制，就是有一个经营机关负责公司的商业经营和另一个单独的监督机关负责监督经营机关，即董事会和监事会双重机构。英美法系国家的公司组织结构实行单层制。德国法系的国家和折中法系国家的公司组织结构实行双层制，法国法系国家的公司组织结构既实行单层制，也实行双层制。此外，有的把日本公司的治理结构称作并列制或业务网络式。

1999年5月，由29个发达国家组成的经济合作与发展组织(OECD)，理事会正式通过了其制定的《公司治理结构原则》，它是第一个政府间为公司治理结构开发出的国际标准，并得到国际社会的积极响应。该原则皆在为各国政府部门制定有关公司治理结构的法律和监管制度框架提供参考，也为证券交易所、投资者、公司和参与者提供指导，它代表了OECD成员国对于建立良好公司治理结构共同基础的考虑，其主要内容包括：①公司治理结构框架应当维护股东的权利；②公司治理结构框架应当确保包括小股东和外国股东在内的全体股东受到平等的待遇；如果股东的权利受到损害，他们应有机会得到补偿；③公司治理结构框架应当确认利益相关者的合法权利，并且鼓励公司和利益相关者为创造财富和工作机会以及为保持企业财务健全而积极地进行合作；④公司治理结构框架应当保证及时、准确地披露与公司有关的任何重大问题，包括财务状况、经营状况、所有权状况和公司治理状况的信息；⑤公司治理结构框架应确保董事会对公司的战略性指导和对管理人员的有效监督，并确保董事会对公司和股东负责。

6.3.5.2 股东会

股东会是由全体股东组成，为法定必要机关，为意思决定机关，股东(大)会是公司的最高权力机关，董事会是股东会的执行机关，股东会对董事会拥有最终的控制权。经济生活中，股东会与董事会之间的权力分配与利益制衡问题，是我们经常面临的一个重要问题，也是构建良好公司治理机制首先必须解决的一个极其重要的问题。国内外公司治理实践中，在构建公司治理架构这个问题上，一度存在"股东会中心主义"与"董事会中心主义"的论争。

"股东会中心主义"和"董事会中心主义"是世界各国公司立法和公司治理进程中的两个发展阶段，从实际效果和实际操作性上说，后者较前者是一种进步和发展，但是，随着美国不少巨型公司严重问题的披露，我们可以看出"董事会中心主义"的运作模式也暴露出越来越多的问题，学者也开始对"董事会中心主义"进行检讨和批判。股份公司作为人类最伟大的发明之一，虽然其终极所有者是公司的股东，但是，公司作为一个拟制的法人实体，其一经成立，就不仅仅纯粹是为股东的利益而存在，而是为了实现众多与公司有关的利益主体(至少包括股东、员工、债权人等)的综合利益而存在。公司的使命和责任应当是，在为股东实现最大利益的同时，理应考虑包括公司职工、债权人在内的利益主体的利益。这就是众多学者研究探讨的公司所应承担的社会责任。从公司终极所有者的角度，强调公司的"股东本位"，弘扬"股东权利"无可厚非，但是从公司的使命和社会责任的角度，似乎可以认为，从"股东会中心主义"向"董事会中心主义"过渡或转变是一种发展的必然。从趋势上说，重新回归到"股东会中心主义"似乎不太可能。如果从公司治理的架构的科学设计上说，现实需要考虑的问题，是如何将两者有机合理的成分结合起来，重点研究和处理好股东会与董事会的制衡问题。笔者认为，这个问题将是研究公司治理机制的一个非常重要的课题。

1) 股东会权限。股东会的权限由法律与章程予以限定。章程能否扩大股东会的权限，一般只有在法律许可的情况下才可以。股东会的权限大致包括：①机关的选任和解任。②财务文书的审查与通过。③公司的基本事项。如修改章程、公司的合并、解散、营业转让等。股东会的决议分为：①普通决议。原则上是有以发行股份数的过半数的股东出席。出席股东的表决权的过半数通过。无表决权的股东的股份数不计入以发行股份数。②特别决议。有以发行股份数的过半数股东出席。出席股东的表决权的 2/3 以上通过。例如公司解散、公司合并等属于特别决议事项。③全体同意的决议。日本商法规定有两种情形(免除董事、监事、发行人等的责任。股份公司改组为有限公司)需要全体股东的同意做出决议。

2) 股东的决议权。一股一权为原则。例如有：①对大股东的决议权有限制。例如规定股份数超过一定限额时，每若干股才有一表决权。②无表决权的股份。股东可以委托他人代理参加会议并行使表决权。公司也可以在章程上规定对代理加以限制。例如只能委托股东为代理人，一个代理人只能受一个股东的委托，股东本人和被代理的股东的股份数不得超过一定限额等。代理权的授予必须以书面为之，代理只能限于一次会议。

3) 股东会的活动。股东大会既是一种定期或临时举行的由全体股东出席的会议，又是一种非常设的由全体股东所组成的公司制企业的最高权力机关。它是股东作为企业财产的所有者，对企业行使财产管理权的组织。企业一切重大的人事任免和重大的经营决策一般都得股东大会认可和批准方才有效。股东会分为三种：

(1) 法定大会。凡是公开招股的股份公司，从它开始营业之日算起，一般规定在最短不少于 1 个月，最长不超过 3 个月的时期内举行一次公司全体股东大会。会议主要任务是审查公司董事在开会之前 14 天向公司各股东提出的法定报告。目的在于让所有股东了解和掌握公司的全部概况以及进行重要业务是否具有牢固的基础。

(2) 年度大会。股东大会定期会议又称为股东大会年会，一般每年召开一次，通常是在每一会计年度终结的 6 个月内召开。由于年度股东大会定期的召开大都为法律所强制，所以世界各国一般不对该会议的召集条件做出具体规定。年度大会内容包括：选举董事，变史公司章程，宣布股息，讨论增加或者减少公司资本，审查董事会提出的营业报告，等等。

(3) 临时大会。临时大会讨论临时的紧迫问题。

除了上述三种大会外，还有特种股东会议。关于临时股东大会的召集条件，世界主要国家大致有三种立法体例：列举式、抽象式和结合式。我国采取的是列举式，《公司法》第 104 条规定，有以下情形之一的，应当在 2 个月内召开股东大会：①董事人数不足本法规定的人数或者公司章程所定人数的 2/3 时。②公司未弥补的亏损达股本总额 1/3 时。③持有公司股份 10%以上的股东请求时。④董事会认为必要时。⑤监事会提议召开时。

德国、日本等国家的法律则采取的是抽象式的立法例，即不具体列举召集条件，而将决定权交由召集权人根据需要确定。德国《股份公司法》第 121 条第 1款规定："股东大会应当在法律或章程规定的情形下以及在公司的利益需要时召集。"日本《商法典》也规定："临时全会于必要时随时召集。"而英国公司法在规定临时股东大会的召集条件时，则采取了结合式的办法，即在规定抽象的召集条件之后，对法律认为重要的事项进行列举。其规定为：股东临时会可于必要时随时召集，尤其是涉及章程变更、公司的转化、限制股份转让的新规则、董事竞业的认可、董事私人交易责任的免除等。

6.3.5.3 董事会

董事会是依照有关法律、行政法规和政策规定，按公司或企业章程设立并由全体董事组成的业务执行机关。董事会是股东大会或企业职工股东大会这一权力机关的业务执行机关，负责公司或企业的业务经营活动的指挥与管理，对公司股东大会或企业股东大会负责并报告工作。股东大会或职工股东大会所作的有关公司或企业重大事项的决定，董事会必须执行。

1) 董事的任职资格。董事一般由股东会选出，然后由选出的董事组成董事会，各国公司法都在身份、年龄等方面对董事资格做出一定的限制，除一般问题(例如行为能力等)外，以下几点是比较特殊的：

(1) 是否须为股东。我国台湾地区规定董事必须是股东，而且董事在任期内如转让其股份半数以上即当然解任。其他国家多不要求董事必须为股东。日本商法并且规定公司不得以章程规定董事必须是股东。英国规定股东会可以选出非股东为董事，但该董事应在一定期限内取得一定股份，并且章程也可以规定董事必须是股东。董事不必一定为股东，这是现代股份公司实行企业所有与企业经营相分离的结果，以便延揽人才。

(2) 年龄限制。英国规定董事年龄不得超过 70 岁。满 70 岁后即应退职。法国规定章程应对董事年龄加以限制。章程无规定是，超过 70 岁以上的人不得超过现任股东的 1/3。管理委员会的成员不得超过 65 岁。

(3) 董事的兼任限制。董事不得兼任监事，因为监察者与被监察者不能兼任。

2) 董事会的职责。公司董事会是公司经营决策机构，董事会向股东大会负责。董事会的义务主要是：制作和保存董事会的议事录，备置公司章程和各种簿册，及时向股东大会报告资本的盈亏情况和在公司资不抵债时向有关机关申请破产等。

股份公司成立以后，董事会就作为一个稳定的机构而产生。董事会的成员可以按章程规定随时任免，但董事会本身不能撤销，也不能停止活动。董事会是公司的最重要的决策和管理机构，公司的事务和业务均在董事会的领导下，由董事会选出的董事长、常务董事具体执行以下职责：①负责召集股东大会，执行股东大会决议并向股东大会报告工作；②决定公司的生产经营计划和投资方案；③决定公司内部管理机构的设置；④批准公司的基本管理制度；⑤听取总经理的工作报告并做出决议；⑥制订公司年度财务预、决算方案和利润分配方案、弥补亏损方案；⑦对公司增加或减少注册资本、分立、合并、终止和清算等重大事项提出方案；⑧聘任或解聘公司总经理、副总经理、财务部门负责人，并决定其奖惩。

3) 董事会和股东大会的关系。董事会和股东大会在职权上的关系是：两者都能行使公司所拥有的全部职权，但股东大会分离或由股东大会授予的决策、管理权。董事会所作的决议必须符合股东大会决议，如有冲突，要以股东大会决议为准；股东大会可以否决董事会决议，直至改组、解散董事会。

6.3.5.4 监事会

监事会是由全体监事组成的、对公司业务活动及会计事务等进行监督的机构。监事会，也称公司监察委员会，是股份公司法定的必备监督机关，是在股东大会领导下，与董事会并列设置，对董事会和总经理行政管理系统行使监督的内部组织。为更好地履行监事会的职能，赋予其召集股东大会的请求权是合理的。我国《公司法》规定了监事会提议召开时，董事会应当在 2 个月内召开股东临时大会。监事会的设立目的：由于公司股东分散，专业知识和能力差别很大，为了防止董事会、经理滥用职权，损害公司和股东利益，就需要在股东大会上选出这种专门监督机关，代表股东大会行使监督职能。

1) 监事会的法律地位。在现代公司制度中，所有权与控制权的事实分立使股东一般难以直接管理或控制公司，公司交由董事会治理。为了避免代表所有者的董事会因追求自身利益而损害公司、股东、债权人、职工的权益，必须通过一定的制度安排对董事会进行制约和监督。公司法当然可以通过规范性条款、股东会等方式对董事会及董事进行监控，但这难以彻底防止董事和董事会滥用权力。为此，多数国家设置了监事会为公司的专门监督机构，形成了股东会、股东、监事会对董事会及董事权力的多层监控机构。监督和检查公司事务或业务活动的公司常设的组织机构一般可称为监事会。在国外公司立法中，具有这种性质或类似性质的公司机构，称谓往往不一，如有的国家称为监察委员会，有的国家称为监察人、会计监察人或审计员。当然，也有的国家公司法没有设置这一机构或类似机构的专门规定。

监事会与公司其他机构相比，是各国公司法和不同公司中的差别最大、变化也最大的组织机构。在不同类型、不同规模的公司中，监事会的性质与规模各不相同。在有限责任公司，监事会一般是公司的任意机构，公司可设监事或监察人一至数人，也可不设。有些国家对资本数额或职工人数较少的小型公司监事会的设置与否，原则上不加干预，由公司自己决定；对于资本数额、职工人数达到一定规模的公司，规定必须设置监事会。在股份有限公司，各国对是否设置监事会的规定也不尽一致，大致有三种模式：有的国家在股东会下同时设置监事会和董事会，如德国、日本、中国；有的国家在股东会下设置董事会，但是否设置监事会由公司章程确定，如法国；有的国家在股东会下只设置董事会而没有监事会，如英国、美国、澳大利亚。

即使在设有监事会作为公司监督机关的大陆法系国家，监事会的法律地位和职能有着很大的差异，这主要分以下两种情况：一是监事会作为与董事会地位平行或独立于董事会的机构，负责对公司事务以及董事会执行业务的监督工作，向股东会负责并汇报工作，如法国部分公司、日本、我国台湾采用这种体制。二是监事会作为董事会的领导机构，对公司业务和财务状况以及董事会执行业务进行监督，并行使一定的业务执行决定权，如德国、奥地利是采用这种体制的典型。

在采取英美公司制度模式的一些国家，公司的股东会之下不设置监事会。如美国公司的监督职能一般由董事会特别是外部董事兼任，公司设立以外部董事组成的审计委员会，负责监督董事会的经营活动。英国股份有限公司的董事会成员可分为一般董事和执行董事，前者参加董事会会议并监督公司财务，后者与公司订立服务合同并且全力管理公司业务。对公司会计事务的审计核查则交由股东会或董事会聘请的专业人员如会计师进行，而证券市场、董事和经理市场的竞争与选择机制也无形中对公司的董事、经理等人员产生监督和压力。由此可见，英美法系国家公司立法中尽管未规定设置专门的公司监督机构，但董事会中的外部董事制度或独立董事制度、股东的代表诉讼制度以及公司账目的专门审计制度，在相当程度上弥补了这一缺陷，与大陆法系国家的公司监事会制度有殊途同归之效。

我国采取监事会与董事会平行的公司治理结构，监事会实际上是大陆国家模式与职工主人地位的混合产物。《公司法》规定，监事会是公司的监督机构。有限责任公司经营规模较大的，设置监事会；规模较小、股东人数较少的，可以不设监事会，只设1～2名监事，行使监事会的职权。股份有限公司必须设置监事会。监事会的法律地位表现在以下三个方面：监事会或监事是公司的法定必设机关；监事会向股东会汇报工作，并得到股东会的批准，以体现股东对公司的权力；监事行使监督职权，对公司财务以及董事、经理执行业务进行监督。

2) 监事会的职权。监事会主要对公司董事会和高级管理人员的业务活动实行监督，具体包括：

(1) 检查公司财务，可在必要时以公司名义另行委托会计师事务所独立审查公司财务。

(2) 对公司董事、总裁、副总裁、财务总监和董事会秘书执行公司职务时违反法律、法规或《公司章程》的行为进行监督。

(3) 当公司董事、总裁、副总裁、财务总监、董事会秘书的行为损害公司的利益时，要求前述人员予以纠正。

(4) 核对董事会拟提交股东大会的财务报告、营业报告和利润分配方案等财务资料，发现疑问的可以公司名义委托注册会计师、执业审计师帮助复审。

(5) 可对公司聘用会计师事务所发表建议。

(6) 提议召开临时股东大会，也可以在股东年会上提出临时提案。

(7) 提议召开临时董事会。

(8) 代表公司与董事交涉或对董事起诉。

公司应采取措施保障监事的知情权，及时向监事提供必要的信息和资料，以便监事会对公司财务状况和经营管理情况进行有效的监督、检查和评价。总裁应当根据监事会的要求，向监事会报告公司重大合同的签订、执行情况，资金运用情况和盈亏情况。总裁必须保证该报告的真实性。监事会发现董事、经理和其他高级管理人员存在违反法律、法规或《公司章程》的行为，可以向董事会、股东大会反映，也可以直接向证券监管机构及其他有关部门报告。各国的公司组织机构中股东会、董事会、监事会职能均有体现，但具体表现有所差异。在美英国家，不设监事会，但在董事制度中规定了独立董事，独立董事实际承担了监督职能。而德国则采用双层委员会制度，股东会选举监事(有一部分监事为雇员监事)成立监督委员会(简称监事会)，其职权强大，主要行使决策和监督两大职能；监事会则选举理事成立管理委员会(简称理事会)，理事会是执行监事会决议并负责公司日常运作的执行机构，与经理共同承担执行职能。

此外，因公司性质的不同，公司基本组织机构的具体表现形式也存在差异。例如在我国，在规模较小的有限责任公司中，董事会和监事会就不是必设机构，而由执行董事和监事行使职权。在国有独资公司中，则不设股东会，由国家授权投资的机构和部门授权董事会行使部分股东会职权。

本章小结

商事组织的法律形式企业是现代经济的基本细胞，是现代社会中人们进行生产、流通、交换等经济活动的一种主要组织形式。本章重点介绍不同类型的商事组织在法律地位、设立的程序、投资者的利润与责任、资金的筹措、管理权的分配、等方面不同。在现代管理中必须建立规范的公司治理机构，选择适当的法律形式，对于企业的发展以及投资者期望的实现有着极为重要的意义。一般来说，资本主义国家的商事组织主要有三种基本的法律形式，即个人企业、合伙和公司。

案例分析

1) 周某与杨某、王某、陆某共四人于 2009 年开办了一个合伙企业。约定由周某、杨某、王某各出资 5 万元，陆某提供劳务作价 5 万元入伙，四人平均分配盈余和承担亏损，由陆某执行合伙事务，但是超过 5 万元的业务须由全体合伙人共同决定。四人办理了有关手续并租赁了房屋进行经营。后来陆某以合伙企业的名义向某工商银行贷款 10 万元。半年后，杨某想把自己的一部分财产份额转让给丁某，周某和王某表示同意，但陆某不同意，并表示愿意受让杨某转让的那部分财产份额。因多数合伙人同意丁某成为新合伙人，陆某于是提出退伙，周某、杨某、王某同意其退伙并接纳丁某成为新合伙人。此时，企业已经对某工商银行负债 12 万元。此后，企业经营开始恶化，半年后散伙，又负债 6 万元。由此导致了一系列的纠纷。

请问：

(1) 陆某提供劳务作价 5 万元入伙行为是否履行了出资义务？

(2) 周某、杨某、王某能否以陆某向银行贷款超过合伙企业对合伙人执行事务的限制，未经其一致同意为由拒绝向银行偿债？

(3) 杨某转让财产份额的行为是否有效？

(4) 陆某退伙的行为是否违法？

(5) 本案中合伙企业的债务应当如何承担？

2) 英国商人 Salomon 是一位经营了 30 余年的皮鞋生产商，为了扩大营业，他将家族整合为一家有限责任公司。他作为股东入股公司，在公司停止营业时，他借钱给公司以优先偿还公司债券。后来由于鞋业的不景气，他为了维持公司的存续而借钱给公司，并且将自己的债券以 5 000 英镑的价格转让给 Broderip 先生。不久公司破产，清算不足以偿还所有负债。破产执行人认为债券是以欺诈的方式发行的，因而无效。他否认公司事务有效地从 Salomon 转移到公司身上。这两项指控的根据是，公司资本被虚估至 39 000 英镑，而实际上是 10 000 英镑，整个业务的转移都是一宗欺诈。本案的一审法院认为，公司的业务转移是合法的，但是在 Broderip v. Salomon 一案中，法院认为应该否认公司的独立人格，因为 Salomon 只是将公司作为其代理人，债权人可以直接起诉 Salomon 要求其负担债务——尽管存在一个合法的公司。上诉法院驳回了 Salomon 的上诉，维持原判。本案一直上诉至英国王座法院，McNaughton 勋爵认为，公司依法与设立人有不同的人格，虽然在成立后的公司所有人和经营者可能与公司发起人一样——同一双手创造利润，同样的人当经理。公司在法律上不是发起人的代理人或者信托人，作为发起人也不要为公司负任何形式的个人责任——除了法律规定的情形以外……如果法官的见解是正确的，不排除无限责任，就意味着普通法上的合伙不会注册为以股份为限的公司。

透过本案，你认为该案件揭示了公司法哪两个法律原则。

3) 独立董事制度是从西方国家的非雇员董事或非执行董事发展而来的。早在 20 世纪 30 年代，美国证监会就建议公众公司设立"非雇员董事"；80 年代，英国建立了"非执行董事促进协会"。相对于执行董事(内部董事)而言，独立董事是能够在比较客观公正的立场上，敢于质询、批评甚至公开谴责公司管理层，确保公司遵守良好治理守则的捍卫者。在决定公司战略和政策，保护股东利益以及增强公司董事会的效率方面，独立董事也能够发挥不可替代的作用。目前，在世界大多数国家和地区，独立董事的作用日益受到重视，其在董事会中所占的比例也越来越高。据经济合作与发展组织(OECD)统计，1999 年，美国董事会中独立董事的比重达 62%，英国为 34%，法国为 29%。中国上市公司改制还不彻底，运作不规范，特别是法人治理结构方面存在的问题比较突出，董事会人员组成中以内部人和控股股东代表为主，缺少外部董事、独立董事，因此，没有适当的权利制衡，使中小股东权益得不到保障，"内部人控制"现象严重。需要借鉴西方国家公司治理的经验和教训，建立有中国特色的、行之有效的独立董事制度。提高公司决策过程的科学性、效益性、安全性，加强公司的竞争力，预防公司总裁和其他公司内部控制人为所欲为、鱼肉公司和股东利益，强化公司内部民主机制，维护小股东和其他公司利害关系人的利益发挥积极作用。

通过查阅有关英美法系、大陆法系公司法的有关规定，思考如何建立有中国特色的独立董事制度。

练习与思考

1) 比较普通合伙、有限责任合伙、有限合伙的异同。
2) 简述公司立法发展的历程。
3) 简述公司的"资本三原则"，公司的哪些法律规定体现了"资本维持原则"？
4) 简述公司的治理结构及其组织管理机构。
5) 何谓公司章程？简述公司章程对公司和股东的效力。
6) 如果你是公司的代表，在该公司征求你应选择合伙企业还是有限责任形式时，你如何阐述分析这两种商事组织形式的利弊？

7 国际产品责任法

⭐ 本章要点

- 产品责任法的发展历史
- 产品责任法的规则原则
- 产品责任的构成要件
- 产品责任免责的范围

7.1 产品责任法概述

随着科学技术的迅猛发展，许多新产品不断涌入市场，由于新产品采用新工艺、新技术，生产程序和产品结构更加复杂、细密，消费者单凭自己的知识和经验已经无法鉴定产品的质量和性能，预防产品事故的发生。消费者受到伤害的案例不断发生，产品责任法随之产生。在国际货物买卖中，卖方按照合同的规定完成交货义务后，卖方的责任即告终结。但如果卖方的产品存在缺陷，给他人造成伤害，就可能依照产品责任法追究其产品责任。产品责任法的作用在于加强生产者、销售者的责任，保护消费者、使用者和第三人的合法利益。

7.1.1 产品责任和产品责任法的概念

产品责任是指产品的制造者和销售者由其提供的产品具有缺陷造成消费者人身或财产方面的损害而应当向受害者承担的民事法律责任，产品责任法是调整有关产品的制造者、销售者和消费者之间侵权行为的法律规范的总称。其基本特征为：①调整因产品责任引起的人身或财产损害，不包括单纯的产品本身的损坏；②主要调整没有任何合同关系的产品责任侵权行为。其目的在于最大限度地约束生产者和销售者的行为，维护消费者利益并促进商品经济的发展。

产品责任法是 20 世纪以来在各主要发达国家新兴的法律部门。在前资本主义社会，由于生产力水平低下，商品品种稀少，结构简单，人们对所需商品的选择凭其经验即可，不易发生错误。因此，当时的法律只强调"买者注意"，若买者未尽注意选择不当受到损害，则应自负其责。但随着生产力的发展和科学技术的广泛应用，产品种类增多，复杂性增强，使人仅凭一般经验和知识水平难以做出恰当的选择。而以追逐利润最大化的经营者，又在利益的驱动下可能不惜违反诚实信用的交易规则而以次充好，以假乱真，粗制滥造，损害消费者利益。在此背景下，"卖者注意"的信条逐渐取代了"买者注意"。各国也相继开始制定专门的产品责任法，以更有效地解决因缺陷产品造成的日益严重的社会问题。如美国 1979年《统一产品责任示范法》，1987 年英国的《消费者保护法》，1989 年联邦德国的《产品责任法》等。进入 20 世纪后，产品责任法随着现代大生产的发展和广泛、复杂的社会分工而发展起来。它首先在英、美判例中出现，到第二次世界大战后在欧洲大陆有了长足的发展，并且由于国际贸易的日益频繁而陆续拟定了有关产品责任的国际公约，逐步形成了国际产品责任法。

7.1.2　产品责任法的发展与沿革

产品责任法最先在英国判例法确立，因美国的侵权行为法是以英国的侵权行为法体系为基础，故侵权行为法的基本理论和规则与英国法一致。在国际产品责任法中，美国产品责任法起步较早，发展较快，20 世纪以来产品责任法的重大突破首先发生在美国，其他西方国家虽然也有这方面的法律或判例，但都不如美国那样发达、完备。在美国产品责任法的历史发展中，出现了几次重大突破，它们不仅是美国产品责任法日益成熟的重要标志，而且对世界其他国家产品责任法的产生、发展均有重要影响。1842 年美国最高法院审理温特伯顿诉莱特案，依据"无契约无责任"确立"契约关系"原则为产品责任法的原则，该原则虽然对受害人的权利给予救济，但救济程度有限，如果受害人不是直接契约关系人就不受保护，给受害人造成极大的不公平。其形成有深刻的历史背景，是有时代局限性的，因此，从现代意义的侵权法来看，以契约责任认定产品责任，只是产品责任的萌芽，不能算是产品责任。随着时代的进步，对人权的保护，应当有更为合理的理论加以保护。经历了多年的诸多磨合与创新，美国产品责任法创设出适应现代社会需要的产品责任的特别原则——"严格责任"原则。

目前，国际上产品责任立法体例主要有三种：

1) 判例法与成文法相结合的美国式产品责任立法。美国产品责任法的发展大致经历了 3 个阶段，都是以判例法为主。第一阶段从 1842 年的温特伯顿诉莱特案到麦克弗森诉比克汽车公司案确立合同责任阶段；第二阶段从 1916 年麦克弗森诉比克汽车公司案到 1963 年格林曼诉尤巴电器公司案确立的过失侵权责任阶段；第三阶段从 1963 年格林曼诉尤巴电器公司案至今确立的严格责任阶段。同时，美国也进行产品责任成文立法，如 1972 年发布的《消费安全法》，1979 年商务部公布的《统一产品责任示范法》，以供各州立法时选用。判例法为主，成文法为辅的态势日益完善，能较好地解决产品责任纠纷问题。

2) 以单行法规专门予以规定的德国式产品责任立法。德国在大陆法系国家中关于产品责任的发展居于领先地位，较之法国等大陆法系国家，德国更多适用侵权责任规定，而非契约法，即通过过失推定来达到保护消费者之目的。1976 年德国制定了《药物伤害法》，成为欧洲最早的一部产品责任的专门立法，但仅适用于药物。1985 年《欧共体产品责任指令》有力促成了德国产品责任法的发展，依照指令，德国联邦议会 1989 年 12 月 15 日通过了《产品责任法》将指令纳入其国内法。

3) 将产品责任写在民法中的法国式产品责任立法。法国一直没有独立的产品责任法，而契约的和侵权的两种形式的产品责任都集中规定在民法典中。在实施《欧共体产品责任指令》之前，法国把契约和侵权行为的各项原则统一化地适用于产品责任的过程中所取得的成绩远在欧洲其他国家之上。为实施《欧共体产品责任指令》，法国通过修改民法典，将产品责任作为民法典第三编侵权中的内容加以规定，以与《欧共体产品责任指令》内容相协调。通过不断修改补充法律，法国民法典至今仍维持了相对稳定的地位，但其适用结果降低了对消费者保护的力度。

我国产品责任法律规范散见于基本法律、法规及地方立法之中，制定了含有产品责任的单行法规《产品质量法》，作为民法的特别法存在，立法体例与德国、日本等大陆法系国家产品责任法相似，1993 年 2 月 22 日，第七届全国人大常委会第三十次会议审议、通过了《中华人民共和国产品质量法》，该法于 1993 年 9 月 1 日起施行。2000 年 7 月 8 日，第九届全国人大常委会第十六次会议通过了《关于修改产品质量法的决定》，修改后的《产品质量法》自 2000 年 9 月 1 日起施行。《产品质量法》的内容包括总则、产品质量的监督管理、生产者和销售者的产品质量责任和义务、损害赔偿、罚则、附则等。广义的产品质量法还包括其他法律、行政法规中有关产品质量的法律规范。

拓展阅读

1944 年美国埃斯科拉诉可口可乐瓶装公司一案。埃斯科拉在把可乐放进冰箱时，其中一个瓶子爆炸，使她的手受伤。加利福尼亚最高法庭特雷诺法官认为"制造商的过失不应该再被单独列出来作为原告在类似的案例中获得赔偿权利的基础"，从而判决可口可乐公司应对埃斯科拉的受伤负责。

1960 年 Hennigsten V. Blomfield Motors Inc.案的最终判决成为划时代的判例，它是严格责任原则在产品责任的司法实践中的一块里程碑。在该案中，被告通过某零售商将一部汽车卖给了原告的丈夫。汽车交付后的第 10 天，原告驾车外出，因方向盘失灵，汽车撞到石墙上，身体受伤。由于车身全部毁损，缺陷是否在事故前即已存在、被告是否有过失，皆无从推定。美国新泽西州最高法院首先否定买卖合同中限定被告责任条款的效力，进而表明废弃合同关系原则，最终判决被告应对使用汽车的受害人负无过失损害赔偿责任。

7.2　产品责任的归责原则

产品责任规则原则是指产品责任是基于什么原则产生的，即确定产品的生产者、销售者对其制造、销售的缺陷给他人造成损害时以主观过错还是客观损害结果为基础承担损害赔偿责任的准则。产品责任规则原则决定了产品责任的构成要件、举证责任和赔偿责任的范围问题，在产品责任法中具有十分重要的地位。

在西方国家中，美国的产品责任法最为完善，它是英国产品责任判例的基础上形成和发展起来的，但它的影响却远远超过了英国的产品责任法，并且，在其严格产品责任制度形成后，它对欧盟及欧盟各成员国的产品责任法具有巨大影响力。美国在其产品规则原则演变过程中，确立了三大著名的产品责任规则原则，即疏忽责任原则、违反担保责任原则和严格责任原则。这三个规则原则是受害者要求侵权者承担责任的依据。

7.2.1　疏忽责任原则

疏忽责任是指产品的生产者或销售者因其在产品生产或销售过程中存有疏忽导致产品存在缺陷，从而应对消费者所遭受的损失承担产品责任。疏忽指由于生产者或销售者的疏忽，造成产品缺陷，致使消费者的人身或财产遭受损害。这一原则是 1916 年纽约州上诉法院法官 B.N.卡多佐在 "麦克弗森诉别克汽车公司案" (MacPherson v. Buick Motor Co.)的判决中首先确定的。在该案中，别克公司生产的汽车胎爆炸，使买主受伤。汽车公司是通过销售商出售给买主的，同买主之间没有任何买卖合同关系。卡多佐法官在判决中确认，"如果物品的性质可以合理地确定，制造疏忽将使'人的'生命和肢体有危险，那么它就是一个危险的物品……明知该物将由买方以外的他人使用，使用时也不会进行新的试验，那么，不论有无合同，该危险的物品的制造者就负有谨慎制作的义务"。由这个案件判决所确立的疏忽原则后来被广泛用于产品责任案件。而被害人的范围，则扩大到任何有关的人，包括偶然的过路行人在内；至于被告的范围，则由制造者扩大到部件生产者，包括在别人生产的物品上标示自己名字的人和修理人在内。他们不仅要对产品瑕疵，而且要对不适当的介绍和说明承担法律责任。麦克弗森诉别克汽车公司一案确立了产品生产者的疏忽责任，并排除了合同关系的要求，由此将产品责任正式导入侵权责任领域，为消费者的产品责任诉讼敞开了大门。同时，法院在受理以疏忽责任为理由向法院起诉要求赔偿其损失时，原告必须提出证据证明：①被告没有做到"合理的注意"，即被告有疏忽之处；②由于被告的疏忽直接造成了原告的损失。

7.2.2 担保责任原则

所谓违反担保是指产品存在某种缺陷或瑕疵，卖方违反了对货物的明示或默示担保，例如违反了产品应具有商销性的默示担保或违反了产品必须适合一般用途或特定用途的默示担保等。如果原告由于产品的缺陷遭受损害，原告可以以违反担保为理由对被告起诉要求赔偿损失。违反担保之诉是根据买卖合同提起的诉讼。按照美国普通法的原则，凡依合同的诉讼，原告与被告之间必须有直接的合同关系。具体到买卖合同来说，只有买卖双方才存在直接的合同关系，所以，如果卖方违反担保义务，只有买方才能对卖方起诉，买方以外的任何人都无权对卖方起诉；另一方面，买方只能对其卖方起诉，而不能对卖方以外的其他人(如货物供应商或制造商)起诉。这一原则对于买卖合同所引起的一般性的货物的品质、规格、数量等问题的诉讼无疑是适宜的，但对于涉及产品责任的诉讼就是显得不合适了。因为产品责任法的目的是保护消费者。美国法院在审判实践中，对以违反担保为理由提起的产品责任的诉讼，逐步从纵、横两个方面放宽和取消了对方当事人要有直接合同关系的要求。从纵的方面来说，原告不仅可以对卖方起诉，而且可以对生产或销售这种有缺陷的产品的各有关责任方起诉，其中包括零售商、批发商、进口商、出口商，一直到制造厂商。从横的方面来说，有权提起产品责任诉讼的人不仅包括买方，而且包括一切因使用有缺陷的产品而蒙受损失的人。但必须注意的是，在这个问题上，美国各州的判例和法律并不完全一致，有些州放得比较宽，有些州还有一些保留或限制。因此，在遇到具体案件时，还必须注意有关州的法律和判例。在以违反担保为理由提起诉讼时，对原告的有利之处在于，他无须证明被告有疏忽，而只需证明产品确有缺陷，而且由于这种缺陷使他遭受损失，他就可以要求被告赔偿其损失。根据美国的判例，广告也有可能构成卖方的明示担保。因此，如果被告在电台、电视、报纸上对其产品做了广告，但广告的内容与实际不符，结果使原告因产品的缺陷遭受损失，原告也可以以违反担保为理由要求被告赔偿损失。担保责任理论，是指产品的生产者或销售者违反对产品的品质担保义务而承担的责任。担保责任来源于合同法，销售者有义务保证出售产品的品质。担保可以分为明示担保和默示担保。明示担保是销售者通过合同、广告、产品的说明、标签等明示的形式担保产品具有一定的品质。默示担保主要是指销售者担保产品具有可商销性，即产品符合产品的一般使用用途。默示担保其实质是销售者对产品所承担的法定义务，保证产品具有起码的品质和效用。

为了保护消费者的利益，早在 19 世纪后期，美国许多州的法院通过对销售者施加默示担保的义务来改变"买主当心"的规则。进入 20 世纪，尤其是随着美国《统一商法典》(Uniform Commercial Code，UCC)在五六十年代的起草和通过，默示担保被美国各州的立法所采纳。对于产品责任案件，消费者基于担保责任理论提起诉讼，除证明产品缺陷外，如能证明销售者违反担保即可要求赔偿，而无需证明销售者存在疏忽，因此担保责任相当于一种严格责任。尽管如此，由于担保责任归属于合同责任，担保责任的认定因此亦受制于合同法上的各种抗辩，如合同关系要求、明示的弃权条款，以及消费者及时通知产品缺陷及损害的义务等。这些抗辩限制或削弱了担保责任在产品责任诉讼中的作用。但在司法实践中，美国法院又逐步突破了这些抗辩限制。

拓展阅读

1932 年巴克斯特诉福特汽车公司案(Baxter v Ford Motor Co)，原告巴克斯特在零售商处购买 1 辆福特汽车公司(Ford Compony)生产的汽车。在汽车使用手册中声称汽车的挡风玻璃不会破裂。但当原告在驾车途中，一块小石头打碎了挡风玻璃，破碎的玻璃片伤及原告的眼睛并致其失明。故此，原告向与他并无合同关系的福特汽车公司提起损害赔偿之诉，受理该案的华盛顿最高法院判决，被告应负明示担保责任，即对于不具合同关系的被害人，应负损害赔偿责任。而且法院进一步认为，生产者对产品所作的明示担保，其受众对象并非只是具有合同关系的买方，而是一般的公众，因此合同关系不能成为该案诉讼的障碍。

所谓明示担保是基于当事人的意思表示而产生的，它是产品生产经营者对产品的质量特性或所有权的一种声明或陈述。明示担保常见于产品样品标签、产品说明及广告中。美国《统一商法典》规定了卖方明示担保的情况。该法第 2 编 313 条规定："卖方的明示担保因下列情况而产生：①卖方对买方做出的对事实的确认或允诺，如果与货物有关并成为交易基本组成部分，即为设置了该货物将与其相符的明示担保。②对货物的任何说明。如果成为交易基本组成部分，即为设置了该货物将与其相符的明示担保。③任何样品或样式，如果成为交易基本组成部分，即为设置了全部货物将与其相符的明示担保。1960 年的海宁森诉布鲁姆费尔德案(Henningsen v. Bloomfield Motor, Inc.)，该案法院判决首先排除了合同关系要求，担保责任覆盖可以合理预见的使用者；其次，合同中作为格式条款的消费者弃权条款，无论在其订立上还是在结果上，都明显不公平，而且与生产者或销售者的默示担保义务相违背，损害了公共利益，因而判定该条款无效。上述判例逐步突破了担保责任的合同抗辩限制，将担保责任延伸至侵权责任领域，丰富了产品责任诉讼的基础。

在判例发展的同时，立法上的进展主要体现在美国的《统一商法典》。《统一商法典》第 2 编 314 条 2 款规定："除被排除或修改外，如果卖方为经营合同货物的商人，在销售该货物合同中即存在着该货物应是适合销售的默示担保。"适合特定用途的默示担保，是指生产者、经营者应保证其出售的产品符合买方之所以购买此产品的特定用途。对此，《统一商法典》第 2 编第 315 条规定："如果卖方在订立合同时，有理由知道买方对货物所要求的特定用途，而且买方信赖卖方的技能和判断能力来挑选或提供合适的货物，则卖方就承担了货物必须适合这种特定用途的默示担保。"

7.2.3 严格责任原则

严格责任是指对于产品存在的缺陷，即使产品的生产者或销售者不存在任何过错，也应当对缺陷产品所造成的损失承担赔偿责任。严格责任是一种无过错责任(liability without fault)，因此在该责任下，消费者证明的核心在于产品的缺陷，而无需证明产品的缺陷是否由于生产者或销售者的疏忽所致。

经历了多年的诸多磨合、创新，美国产品责任法终于创设出适应现代社会需要的产品责任的特别原则——"严格责任"原则。大法官特雷诺(Roger Traynor)，首先在判例法中确立了"严格责任"。侵权法法学家威廉•普罗舍(William Prosser)在起草《侵权法重述(第二版)》时在该书中明确肯定了"严格责任"，他们对现代美国产品责任法的发展产生了深远影响。严格责任理论的发展和确立亦是一个渐进的过程。1963 年，格林曼诉尤巴电机公司(Greenman v. Yuba Power Products，Inc.)标志着严格责任的正式确立。

拓展阅读

原告威廉•格林曼的妻子为其购买了一种多功能电动工具作为圣诞节礼物，后原告按照说明书的要求使用该工具锯木头时，一块木片突然从电器中飞出击中其头部，原告诉诸法院要求赔偿。大法官特雷诺在判决书中确立了著名的《格林曼规则》：当一个制造商将其产品投入市场时，明知该产品将不会被检查是否有缺陷就使用，如果此项产品表明含有使人受到伤害的缺陷，那么该制造商在侵权方面负有严格责任。法院还申明：责任不是按照协议承担的而是由法律设立的。拒绝允许制造商限定其对有缺陷的产品的责任范围，明确申明，责任不是由契约保证方面的法律管辖，而是由侵权方面的严格责任法律管辖。

两年后，即在 1965 年，《重述二》第 402A 条正式在立法上确立了严格责任。该条第 2 款规定："尽管有下列情况，销售者依然承担责任：①在制备或销售产品时，销售者已经尽到了一切可能的注意；②使用者或消费者没有从销售者手中购买产品或与销售者没有任何合同关系。""尽到了一切可能的注意"意味着，即使生产者或销售者对产品缺陷不存在任何过错依然要承担产品责任。《重述二》第402A 条款颁布后迅速被美国各州的立法和司法所采纳。

严格责任理论为消费者的产品责任诉讼提供了非常有利的条件，但这也对美国产业的发展乃至相关的公共利益产生了重大的影响。严格责任理论在其后沿着两个方向发展。一方面，严格责任朝着更有利于保护消费者的方向发展，比如"市场份额责任理论"的提出；又如，对"业内技术发展水平"抗辩的限制。这一切，在为消费者提供更充分救济的同时，也加重了生产者的责任。正如有学者指出，严格责任正朝着绝对责任的方向发展。因此，在另一方面，美国法律界开始考虑对严格责任的适用做出适当的限制，从而更为公平地分配生产者与消费者之间对产品危险的风险分担，在整体上促进社会公共利益的发展。《重述三》对严格责任的重述代表了这一发展方向。

《重述三》第 2 条对产品缺陷的界定与严格责任的适用具有直接的关系。该条把产品缺陷分为三类，即制造缺陷、设计缺陷和警告缺陷。对于制造缺陷，该条(a)项规定：对于产品背离设计意图，即便在制备或销售产品过程中，(销售者)已经尽到了一切可能的注意，该产品即存在制造缺陷。但对于产品的设计缺陷和警告缺陷，该条规定：(b)对于产品存在的可以合理预见的损害风险，如果销售者或其他分销者，或者他们在产业销售环节中的前手，可以通过采用合理的替代设计减少或避免该风险的话，而他们疏于采用该替代设计以致产品不具有合理的安全性，那么该产品即存在设计缺陷；(c)对于产品存在的可以合理预见的损害风险，如果销售者或其他分销者，或者他们在产业销售环节中的前手，可以采用合理的说明或警告减少或避免该风险的话，而他们疏于采用该说明或警告以致产品不具有合理的安全性，那么该产品因缺乏适当的说明或警告而存在缺陷。由此可见，《重述三》对于产品的制造缺陷采用的是严格责任，这与《重述二》的规定是相同的。但对于产品的设计缺陷和警告缺陷，消费者需通过证明产品存在更合理的替代设计或警告以减少或消除现存的危险，方可证明产品确有缺陷，进而方可要求生产者或销售者承担责任。也就是说，对于产品应有的合理替代设计或警告，生产者或销售者是应当采用而没有采用，故而应承担责任。采用替代设计还存在一个前提，即产品的危险是可以合理预见的。对于不可预见的危险，生产者或销售者当然不可能采取相应的措施来减少危险。这也就意味着，"业内技术发展水平"

可以成为产品责任的抗辩理由。同时与此相适应的是，对于产品缺陷的界定标准，《重述三》摒弃了"消费者期望标准"作为独立的判断标准，取而代之的是"风险—效用比较标准"。因此在判断何为合理的替代设计时，需要考虑替代设计能否以合理的成本有效地降低产品含有的危险。更安全的设计并不等于更合理的替代设计，因为有时候，更安全的设计所花费的成本可能远远超过其降低风险所带来的效益，也就是说，有些所谓的更安全设计不具有实用性或可行性。总而言之，对于产品的设计缺陷和警告缺陷，《重述三》规则设置的目的"和基于过失的侵权责任达到的目的是相同的"，这意味着生产者或销售者对此承担的是过错责任，而非严格责任。这一点是《重述三》对《重述二》的最大修改。

与"疏忽责任"相比，"严格责任"注重的是产品本身的安全性，而"疏忽责任"注重的是制造商的行为是否合理。与"担保责任"相比，"严格责任"采用了更加严格的标准，大大减轻了消费者举证责任，更好地平衡制造商、销售商、消费者之间的利益，发挥了提高效益和实现公平的功能。

从美国产品责任发展的历史进程中可以看到，经过一百多年的演变，当今美国产品责任归责原则体系是以严格责任为主、包括疏忽责任和担保责任在内的多元化体系。消费者可以选择疏忽、担保、严格责任一种或多种提起诉讼，具有很大的灵活性。

7.3　产品责任的法律构成

产品责任的法律构成，是指生产者或销售者承担产品责任的法律要件。按照各国产品责任法的规定，产品责任的构成要件因归责原则的不同而有所差异，但基本的构成要件如下所述。

7.3.1　缺陷产品

构成产品侵权责任的首要条件，是产品缺陷。各国产品责任法对产品缺陷一般没有确切的解释，只是概括、抽象的说明。美国法院判决认为具有不合理的危险性或过分不安全的产品就是有缺陷的产品。欧共体《关于对有缺陷的产品责任的指令》则规定，考虑到包括产品的说明及产品投入流通领域的时间等因素在内的所有情况，如果一项产品未能给按预期的目的加以使用该产品的人之身体或其财产提供他们有权期待的安全，那么该项产品即是有缺陷的产品。《联邦德国瑕疵产品责任法》规定，若产品不具备以下的安全性能，则该产品有瑕疵：考虑到其供货、使用、流通的时间等因素应当被合理期待的安全性能。联邦法院做出判例产品的无用性即构成产品瑕疵。我国《产品质量法》将它定义为"产品存在危及人身、他人安全的不合理的危险；产品有保障人体健康，人身、财产安全的国家标准、行业标准的，是指不符合该标准。"

由上述内容可知，产品责任法的产品缺陷可以概括为不安全、有危险性。产品缺陷可以按不同标准分类。依形成阶段的不同，可分为产品投入流通前形成的缺陷和投入流通后形成的缺陷。前者又包括设计缺陷、原材料缺陷、制造装配缺陷和指示缺陷等。按隐蔽程度的不同，可以分为当时科学上能发现的缺陷和科学上不能发现的缺陷。我国产品质量法和世界各国产品责任法，均将产品投入流通前的缺陷和科学上能发现的缺陷作为产品责任的构成要件，其他缺陷为免责的范围。

根据各国法律及判例，常引起产品事故的产品缺陷大概有以下几种：

1) 设计缺陷。设计缺陷是指由于不适当的设计而形成的缺陷。设计产品时，由于对产品可靠性、安全性考虑不周到，往往发生产品责任事故，产品生产者对此应负设计缺陷责任。

2) 原材料缺陷。原材料缺陷是指由于制造产品使用的原材料不符合质量、卫生、安全等标准而形成的缺陷。如电器产品材料绝缘性能差导致漏电。

3) 制造、装配缺陷。制造、装配缺陷是指因产品生产、装配的不当，致使产品质量未达到设计或预期的要求。如由于装配不当，电器产品的一些部件松动、脱落而造成的伤亡事故。

4) 指示缺陷。有些产品本身并无缺陷，但如果使用不当，也会有危险。在这种情况之下，生产者或销售者的责任不仅在于保证其产品没有实际缺陷，而且在于对消费者或使用者提出适当告诫以防止不适当的使用。如果生产者、销售者对可能产生的危险没有提出警告或警告没有说明全部危险，也可视为产品存在缺陷。

7.3.2 损害事实

有损害事实存在即产品因缺陷造成了人身及其他财产的损害。如果产品有缺陷，但并未造成人身或财产损害，或者仅造成缺陷产品本身的损害，均不构成产品责任；在这种情况下，生产者或销售者仅按法律关于瑕疵担保责任的有关规定，承担修理、更换、退货或赔偿损失的责任。

一般来说，因产品缺陷引起的损害事实可分为三类：

1) 产品自身损害及纯经济上的损失。包括产品缺陷给产品自身造成的损害、维修或替换产品以排除缺陷的危险因素的费用及完全因缺陷产品而引起的诸如利润损失等。

2) 因缺陷产品所致人身伤害和缺陷产品之外的财产损失。包括缺陷产品自身之外的财产损失及生命权、健康权、身体权受到伤害所致的直接和间接的财产损失，如医疗费、护理费、误工费等。

3) 精神损害，主要是指因缺陷产品所致人身伤害而引起的受害人精神上、情感上的痛苦。

上述几种损害事实能否得到却不认可，相关公约及各国产品责任法并未形成统一认识。首先，缺陷产品自身及纯经济损失是否为产品责任法律构成中的损害事实存在争议。依照有关国际条约、各国立法来看，存在三种立法例：第一，否定说。即将此项损失排除在产品责任损害事实之外而由合同法加以解决。欧洲大多数国家采用此种立法例。实践中，美国多数州的法院也认为此种损失不应强加于产品责任。我国亦采用此种立法例。第二，肯定说。该说认为此种损害应纳入产品责任损害事实之中。此说在美国少数州的判例中予以采用，其目的在于给消费者以充分的保护。第三，折中说。此说认为，当该种损害与其他损害均发生时，则与其他损失应一块纳入产品责任损害事实之中；若损害仅发生在产品本身时，则不适用产品责任法而由合同法调整。此种立法例为日本及美国部分州所采用。审视上述三种体例，我们认为第三种学说较为妥当。采用折中说，视缺陷的危害类型、损害发生的样态决定适用合同责任还是侵权责任，既兼顾了合同法相对独立的适用范围，又最大限度地维护了消费者利益，既具有一定的灵活性，又具有较强的适应性。其次，关于精神损害问题，各国态度也不尽相同。但从目前各国产品责任立法来看，大都将精神损害纳入产品责任损害事实之中。我国的《侵权责任法》赋予受害者精神损害赔偿的请求权。

7.3.3　因果关系

因果关系是指产品的缺陷与受害人的损害事实之间存在的引起与被引起的关系，产品缺陷是原因，损害事实是结果。产品的缺陷和受害人的损害事实之间的因果关系有特殊性。一方面，这种因果关系具有明显的间接性，不是产品生产者、销售者的直接行为导致了损害的发生，而是其行为通过缺陷产品这一环节间接导致损害事实的发生。另一方面，在损害事实发生时，常介入受害人或第三人的行为。这些特征决定了在产品缺陷与损害事实间因果关系的认定上，难以要求证明该缺陷是损害事实发生的唯一原因或直接原因，只要能证明产品存在缺陷并在事实上发生了该缺陷可能引起的损害，就可推定两者具有因果关系。由于产品责任中受害人举证的困难，在产品责任因果关系中还必须辅之以"因果关系举证责任转换"方法，即受害人只要能合理地推定因果关系存在，就可以不再承担其他举证责任，而由生产者、销售者证明存在法定抗辩事由而免于承担责任。

7.4　产品责任案中的赔偿及抗辩

7.4.1　产品责任案中的赔偿

关于产品责任损害赔偿的范围,各国产品责任法及相关国际条约的规定不一。缺陷产品可能引起的损害后果有四种情形:人身伤害、财产损失、精神损害及产品自身损害。对于这四类损害,各国产品责任法及国际公约均未规定全部赔偿,而是作了特别规定或限制。

7.4.1.1　人身伤害的赔偿

人身伤害是指因产品具有缺陷而对他人生命、身体、健康所造成的损害,包括健康受损、致人伤残、致人死亡。对人身伤害的赔偿,一般要求责任者赔偿人身伤害所造成的直接损失与间接损失。关于赔偿范围各国产品责任法及国际公约的规定几乎没有什么分歧。

7.4.1.2　财产损失的赔偿

财产损失是指有缺陷产品造成缺陷产品之外的其他财产损失。通常这种损失包括直接的物质损失和伴随直接物质损失而产生间接物质损失。直接损失是指现有财产的减少,间接损失是指可得利益的减少。对于财产损失的,有些产品责任法将其排除在产品损害赔偿范围之外,例如1976年欧洲理事会在斯特拉斯堡讨论通过的《斯特拉斯堡公约》明确限定该条约仅针对人身损害与死亡的救济。有的国家的产品责任法则根据受损财产的特点对财产损失作了某些限制,例如《联邦德国瑕疵产品责任法》第1条规定:"在造成财产损害的情况下,只有受到损害的是缺陷产品以外的财产,且该财产通常是用于死人使用或消费以及受害者主要为这种目的而获得该财产的,才适用本法。"英国《消费者权益保护法》第5条规定:"损害是指四方、人身伤害或任何财产(包括土地)的损失或伤残。但不包括:缺陷产品本身和由缺陷产品组织的任何财产的损失;损害的财产不是通常作个人使用、占用、消费的财产。"间接损失应在多大范围内赔偿,各国的产品责任法规定不同,有的国家将间接损失排除在外,例如美国有些州的产品责任法规定财产损失的严格责任只限于直接财产损失,而对诸如因交通工具被损害不能投入而带来的利润损失不予赔偿;《关于对有缺陷的产品责任的指令》也未规定间接财产损失的赔偿责任。而多数国家采用折中的办法:必须是作为物质损害的直接后果而出现的间接损失才予以赔偿。

7.4.1.3　精神损害的赔偿

精神损害一般是指由缺陷产品造成的人身伤害而引起的受害人的精神上的痛苦和感情创伤。对于精神损害是否被作为损害赔偿请求的对象，国际立法规定不一。《斯特拉斯堡公约》、《关于对有缺陷的产品责任的指令》、《海牙公约》、《联邦德国瑕疵产品责任法》等均未规定精神赔偿；其他大部分国家的产品责任法均将精神损害纳入应赔偿的范围。例如，美国的产品责任法允许对精神的痛苦和损失请求赔偿。有的国家产品责任法虽未对精神损害赔偿做出明确规定，但因适用民法的结果而允许受害人主张赔偿，《日本制造责任法》第 6 条规定："关于制造物的缺陷的制造业者的损害赔偿责任，除以本法规定外，以民法的规定。"

7.4.1.4　产品自身损害的赔偿

产品自身损害又称为"产品伤害自己"、"纯经济损失"。产品自身损害，除包括产品毁损灭失外，还包括产品本身价值的减少、不堪使用、必须修缮或丧失营业利益等。对于产品自身损害的赔偿，《海牙公约》做出明确规定，有限制地允许其为损害赔偿请求项目。英国《消费者权益保护法》第 5 条规定："损害不包括缺陷产品本身。"《关于对有缺陷的产品责任的指令》、美国有关立法也有所涉及，而其他国家的立法或公约则基本上无规定。

7.4.2　产品责任案中的抗辩

7.4.2.1　美国的产品责任法关于抗辩事由的规定

美国大多数州的法律以及成文法规定了产品制造者或销售者的产品责任的同时，还规定了一些免责或减责的条款，主要有以下几种：

1) 共同过失。指原告自己的过失行为也是引起损失的原因之一。许多州的法律规定在这种情况下可以减轻制造者或销售者的法律责任，如果原告的过错大于被告的过错，原告可能得不到任何赔偿。这种共同过失一般只适用于原告以疏忽责任提起诉讼的情况下。在严格责任制度的情况下，该项条款不能成为被告减免产品责任的理由。

2) 自担风险。指如果原告明知某项产品的某种使用会引起伤害，还故意进行这种使用，并造成了伤害，其可能无法得到赔偿。在某些州，这也是一种共同过错。

3) 非正常使用产品或擅自改动产品。指该使用已经超出了销售者或制造者能预见的范围；擅自改动产品指产品使用人拆除或变更了该产品的某些装置，使该产品无法按原来预见的方法进行操作或使用。发生上述情况，也会使原告无法因产品造成的损失得到赔偿。

4) 诉讼时效。有一部分州规定，在某种产品制造若干年以后，该产品的使用者不能再提起有关产品责任的赔偿。一般是在该产品出厂日期的 10～15 年。但并不是所有的州都规定了该系那个减免责任条款。

5) 不可避免的风险。绝大多数州都规定有些产品本身就带有不可避免的、无法预见的风险，目前还不可能制造出毫无风险的产品。在这种情况下，该产品的制造者和销售者如果已对该产品的使用做了详细说明，他们就无需为此承担产品责任。

6) 合同中免责或减责条款。在大多数商业交易中，产品销售者或制造者都在销售合同中明文规定了一些对其产品的免责或减责条款，如果这些条款符合该州的规定和公共常识，一般来说，该产品的使用人无法得到产品责任赔偿。

7) 政府合同。在某些销售者和政府进行的商业交易中，如果销售者在销售前已经明确警告或告示该产品存在某种风险，而且该产品的销售又是通过规定的条款或政府的合同允许的，该产品的质量也符合与政府合同中的规定，在这种情况之下，政府一方不能对该销售者提起产品责任诉讼。

7.4.2.2　欧洲的产品责任法关于抗辩事由的规定

《关于对有缺陷的产品责任的指令》规定生产者不承担责任的情形有：未将产品投入流通；缺陷在产品投入流通时并不存在；产品生产者不是为销售或经济目的而制造或分销；为使产品符合强制性法规而导致缺陷；产品投入流通时的科技水平不能发现缺陷存在，零部件制造者能够证明缺陷是由于装有该零部件的产品设计或制造者的指示造成。《关于对有缺陷茶农责任的指令》同时规定：成员国可对发展风险作为抗辩事由做出保留。

7.4.3　责任限制

《美国统一产品责任示范法》对产品责任的损害赔偿数额未设限制。在实践中，产品责任案件的赔偿额度逐年上升，法院判处最高赔偿金额的现象相当普遍，以至部分生产者和产品责任人不堪重负。吸取了美国产品责任诉讼出现的高额赔偿金所带来的负面作用，各国开始规定损害赔偿的最高限额和最低限额。《关于对有缺陷的产品责任的指令》允许成员国在立法中规定生产者对同类产品的同样缺陷造成的人身伤害或死亡的总赔偿额不得多于 7 000 万欧洲货币单位。该指令还规定，因具有同一个缺陷的同一种产品所引起的一切人身伤害，生产者的责任以2 500万欧洲货币单位为限；对财产损失的赔偿，在动产诉讼中不超过15 000欧洲货币单位，在不动产诉讼中，不超过50 000欧洲货币单位。《联邦德国瑕疵产品责任法》第10条第1款规定："在人身损害中，产品责任或具有相同瑕疵的同类产品的责任的最高赔偿额限于1.6亿马克。若损害超过该限度，则单一的损害赔偿请求权相应减少。"

7.5　关于产品责任的国际统一规则

随着全球经济一体化进程的加快，国家间产品责任的争议日益突出，对产品责任进行国际调整越来越引起各国重视。一些国家和区域性组织就产品责任缔结了相关的国际公约，以减少国与国之间产品责任的法律冲突。产品责任方面的区域性和国际性公约主要有：

1)《斯特拉斯堡公约》。全称为《关于造成人身伤害和死亡的产品责任欧洲公约》，1977年1月27日起生效。《斯特拉斯堡公约》对产品责任适用严格责任原则，将生产者的范围定义为制造商、产品进口商以及任何使用自己的名字、商标或其他识别特征出现的商品上面将其作为自己的产品出售者。生产者承担起缺陷产品造成人身伤害或死亡的赔偿责任。如果受害人或有权索赔的人由于自己过失造成损害，可减少或拒绝赔偿。对产品责任的损害赔偿范围仅限于人身伤亡，不包括其财产造成的损失。

2)《关于对有缺陷的产品责任的指令》。全称为《成员国有关缺陷产品责任的法律、法令及行政规定一致的理事会指令》，由欧洲共同体主持制定，1985年7月25日经共同体理事会全体通过。《关于对有缺陷的产品责任的指令》采用严格责任原则。《关于对有缺陷的产品责任的指令》将赔偿范围规定为人身伤害和财产伤害两个方面，500欧洲货币单位以下的损害不予考虑。对产品责任的抗辩是《关于对有缺陷的产品责任的指令》的一项重要内容，《关于对有缺陷的产品责任的指令》的抗辩事由无罪责、赔偿限额和时效已过三个方面构成。

3)《欧洲产品安全指令》。1985年欧共体通过的《关于对有缺陷的产品责任的指令》确立了严格产品责任原则，但这种制度对于保护消费者安全而言依然存在严重不足。首先，在严格责任制度下，生产者或销售者只要确保投入流通时不存在致消费者损害的缺陷，生产者就可以免责，至于投入流通后，由于消费者无知加以滥用而导致产品出现缺陷，或该产品与其他产品在混合使用中出现缺陷所造成的损害，生产者概不负责；其次，限于当时的科技水平，因遵守有关国家强制性法令而使用其产品在投入流通时存在缺陷，生产者对此缺陷造成的损害免责。

《关于对有缺陷的产品责任的指令》的这些不足致使该指令无法有效地被执行。为了统一和协调欧盟各国的产品责任法，1992 年 6 月 29 日欧盟理事会通过了《欧盟产品安全指令》。《欧盟产品安全指令》规定：包括进口商在内的生产者有义务确保其投入欧盟市场的产品为安全产品。安全产品是指该产品在其使用寿命的期限内，在正常的或合理预见的使用条件下，无致人损害的任何危险的产品。该规定改变了《关于对有缺陷的产品责任的指令》中投入流通时其产品不存在致消费者损害的缺陷，生产者免责的规定。

4) 《海牙公约》。全称为《关于产品责任的法律适用公约》，1973 年 10 月 2 日在海牙正式签字，并于 1977 年 10 月 1 日生效，除了对生产者、产品、损害等做了规定外，主要内容是确立了产品责任的三项法律适用规则。《海牙公约》的主要内容如下：

(1) 适用的产品。指一切可供使用或消费的物，包括天然产品和工业品，而不论是加工过的还是未加工过的，无论是动产还是不动产。

(2) 规定的损害。指因产品本身存在瑕疵，或因对产品的质量、特性或使用方法等未作适当的说明或作了错误说明而造成人身伤害或财产损害以及其他经济损失。但不包括产品本身的损害和间接损失。

(3) 规定的生产者。包括成品或零部件的制造者、天然产品的生产者、产品的供应者、在产品准备或商业分配环节中的其他人，包括修理人或仓库管理人(修理人只有当他们向消费者出售产品时才负有产品责任；仓库管理人只有当产品送到市场才承担责任)、上述人员的代理人或雇员。

(4) 法律适用规则。①适用侵害地所在国法律，《海牙公约》第 4 条规定，若侵害地国家同时又是直接受害人的惯常居所地、被请求承担责任人的主营业地或直接受害人取得产品的地点，则应适用侵害地国家的法律。②适用直接受害人惯常居所地国家的法律。若直接受害人的惯常居所地同时又是被请求承担责任人的主营业地，或者直接受害人取得产品的地方，则适用《海牙公约》。③适用被请求承担责任人的主营业地国的法律。若上述两规则中的内容都不适用，则除原告基于侵害地国家的国内法提出其请求外，应适用《海牙公约》。

7.6　中国产品责任法

7.6.1　中国产品质量法概述

我国产品责任法起始于改革开放之后。20 世纪 80 年代，我国经济发展取得了显著成效，市场急需的各种产品大量涌现；但同时，产品的丰富却又引起了产品责任的加大。尤其是 80 年代初期，我国连续发生一系列缺陷产品造成消费者人身伤害、财产损失的重大案件。由此，产品责任的立法工作开始受到重视。1986年制定的《民法通则》，参考欧美产品责任立法的经验，专设第 122 条作为产品责任条款："因产品质量不合格造成他人财产、人身损害的产品制造者、销售者应当依法承担民事责任。运输者、仓储者对此负有责任的，产品制造者、销售者有权要求赔偿损失。"以此确立了缺陷产品致损的严格责任。并在第 119 条规定了人身损害的赔偿范围。这两条规定，为我国的产品责任立法奠定了基础。但是，这种简单、概括的规定，其实际效果并不理想。为了进一步规范产品市场，保护消费者合法权益，1993 年又先后颁布了《产品质量法》和《消费者权益保护法》。这两部法律的出台，使我国产品责任的立法得到了进一步发展，形成了当前我国产品责任法的基本体系。因为《产品质量法》是我国产品责任法的基本法律，以下就以《产品质量法》的规定作简单论述。

产品质量是指产品在正常或规定条件下，满足或符合特定用途或需求所必须具备的性能的总和。产品质量既包括产品的结构、精度、纯度、机械物理指标和化学指标等内在质量，也包括产品的形状、色彩、光泽、手感等外观方面的质量。不同产品，用途各异，其性能也不同。

产品质量法是指调整在产品生产、销售和使用过程中的质量进行监督管理而发生的社会关系的法律规范的总称。

7.6.2 产品的概念

产品是构筑产品责任法体系和确立产品责任承担的基点。

《产品质量法》第 2 条对产品的定义是："本法所称的产品是指经过加工、制作，用于销售的产品。建设工程不适用本法规定；但是，建设工程使用的建筑材料、建筑构配件和设备属于产品定义范围的，适用本法规定。"第 73 条规定："军工产品质量监督管理办法，由国务院、中央军事委员会另行制定。因核设施、核产品造成损害的赔偿责任，法律、行政法规另有规定的，依照其规定。"可见，我国《产品质量法》中的产品只是加工、制作的产品，是不含初级农产品等天然产品和不动产的；另外，这里的产品必须以销售为目的，非用于销售的物品则不是。军工产品、核设施、核产品等都不属于《产品质量法》所规制的对象。而农产品的质量安全问题，由《中华人民共和国农产品质量安全法》(以下简称《农产品质量安全法》)专门加以规范，该法由第十届全国人大常委会第二十一次会议于 2006年 4 月 29 日通过，自 2006 年 11 月 1 日起施行。其中所指"农产品"，是指来源于农业的初级产品，即在农业活动中获得的植物、动物、微生物及其产品。《农产品质量安全法》对农产品质量安全标准、农产品产地、农产品生产、农产品包装和标识以及监督检查、法律责任作了详尽而具体的规定。

与西方国家相比，我国《产品质量法》中产品概念的范围是比较狭窄的。美国《统一产品责任法》第 102 条规定："产品是具有真正价值的、为进入市场而生产的、能够作为组装整件或者作为部件、零件交付的物品，但人体组织、器官、血液组成成分除外。"《欧洲经济共同体产品责任指令》第 2 条规定："产品指除初级农产品和狩猎产品以外的所有动产，即使已被组合在另一不动产之内。初级农产品是指种植业、畜牧业、渔业产品，不包括经过加工的这类产品，产品包括电。"

随着消费者利益越来越多地得到重视和保护，也随着产品的日益多样化、丰富化，适当扩大法律上产品概念的外延，将更多的商品纳入产品质量法的体系，能起到促进消费者利益保护的作用。

拓展阅读

我国《产品质量法》对产品缺陷的定义与《民法通则》对产品责任中的缺陷产品的表述在基本精神上是一致的，即将产品缺陷与一定的产品标准直接联系起来。这样做的好处是：如果缺陷产品同时违反了产品质量标准，原告可以通过证明产品不符合标准证明产品有缺陷；法官可以借助产品标准判断缺陷产品。但是它也带来一些问题。这样做的消极后果至少有三个：首先，模糊了产品责任作为严格责任与一般侵权责任的界限。我国《产品质量法》第 34 条的规定的精神是：产品不符合标准，疏于管理，就有过错，就有责任；反过来，产品符合标准，尽到"合理注意"的义务，就没过错，就没责任。而这与产品责任作为特殊侵权责任即严格责任是不和谐的。其次，造成对缺陷产品认定的困难。"产品存在危及人身、他人财产安全的不合理的危险"与"产品不符合保障人体健康，人身、财产安全的国家标准、行业标准"构成确定产品缺陷的双重标准。这后一个标准在对产品进行质量管理时具有极为重要的意义。但是在产品责任诉讼中却难随人意。在某些情况下还会出现与前一个标准的矛盾。在美国，人们对某些看似客观的企业标准是不信任的，同时也将政府制定的安全标准与民事责任区别开来。美国侵权法专家普儒瑟在论及这一问题时指出："工业界不被允许建立他们自己的行为标准是一般的法律，因为他们可能会受到节省'时间、努力和金钱'的动机的影响。"

(摘自：张骐. 中美产品责任法中产品缺陷的比较研究. 北大法律网，2010-8-9)

7.6.3　产品质量侵权的损害赔偿责任

7.6.3.1　产品质量侵权的构成要件

产品质量侵权损害赔偿的前提是生产者、销售者有产品质量侵权行为。我国《民法通则》将产品质量侵权列入特殊的侵权行为。《产品质量法》对此作了进一步规定。通常认为，产品质量侵权的损害赔偿需具备以下要件：

1) 产品缺陷。对产品缺陷的认定，是产品质量损害赔偿中的一个关键环节。根据《产品质量法》的规定：产品缺陷是指产品存在危及人身、他人财产安全的不合理的危险。产品缺陷的存在，从其原因上分析，可以分为设计缺陷、制造缺陷和销售缺陷(如销售者没有对产品潜在的危险和正确使用方法在产品说明书中加以说明，或者缺少警示标识等)。因产品缺陷造成损害，是发生产品责任的前提和基础。《产品质量法》第26条还规定了产品瑕疵，但未明确其定义。"产品缺陷"与"产品瑕疵"都以产品不符合产品的质量要求为前提，但是两者之间又存在差异：

(1) 瑕疵是性状上的缺陷，主要指产品在物质性上存在与约定或法定的质量标准不符的质量问题；而产品缺陷则是在安全性上存在的质量问题。

(2) 瑕疵是相对较轻的产品的质量问题，用户或消费者已经知道的瑕疵可以自行决定是否接受；而缺陷因为可能对人身财产造成主动侵害，故存在的质量问题较重，消费者不应接受。

(3) 对于产品瑕疵，消费者直接向销售者索赔，销售者依约定或法律规定承担违约责任；对于缺陷，可以向生产者或销售者索赔，生产者或销售者承担赔偿责任。

2) 消费者或者使用者受到损害。由于产品缺陷给消费者、使用者造成人身、财产损害。

3) 产品缺陷与损害事实之间存在因果关系。即消费者、使用者受到损害是由于产品缺陷所引起的。后者为原因，前者为结果。

4) 不存在法定免责事由。根据《产品质量法》规定，生产者能够证明有下列情况之一的，不承担赔偿责任：①未将产品投入流通的；②产品投入流通时，引起损害的缺陷尚不存在的；③将产品投入流通时科学技术水平尚不能发现缺陷存在的。

7.6.3.2　损害赔偿责任主体

1) 销售者先行负责制。销售者售出的产品有下列情形之一，应当负责修理、更换、退货；给购买产品的用户、消费者造成损失的，应当赔偿损失：①不具备产品应当具备的使用性能而事先未作说明的；②不符合在产品或者其包装上注明采用的产品标准的；③不符合以产品说明、实物样品等方式表明的质量状况的。

2) 销售者的追偿权。销售者在承担责任后，属于生产者的责任或者属于销售者提供产品的其他销售者(简称供货者)的责任的，销售者有权向生产者、供货者追偿。但是如果生产者之间、销售者之间、生产者与销售者之间订立的产品买卖合同、加工合同、承揽合同有不同约定的，合同当事人按照合同约定执行；由于销售者的过错使产品存在缺陷，造成他人人身、财产损害的，销售者应当承担赔偿责任；销售者不能指明缺陷产品生产者并且也不能指明缺陷产品的供货者的，销售者应当承担赔偿责任。

3) 生产者的损害赔偿责任。因产品存在缺陷造成人身、缺陷产品以外的其他财产(简称他人财产)损害的，生产者应承担赔偿责任。但是生产者能够证明存在法定免责事由的，不承担赔偿责任。

7.6.3.3　损害赔偿的范围

我国《产品质量法》第44条第1款以列举的方式规定了人身伤害赔偿的范围：因产品存在缺陷造成受害人人身伤害的，侵害人应当赔偿医疗费、治疗期间的护理费、因误工减少的收入等费用；造成残疾的，还应当支付残废者生活自助具费、生活补助费、残疾赔偿金以及由其扶养的人的生活费等费用；造成受害人死亡的，并应当支付丧葬费、死亡赔偿金以及死者生前扶养的人所必需的生活费等费用。第44条第2款还规定了财产损害的赔偿范围：因产品缺陷造成受害人财产损失的，侵害人应当恢复原状或者折价赔偿；受害人因此遭受其他重大损失的，侵害人应当赔偿损失。

司法实践中，产品责任受害人要求高额的损害赔偿或精神损害赔偿的问题已屡见不鲜。但对于因产品责任造成的损害赔偿，司法实践中应依循什么标准确定赔偿数额，目前我国的《产品质量法》对此未作规定，仅在《消费者权益保护法》第49条，对经营者的欺诈行为规定了惩罚性赔偿原则，且规定"增加赔偿的金额为消费者购买商品的价款或者接受服务的费用的一倍"。我国的司法实践中，普遍存在产品责任赔偿额较低的问题，一方面对受害者起不到相应的补偿作用，另一方面在一定程度上导致了假冒伪劣产品的泛滥。此外，我国加入WTO后，国际贸易往来大幅增加，与欧美国家的高额赔偿金制度相比，我国应力图实现产品赔偿责任的对等。因此，应完善产品责任赔偿制度，使惩罚性赔偿制度在司法实践中更具可操作性。

7.6.3.4　产品责任司法救济

产品责任诉讼是指法律和当事人在其他诉讼参与人的配合下为解决产品责任纠纷所进行的全部活动。

1) 关于诉讼时效。我国《产品质量法》在借鉴各国经验的基础上，对产品责任诉讼时效做出了与美国《统一产品责任示范法》基本相同的规定。我国《产品质量法》对产品质量责任的诉讼时效作了具体的规定：①普通时效为 2 年。因产品存在缺陷造成损害要求赔偿的诉讼时效期间为 2 年，自当事人知道或者应当知道其权益受到损害时起计算。②因产品存在缺陷造成损害要求赔偿的请求权，在造成损害的缺陷产品交付最初用户、消费者满 10 年丧失；但是尚未超过明示的安全使用期的除外。

2) 关于举证责任。我国的《产品质量法》虽未明文规定如何举证，但按一般法律原则，也应是由受害人举证。生产者产品责任构成的三个要件(缺陷、损害、因果关系)都必须由原告举证，而生产者过错不属责任构成要件，故无需举证。但在司法实践中，通过举证责任倒置的方法，减轻受害人的举证责任，也是十分必要的。

3) 关于抗辩事由。严格责任并非绝对责任，各国产品责任法对生产者都规定了一定的抗辩事由。我国立足自己的国情，借鉴国外经验，规定了生产者对产品缺陷的免责事由：①未将产品投入流通。产品未进入流通，不可能对消费者产生损害。②产品投入流通时缺陷尚不存在。缺陷是在产品脱离生产者控制后，由其他人造成的。③产品投入流通时的科学技术尚不能发现缺陷存在。这是对发展风险免除责任的规定。在判定是否属于发展风险时，应以当时社会具有的科技水平为依据，不是依据生产者掌握的科技水平。如此规定，有助于鼓励科技进步，激励生产者开发新产品，使用新技术，将科技成果转化为现实生产力。

本章小结

产品责任法是调整产品制造者或销售者因所制造或销售的产品具有某种瑕疵或缺陷给产品消费者或其他第三者造成损害而引起的赔偿关系的法律规范的总称，在性质上属于侵权法范畴，体现了现代民商法发展的国家干预的社会本位倾向。本章主要介绍了产品责任的构成要件，美国产品责任法的归责原则发展经历的三个主要阶段，即疏忽责任原则、担保责任原则、严格责任原则，以及对各国产品责任的法律适用进行比较。

案例分析

1) 2010 年开始的丰田"召回飓风"愈刮愈猛，由于部分油门踏板踩下后不能返回原位或回位缓慢，丰田公司自 1 月 21 日起接连宣布召回汽车，迄今已在全球范围内召回将近 800 万辆。在美国，丰田提供上门召回服务，并对驾车返厂召回的消费者补贴交通费用，汽车修理期间提供同型号车辆使用。而在中国，丰田只道歉不补偿，车主维修只能自己驾驶到 4S 店完成，还有可能因零件缺货而多次往返。如果你是丰田汽车的消费者，那么：

(1) 在诉讼中运用何种产品责任的归责原则对你最有利？

(2) 产品责任诉讼是否以合同为前提条件？

(3) 通过此案比较中国与美国司法机构处理产品责任案件的理念和做法的差异性。

2) 某企业为了表示慰问，过年前将自产经检验合格但未投入流通的一批洗衣机作为福利分给职工。职工甲拿到厂里分的洗衣机后非常高兴，将洗衣机拉回家。恰逢妻子乙在，便让其帮忙用该洗衣机把家里的沙发罩等洗一下。结果，因洗衣机漏电，乙被当场电死，于是，甲向人民法院提起诉讼。

问：甲的诉讼理由能否成立？为什么？本案如何处理？

练习与思考

1) 何谓产品责任？产品责任和产品质量责任有何区别？

2) 通过"丰田汽车召回门事件"，你认为丰田汽车的存在的产品缺陷与法律所称的产品缺陷的定义是否相符？表现在哪几个方面？

3) 产品责任的规则原则有哪些？

4) 美国有关的产品责任法对损害赔偿是如何规定的？

5) 简述产品责任免责的范围。

8　工业产权法

⭐ **本章要点**

● 工业产权的概念及法律特征
● 《保护工业产权巴黎公约》主要内容
● 工业产权国际保护规则

8.1　工业产权法概述

8.1.1　工业产权的概念、本质和法律特征

　　工业产权是指人们依照法律对应用于生产和流通中的创造发明和显著标记等智力成果，在一定期限和地区内享有的专有权。工业产权法是调整因确认、使用和保护智力成果而发生的各种社会关系的法律规范的总和，是知识产权法的组成部分。工业产权是一种知识产权。知识产权具有专有性、时间性和地域性。此权利不仅适用于工业本身，也适用于商业、农业、矿业、采掘业以及一切制成品或天然品，如酒类、谷物、烟叶、水果、牲畜、矿产品、矿泉水、花卉和面粉等。它是一种"独占权"，具有严格的地域性和时间性，即根据一国法律取得的权利，只能于一定期限内在该国境内有效。若要在别国境内得到承认和保护，必须通过该国的法律程序才能实现。工业产权的效力是有限期的，在法律规定的期间内受到保护，法定期限届满后，该项权利便告终止。此外，工业产权还有严格的法定性，即工业产权需由行政主管机关授予或确认而产生，经法定程序由主管机关审查核准，而不是根据它产生的法律事实即可设定和取得权利，不同于其他财产所有权权利取得方式，比较而言更为复杂。

　　工业产权法以专利法、商标法为主干，反不正当法、合同法等法律中调整工业产权法律关系的规范以及有关行政法规、规章，最高人民法院以司法解释形式发布的有关规范性文件等，都是工业产权法的组成部分。我国已相继颁布和实施了《中华人民共和国商标法》、《中华人民共和国商标法实施条例》、《中华人民共和国专利专利法》、《中华人民共和国专利法实施细则》等法律、法规。国际上，

工业产权的法律制度主要有《保护工业产权巴黎公约》(简称《巴黎公约》)、《专利合作条约》、《商标国际注册马德里协定》、《洛迦诺协定》、《国际专利分类协定》、《商标注册用商品和服务国际分类尼斯协定》(简称《尼斯协定》),还包括工业产权在内的 WTO 著名的法律文件《与贸易有关的知识产权协定》(简称《TRIPS 协议》)。上述国际法成为工业产权国际保护法的主干部分。并且,在《巴黎公约》开启工业产权国际法保护后,WTO(世界贸易组织)下的 TRIPS 将工业产权、版权及其他智力成果权统称为知识产权。

8.1.2 工业产权法的划分

工业产权法的概念最早出自《保护工业产权巴黎公约》,其不仅适用工业和商业本身,也适用农业和采掘业以及一切制造品或天然产品。TRIPS 将《保护工业产权巴黎公约》1967 年斯德哥尔摩文本第 1～12 条以及第 19 条、《保护文学艺术作品伯尔尼公约》1971 年巴黎文本第 1～21 条以及公约的附件(第 6 条之二关于精神权利的规定除外)、《保护表演者、录音制品制作者和广播组织罗马公约》部分实质性内容以及《关于集成电路知识产权条约》第 2～7 条(第 6 条第 3 款关于强制许可的规定除外)、第 12 条及第 16 条第 3 款全部纳入《知识产权协定》中,成为世界贸易组织成员必须履行的义务。工业产权被包括在 TRIPS 所定义的知识产权范围,使 TRIPS 成为《巴黎公约》以来最主要的工业产权保护国际公约。TRIPS 确立知识产权最低保护水平。

TRIPS 涉及版权及相关权利、专利权、商标、地理标志、工业品外观设计、集成电路布图设计和未披露的信息等七个方面。据此,工业产权可作如下划分:

1) 专利法律制度。以工业领域的发明创造的对象,保护创造者的发明专利权、实用新型专利权、外观设计专利权。

2) 商标法律制度。以工商经营活动中的商品商标和服务商标为对象,保护注册商标所有人对注册商标的专用权。以原产地名称和货源标记为保护对象的法律规范。

3) 商业秘密法律制度。

4) 反不正当竞争法律制度。制止生产经营活动中从事不正当竞争法律制度。制止生产经营活动中从事不正当竞争损害他人合法权益行为的法律法规,适用于各种工业产权制度无特别规定或不完备时需要给予法律制裁的行为,如侵害商业秘密的行为,仿冒产品产地的行为。

以上是 TRIPS 定义下的工业产权范围,适用于签署 TRIPS 的所有成员国。

拓展阅读

美国苹果公司上诉争夺我国内地 iPad 商标权。2000 年唯冠国际控股有限公司(以下简称唯冠控股)旗下子公司唯冠科技(深圳)有限公司(以下简称深圳唯冠)在中国申请 iPad 文字商标和文字图形结合商标的商标专用权,2001 年获得核准注册,分别注册了编号为 1590557 的"IPAD"商标和编号为 1682310 的 iPad 商标,注册类别都为第 19 类,涉及计算机、计算机周边设备、显示器(电子)等。唯冠控股系香港上市公司,在中国大陆、香港、台湾、美国、英国等 7 个国家和地区设有子公司。2001 年至 2004 年,唯冠控股旗下另一子公司唯冠电子股份有限公司(以下简称台湾唯冠)在欧盟、韩国、墨西哥、新加坡等国家共获得 8 个 iPad 相关注册商标专用权。 在 2005 年前后,苹果公司策划相关产品进入欧洲市场之时,得知 iPad 商标归台湾唯冠所有,当时曾以撤销闲置不用商标等理由向英国商标局提出申请,希望获得 iPad 商标,但在英国败诉。 2000 年 1 月和 9 月,唯冠集团旗下唯冠台北公司(以下简称"台湾唯冠")分别在欧盟、韩国、墨西哥、新加坡、印度尼西亚、泰国、越南等多个国家和地区分别注册多个 iPad 相关商标。2009 年 12 月 23 日,唯冠国际 CEO 和主席杨荣山授权麦世宏签署了相关协议,将 10 个商标的全部权益转让给英国 IP 公司,其中包括包含被告唯冠科技(深圳)有限公司的第 1590557 号、第 1682310 号两个 IPAD 注册商标。协议签署之后,英国 IP 公司向唯冠台北公司支付了 3.5 万英镑购买所有的 iPad 商标,然后英国 IP 公司以 10 英镑的价格,将 iPad 商标的所有权益转让给了苹果。唯冠国际 CEO 和主席杨荣山授权麦世宏签署了相关协议,苹果公司签字为协议生效的依据,而唯冠科技(深圳)事后以未启用公司印鉴为由拒绝承认这一协议,双方在此纠缠不清,从而埋下分歧之源。

2010 年 2 月,在苹果公司的 iPad 产品进入中国市场之前,苹果公司发现其无法在中国国家商标局办理 iPad 商标转让手续,因商标所有权人仍为深圳唯冠公司,且深圳唯冠宣称其并未向苹果转让其"iPad"商标。由于双方协商未果,苹果公司、IP 公司于 2010 年 5 月 24 日向深圳中院提起诉讼,要求判令注册号为 1590557 的"iPad"商标专用权归苹果公司所有。

2010 年 10 月,和君创业宣称取得唯冠科技的授权,联合唯冠科技的 8 家债权银行,向苹果公司索赔 100 亿元人民币,针对苹果购得的"iPad"商标所有权问题,以"欺诈罪"向美国法庭提起诉讼。2010 年 5 月 24 日,苹果一纸诉状将唯冠科技告上深圳中级法院,要求法院判令注册号第 1590557 号"IPAD"商标、注册号第 1682310 号"iPAD"商标专用权归苹果公司所有;并判令唯冠公司赔偿苹果公司因商标权属调查费、律师费所受损失人民币 400 万元等。2011 年 2 月 23

日，此案在深圳中院进行了第一次公开审理。2011 年 12 月 5 日，深圳中院驳回
了苹果公司诉唯冠科技的全部诉讼请求。深圳中院审理称，"诉讼请求缺乏事实和
法律依据，应予以驳回，案件受理费 4.56 万元也由苹果公司承担。"苹果已于 2012
年 1 月 5 日向广东省高级人民法院提出上诉。上诉意见包括认为该案应该适用香
港特区法律判定；深圳唯冠通过书面授权唯冠国际控股有限公司(以下简称唯冠国
际)在台湾的子公司，即唯冠电子签署商标转让协议，属于隐名代理行为，应该判
定深圳唯冠所有的 iPad 商标已经转让给苹果公司。除此之外，苹果还将唯冠电子
追加为被告人。唯冠则以苹果侵权为由，要求苹果赔偿 100 亿元人民币(合 15 亿
美元)并可能以数十亿的价格达成授权协议。商标战还在继续。一只"苹果"引发
的商标纠纷足见小小商标问题之繁复。

　　　　(来源：http://www.chinaiprlaw.cn)

8.2　保护工业产权巴黎公约

8.2.1　概述

　　《保护工业产权巴黎公约》(Paris Convention for the Protection of Industrial
Property)简称《巴黎公约》，是当今国际社会保护工业产权方面最基本、最重要的
一个全球性多边国际条约。

　　19 世纪后，资本主义商品经济迅速发展，体现在商品中的新工艺、新技术等
智力成果逐渐为社会所承认，并具有了商品属性。为保护这种无形财产，多国相
继建立保护工业产权制度。1878 年，在法国巴黎举行第一次工业产权国际会议，
在一次正式外交会议上，确定工业产权领域统一的立法基础。1883 年，在巴黎有
11 国签署了《巴黎公约》，包括比利时、巴西、法国、危地马拉、意大利、荷兰、
葡萄牙、萨尔瓦多、塞尔维亚、西班牙和瑞士。该公约分别于 1900 年(在布卢塞
尔)、1911 年(在华盛顿)、1925 年(在海牙)、1934 年(在伦敦)、1958 年(在里斯本)、
1967 年(在斯德哥尔摩)和 1979 年多次修订。我国于 1984 年 12 月 19 日递交了加
入书，自 1985 年 3 月 19 日起，该公约对我国生效。

　　《巴黎公约》是目前各成员国保护工业产权的主要依据，也是各国司法机
关和仲裁机构审理知识产权案件的重要依据之一。该公约并没有向缔约国提供
一套统一适用的专利和商标法，它仅仅为缔约国规定了相互保护工业产权的几
项基本原则，主要有国民待遇原则、优先权原则、独立性原则、强制许可原则
等。

8.2.2　国民待遇原则

《巴黎公约》第 2 条规定，在保护工业产权方面，公约成员国的国民在其他成员国境内应享有各该国法律现在或将来给予其本国国民的各种利益，而不管他们在该国是否有永久住所或营业所。任何公约成员国的国民在其他各成员国境内，只要他们遵守各该国国民应遵守的条件和手续，即可享有与各该国国民同样的保护，并在他们的权利遭到侵害时，得到同样的法律救济。同时《巴黎公约》第 3 条还规定，如果非公约成员国国民，只要在某一成员国境内有永久住所或有真实的、有效的工商营业所，也给予与成员国国民同样的待遇。可见，享有国民待遇的主体标准有两个：国籍标准和住所标准。根据《巴黎公约》的规定，在提供国民待遇时，以各国自己的国内法为依据。而且凡涉及保护工业产权的有关司法及行政程序、司法管辖权、送达通知地址的选定、代理人资格等问题的法律，都可以声明在实行国民待遇时保留。

8.2.3　优先权原则

根据《巴黎公约》第 4 条的规定，优先权是指当任何人或其权利继承人在一个成员国正式提出了一项发明专利(或一项实用新型、一项外观设计)申请，或提出一项商标注册申请，自该申请提出之日起的一定期间内(发明和实用新型为 12 个月，外观设计和商标为 6 个月)，如果该申请人在其他成员国提出同样的申请，可享有优先权，即其他成员国都必须承认该申请在第一个国家提交申请的日期为在其他成员国申请的日期。《巴黎公约》规定优先权的目的是让发明人或商标申请人在第一次提出申请后，有相当的期限可考虑是否在其他成员国再提出申请。尤其是在这段期限内，其他人不能再以相同的发明或商标提出申请或注册来对抗享有优先权的人。在优先权期限内，不因享有优先权的申请人第一次申请时已公开了其智力成果的内容而在其他成员国再提出申请时失去其发明的新颖性。

8.2.4　独立性原则

《巴黎公约》第 4 条(之二)规定，公约成员国对同一发明或商标授予、撤销或终止专利权或商标权是互不相干、彼此独立的，即由各有关缔约国根据各自的法律自行决定，其结果如何都不会影响其他成员国。这一原则的作用是尽可能地照顾到各国专利法、商标法的差异，以便使更多的国家参加公约，在更大范围内给予申请人的权利以国际保护。

8.2.5　强制许可原则

《巴黎公约》第 5 条规定，各成员国有权采取立法措施，规定在一定条件下可以核准强制许可，以防止专利权人可能对其专利权的滥用。根据《巴黎公约》的规定，当专利权人自提出专利申请之日起 4 年内，或自授予专利之日起 3 年内，在其专利不实施或不充分实施，各成员国有权采取法律措施颁发强制许可证，允许第三者实施此项专利。《巴黎公约》同时规定，这种强制许可不具有专有性，即专利权人仍有权自己实施或向别人转让许可；而强制许可证一般是不能转让的，允许使用专利的第三者仍需向专利权人支付专利使用费。

上述诸原则构成工业产权国际保护的基本框架，为日后 TRIPS 关于知识产权国际保护提供了前提，奠定了基础。

8.3　工业产权国际保护规则及其发展

8.3.1　工业产权保护的国际协调

《巴黎公约》是知识产权保护国际协调活动的最初成果，是国际贸易中知识产权保护制度的基石。《巴黎公约》在 1967 年被修改后，世界知识产权组织(WIPO)多次讨论修改《巴黎公约》的实体规定，确认发明人证书以《巴黎公约》所称专利的法律地位，并允许发展中国家在强制许可方面享有更多灵活性。其协调原则概括如下：

1) 保护工业产权国民待遇原则。《巴黎公约》规定，任何巴黎联盟成员国的国民，在其他成员国国内应享有各该国法律现在或今后给予该国国民的各种便利，不论他们在各该国有无永久住所或营业所。非联盟成员国的国民如果在成员国领土内有永久住所或者有真实的、正当的工商营业所者，享有与联盟成员国国民同样的待遇。

2) 专利、商标和外观设计申请优先权原则。优先权原则系指以某一申请人在一个巴黎联盟成员国为一项工业产权提出的正式申请为基础，在此后一定时期内(6 个月或 12 个月)，同一申请人或者他的继承人在其他成员国就同一工业产权申请保护时，该后来的国家应当把该申请人第一次提出申请的日期视为在后来国家的申请日期。《巴黎公约》规定，即使作为优先权基础的第一个申请最终被驳回，优先权仍然有效。

3) 工业产权各国独立原则。根据《巴黎公约》规定，各成员国授予专利权或者商标权是相互独立的，各国均依据本国法律决定是否给某一申请以工业产权保护，在审查申请是否符合法律规定时，其他国家对同一申请是否授予工业产权不应作为考虑的因素。

4) 强制许可原则。《巴黎公约》规定，各成员国可以采取立法措施，规定在一定条件下可以核准强制许可，以防止专利权人可能对专利权的滥用。强制许可的条件是，专利权人自提出专利权申请之日起满 4 年，或者自批准专利权之日起满 3 年未实施专利且又提不出正当理由。

5) 驰名商标保护原则。无论驰名商标本身是否取得了商标注册，各成员国均应禁止他人使用相同或者类似驰名商标的商标，拒绝注册与驰名商标相同或者相似的商标。

《巴黎公约》原则下各规则对工业产权保护的国际协调开创了知识产权国际保护的先河，世界知识产权保护制度因此展开，并由此而发展。

拓展阅读

中国标的最大知识产权案达成和解，法国施耐德赔偿中国民企近 1.6 亿元。世界低压电气巨头法国施耐德与中国民营企业正泰集团的专利侵权纠纷案，2009年 4 月 15 日在杭州达成和解。施耐德向正泰支付补偿金 1.5750 亿元，如施耐德方面未能在规定期限内全额付款，正泰有权申请温州中院按一审判决结果执行。被称为中国标的最大的知识产权案由此结案。

2006 年 7 月，正泰集团以天津施耐德生产的断路器产品侵犯其 97 248 479.5号实用新型专利权为由，将其诉至温州市中级人民法院，要求天津施耐德立即停售并销毁 5 个型号的侵权产品，立即停止侵权，赔偿损失 50 万元。2007 年 2 月，正泰集团以被告经审计确定的历年销售额推算天津施耐德获得的利润为依据，变更诉讼请求，将索赔数额增加至 3.35 亿元，并提出了 3.3 亿元的高额索赔。诉讼期间，施耐德方曾向中国国家知识产权局专利复审委员会提出要求裁定正泰该专利无效的请求，但遭驳回。2007 年 9 月，温州市中级人民法院一审判施耐德败诉，须向原告温州正泰集团支付高达 3.3 亿余元的赔偿，并被勒令停产侵权产品。

一审宣判后，施耐德就本案专利侵权的认定、赔偿金额的判定等争议向浙江省高院提出上诉。浙江省高院于 2007 年 11 月 12 日立案。2009 年 3 月 26 日，北京市高级人民法院做出了维持正泰股份公司涉案专利有效的判决，浙江省高院先后三次开庭进行了庭前证据交换和质证并主持调解。基于天津施耐德及其母公司施耐德电气公司与正泰集团股份有限公司达成全球和解协议，天津施耐德与正泰集团亦达成相关协议: 天津施耐德在调解书生效 15 天内向正泰集团支付补偿金人民币 15750 万元, 如天津施耐德未能按期和足额付款, 正泰集团有权申请执行浙江省温州市中级人民法院的一审判决。该索赔标的创下了中国知识产权纠纷的最高价, 由此被誉为"中国知识产权第一案", 并备受海内外关注。

(http://www.chinaiprlaw.cn 2011-4-6, 来源: 经济参考报)

8.3.2　工业产权国际保护基本原则和规则及其发展

在《巴黎公约》工业产权国际保护基础上, 国际经贸关系进一步发展, 国际贸易与知识产权关系日渐密切, 知识产权原有国际保护已不足以在世界范围提供有效保障。在发达国家提议下, 1994 年 4 月 15 日, "乌拉圭回合"多边贸易谈判最后文件由 108 个国家的代表在摩洛哥马拉喀什签署, 建立 WTO 组织, 签署了包括 TRIPS 在内的四个附件。1999 年 11 月 15 日, 中、美两国政府就中国加入世界贸易组织(WTO)达成双边协议, 大大加快了我国加入世界贸易组织的进程。中国加入 WTO 以后, 将要全面执行 WTO 的一系列协议, TRIPS 就是其中十分重要的一个协议。世界贸易组织(WTO)的《与贸易有关的知识产权协议》(简称《知识产权协议》)是 1993 年 12 月 5 日通过, 1994 年 4 月 15 日正式签署, 1995 年起生效的, 可以说是当前世界范围内知识产权保护领域中涉及面广、保护水平高、保护力度大、制约力强的一个国际公约。该协议不仅是保护知识产权最新的一个公约, 而且是将知识产权保护纳入 WTO 体制的法律根据。

8.3.2.1　《知识产权协议》概要

《知识产权协议》是关贸总协定乌拉圭回合中达成的涉及世界贸易的 28 项单独协议中有关知识产权保护的重要协议之一。该协议在一定时代背景下产生。由于知识产权与国际贸易日益紧密地联系在一起, 知识产权案件的增多, 影响到国际贸易的正常发展。尽管国际社会已签订了一些国际公约, 但尚存在三大问题未解决: 一是原有的保护知识产权的国际公约和协定, 相对迅速发展的知识产权的保护来说, 还不够完善和充分; 二是这些条约和协定只针对知识产权国际保护的一般情况缔结的, 对国际贸易中知识产权的保护问题所涉不多; 三是有效解决国际贸易中知识产权争端和监督管理知识产权的国际保护机制也不够健全。以美国为代表的发达国家极力主张在国际上建立一套高标准、严要求的知识产权保护体系, 并提出各国应通过乌拉圭回合谈判在确立更有效的, 而且统一的原则方面达成一致。经过几年发达国家和发展中国家的代表在协商中的激烈辩论和艰巨谈判, 1992 年 12 月达成了《与贸易(包括假冒商品贸易在内)有关的知识产权协议》草案,并于 1994 年 4 月在摩洛哥召开的乌拉圭回合谈判成员国部长级会议上草签,成为乌拉圭回合谈判最后文件的一部分。该协议 1995 年初生效。该协议是我国 2001 年 12 月 11 日正式加入 WTO 所签署的最后也是最重要的法律文件之一。它是迄今为止,国际上所有有关知识产权的国际公约和条约中,参加方最多、内容最全面、保护水平最高、保护程度最严密的一项国际协定。

8.3.2.2 《知识产权协议》主要内容

《知识产权协议》分为序言和 7 个部分,共有 73 个条文。

1) 序言部分阐明了协议的宗旨,即为了加强知识产权的国际保护,减少国际贸易的扭曲和障碍,以促进国际经济和贸易的发展。

2) 协议的第一部分规定了各成员应遵循的最基本的义务和原则,它们是:

(1) 确保协议规定有效实施的义务。这是各成员的普遍义务,同时,协议允许在不违反协议规定的前提下,各成员可以通过国内法实施比该协议要求更多的保护。

(2) 国民待遇原则协议规定。在保护知识产权方面,必须给予其他成员的国民以不低于本国国民的待遇。但是,如《巴黎公约》、《伯尔尼公约》、《罗马公约》和《关于集成电路知识产权公约》中有例外规定的可以除外。

(3) 最惠国待遇原则协议规定。在保护知识产权方面,一国给予别国国民的优惠待遇必须立即无条件给予所有其他方的国民。与此同时,该协议还规定了一些最惠国待遇义务的例外。

(4) 可采取必要措施和合适措施的原则。各成员在制订或修改法律和法规时,可以为保持公众健康和营养的需要,而采取必要的措施,只要这些措施与该协议的规定相一致;为防止知识产权所有人滥用知识产权,或凭借不正当竞争限制贸易,或对国际间技术转让产生不利影响,各成员只要符合该协议的规定,也可采取合适措施。

3) 关于知识产权保护的范围和保护标准协议第 2 部分第 1~7 节列举了协议保护的知识产权的内容,这些内容包括:

(1) 版权及有关权利。协议要求各方必须遵守关于保护文学艺术作品《伯尔尼公约》第 1 条及附件的规定;对计算机程序视同文学作品保护。这样在国际上就正式把对计算机程序的保护纳入版权法保护的范围,并且保护期为 50 年。

(2) 商标和服务标记。协议规定了商标和服务标记的符号、使用期限、所有人的权利、在许可转让中的一系列义务,以及驰名商标应享有更多的保护。

(3) 对地理标志的保护。协议规定对酒类的地理标志要提供更高水平的保护。

(4) 对工业设计的保护。各成员可通过外观设计法,或在版权中予以保护外观设计，其保护期限至少为 10 年。

(5) 对专利的保护。协议规定，专利的保护期为 20 年；专利保护范围涉及几乎所有技术领域，包括化学产品、药品、饮料和调味品等；对强制许可实行了限制，即对不经专利所有者的同意，由政府强制使用专利，规定了详细的条件。

(6) 对集成电路布图设计的保护。协议要求各方在《关于集成电路的知识产权条约》(华盛顿公约)基础上提供保护；并增加了下列内容：保护期至少 10 年；政府的强制使用和特许必须受到严格的限制等。

(7) 对未公开信息的保护。这里所说的未公开的信息主要是指商业秘密，这种商业秘密的权利人，有权制止其他人未经许可而披露、获得或使用有关信息。就是说，与传统的知识产权相比，商业秘密的权利人多了两项权利，即制止他人披露和制止他人获得有关信息。

4) 协议的第三部分规定，各成员政府必须承担根据国内的法律提供程序和方法的义务，以确保外国的产权所有人切实得到国民待遇。

8.3.2.3 《知识产权协议》的主要特点

《知识产权协议》的主要特点有：

1) 内容涉及面广，几乎涉及知识产权的各个领域。

2) 保护水平高，在多方面超过了现有的国际公约对知识产权的保护水平。

3) 将关贸总协定(GATT)和世界贸易组织(WTO)中关于有形商品贸易的原则和规定延伸到对知识产权的保护领域。

4) 强化了知识产权执法程序和保护措施。

5) 强化了协议的执行措施和争端解决机制，把履行协议保护产权与贸易制裁紧密结合在一起。

6) 设置了"与贸易有关的知识产权理事会"作为常设机构，监督本协议的实施。

8.3.2.4 《知识产权协议》对知识产权保护的实施

《知识产权协议》对知识产权保护的实施有别于 WIPO 其他公约或条约，主要规定如下：

1) 规定实施的一般义务。《知识产权协议》第 41 条规定，"协议本部分之规定被认为并不产生下列义务：为知识产权执法，而代之以不同于一般法律的执行的司法制度，本部分也不影响成员执行其一般法律的能力。本部分的任何规定均不产生知识产权执法与一般法的执行之间涉及财力物力分配的义务。"即成员国可在国内法基础上，从行政和司法两方面实施知识产权保护。

2) 提供司法程序保障救济。《知识产权协议》第42、第44~46条分别规定了程序保障和补救措施。第42条规定：成员方应使权利所有人可以利用关于本协议所涉及的任何知识产权之实施的民事司法程序。被告应有权及时获得内容充实的书面通知，其中包括控告的依据。应允许成员方由独立的法律辩护人充当其代表。关于强制性的亲自出庭，程序中不应规定过多烦琐的要求。该程序所涉及的各方应有充分的权利证实其要求，并提出所有相关的证据。该程序应规定一种识别和保护机密性资料的方法，除非该规定与现行的宪法要求相抵触。第43条规定：①若一当事方已提交了足以支持其要求的合理有效的证据，并具体指明了由对方掌握的与证实其要求有关的证据，则司法当局应有权决定按照在此类案件中确保对机密性资料保护的条件，令对方出示该证据。②若诉讼一当事方有意地并无正当理由地拒绝有关方面使用或在合理期限内未提供必要的资料，或严重地妨碍与某一强制行动有关的程序，则一成员方可授权司法当局根据呈交上来的信息，包括因被拒绝使用信息而受到不利影响的一方呈交的申诉和事实陈述，做出或是肯定的或是否定的最初和最终裁决。这一切须在向各方提供机会听到断言或证据的情况下进行。第44条规定：①司法当局应有权命令一当事方停止侵权行为，特别是在涉及对知识产权有侵权行为的进口货物结关之后，立即阻止这些货物进入其司法管辖区内的商业渠道。各成员方对涉及由个人在得知或有合理的根据得知经营受保护产品会构成对知识产权的侵犯之前获得或订购的该产品不必提供此项授权。②尽管有本部分的其他规定，若第二部分中专门阐述的关于未经权利人授权的政府使用或由政府授权的第三方的使用的各项规定得到遵守，则各成员方可将针对此类使用的可资利用的补救措施限制在依据第31条第8款的补偿金支付上。第45条规定：①司法当局有权令故意从事侵权活动或有合理的根据知道是在从事侵权活动的侵权人，就因侵权人对权利所有人知识产权的侵犯而对权利所有人造成的损害向其支付适当的补偿。②司法当局有权令侵权人向权利所有人支付费用，可能包括聘请律师的有关费用。在有关案件中，即使侵权人并非故意地从事侵权活动或有合理的根据知道其正在从事侵权活动，成员方仍可授权司法当局下令追偿利润和/或支付预先确定的损失。

侵权行为造成有效的威慑，司法当局有权令其发现正在授权的货物避免对权利所有人造成损害的方式不作任何补偿地在商业渠道以外予以处置，或者在不与现行法律要求相抵触的情况下予以销毁。司法当局还有权令在侵权物品生产中主要使用的材料和工具以减少进一步侵权危险的方式不作任何补偿地在商业渠道以外予以处置。在考虑此类请求时，应考虑侵权的严重程度与被决定的补救两者相称的必要性以及第三者的利益。对于仿冒商标产品，除例外情况，仅仅除去非法所贴商标还不足以允许将该产品放行到商业渠道之中。

3) 规定边境措施。《知识产权协议》第 51～60 条规定知识产权海关保护制度。第 51 条使有确凿根据怀疑仿冒商标商品或盗版商品的进口可能发生的权利人能够以书面形式向主管的行政或司法当局提出由海关当局中止放行该货物进入自由流通的申请,即海关当局的中止放行。成员方还可规定关于海关当局中止放行从其境内出口的侵权货物的相应程序。第 52 条规定,确有对权利人知识产权无可争辩的侵犯,并提供对该货物充分详细的描述,海关当局可以迅速地对其加以识别。第 53 条规定:①主管当局应有权要求申请人提供一笔足以保护被告和有关当局并阻止滥用的保证金或同等担保。②假如根据申请,对涉及工业设计、专利、外观设计或未泄露信息的货物进入自由流通的放行已由海关当局根据非由司法或其他独立机构做出的裁决中止,协议规定的期限已到期而仍未获得主管当局暂时放行的许可,而且假如关于进口的所有其他条件均得到了遵从,则该货物的所有人、进口商或收货人在提交了一笔其数额足以保护权利人不受侵权损害的保证金的条件下,应有权使该货物放行。保证金的支付不应妨碍向权利人作其他有效的补偿。第 54 条规定,货物放行一旦被中止,应立即通知进口商和申请人。第 55 条规定,若在申请人被送达中止通知后不超过 10 个工作日之内,海关当局仍未接到关于被告以外的一方已开始将会导致对案件的案情实质做出裁决的诉讼,或者主管当局已采取延长对货物放行中止的临时措施的通知,则只要进口或出口的所有其他条件均已得到了遵从,该货物便应予放行。

4) 规定知识产权刑事保护制度。《知识产权协议》第 61 条规定,全体成员均应提供刑事程序及刑事惩罚,至少对于有意以商业规模假冒商标或对版权盗版的情况是如此。可以采用的救济应包括处以足够起威慑作用的监禁,或处以罚金,或两者并处,以符合适用于相应严重罪行的惩罚标准为限。在适当场合,可采用的救济还应包括扣留、没收或销毁侵权商品以及任何主要用于从事上述犯罪活动的原料及工具。成员可规定将刑事程序及刑事惩罚适用于侵犯知识产权的其他情况,尤其是有意侵权并且以商业规模侵权的情况。

8.3.2.5 知识产权国际保护实施的发展与变化

知识产权国际保护制度的实施,蕴含着丰富的制度内容,指导着各方面的制度运行,反映了国际社会进行利益协调的过程,昭示了知识产权国际制度发展变革的方向。下面分述之:

1) 关于国民待遇原则。国民待遇原则是对知识产权保护进行国际协调的首要原则,其功用在于克服基于各国主权的地域限制所带来的知识产权地域限制,建立双边或国际间一体化保护制度,以消除地域限制对国际经济贸易秩序的妨碍。在外国人主体资格方面,各国法一般都确认国民待遇原则,但对外国人所享有的权利范围则有所限制。例如外国人不得取得土地权、采矿权、捕鱼权等，这即是有限制的国民待遇。与一般民事权利制度不同，知识产权法采取的是有条件的国民待遇原则，只要外国人具有前述的国籍标准、居住地标准或实际联系标准，就可以与本国人享有同等的待遇，而在权利的范围和内容上不加限制。国际公约所确认的国民待遇原则，是"法律面前人人平等"思想在国际法上的体现。这一原则将外国人与本国人同化为国民，使前者在其选择保护的国家享有与该国国民同等的权利。这即是说，每一合格主体不仅在本国享有知识产权，而且在任何一个缔约国也享有相应权利。自19世纪下半叶《巴黎公约》与《伯尔尼公约》缔结以来，国民待遇原则已为各国立法所普通接受。

时至今日，该原则在实际运作中已有诸多变化：一是国民待遇原则的延伸。由于某一缔约国的国民在其他缔约国享有的权利与在本国享有的权利不尽一致，从而产生权利享有的不平衡。因此，国际公约要求各缔约国相关立法必须达到公约要求的最低保护标准，其结果是，本国人与外国人所享有的待遇"内外有别"，即对外国作品给予特殊保护以达到国际公约的最低保护要求。例如，我国政府在修改著作权法之前，颁布了《实施国际著作权条约的规定》，对外国人的计算机软件、实用艺术作品等提供高于本国人相关作品更高标准的保护；又如，美国版权法关于以作品注册作为侵权诉讼条件的规定，不适用于《伯尔尼公约》缔约国的作品。这些都是适用国民待遇原则的例外。二是国民待遇原则的限制。这种限制首先来自于互惠原则，即针对缔约国之间保护水平的悬殊，实行"利益均衡对等"，在某些方面不适用国民待遇原则。例如，关于作品延续权的保护，目前仅有法、德、意等少数欧洲国家有明文规定。根据互惠原则，其他国家作品不能享有这一利益。这说明，在有的情况下，知识产权在权利要求国的保护状态，可能受制于权利起源国的相关规定，从而就使得国民待遇原则受到互惠原则的某种限制。其次是由于保留条款的出现，影响国民待遇原则的适用。在以往国际公约的缔结或加入中，缔约国可以对公约规定的某项权利或几项权利申明保留，这种保留条款实际是对国民待遇原则的一种限制。不过《知识产权协定》取消了这种限制，第72条规定，未经其他缔约国同意，不得对该协定的任何条款做出保留。其潜在含义是，缔约国欲在其国内法就该协定做出保留时，必须征得其他缔约国的同意。从一定意义上说，该协定所规定的保留条款实为禁止保留条款；三是国民待遇原则的冲突。以特别的立法形式规避国民待遇原则的适用，这种例外规定并非是国际公约的要求，而是某一缔约国国内立法的创制。就其实质而言，是相关国家为了回避国际保护义务而采取的实用主义性质的保护方式，这在一定程度上构成了对国民待遇原则的挑战。例如，一些西方国家鉴于现代传播技术迅速发展的特殊情况，修改其著作权法或在该法之外创设了一些新权利，最有代表性的当推"公共借阅权"与"复制权"。前者尚未得到国际公约的认可,当然无法适用国民待遇原则;后者虽是国际公约承认的基本权利,但有关国家以公共资金或税款作为复印补偿的方式,这就使得外国作品事实上不能享有国民待遇。

2) 关于最低保护标准原则。最低保护标准为缔约国提供了保护知识产权的一致性标准,其功用在于克服缔约国之间权利义务的失衡,以保证知识产权国际协调的有效性。国际公约所规定的最低保护标准原则是知识产权制度国际化、一体化产生的基础。所谓国际化、一体化,实际上寓意着知识产权保护的基本标准在全球范围内的普适性。从 19 世纪下半叶的《巴黎公约》、《伯尔尼公约》到 20 世纪以来的《知识产权协定》、《互联网条约》都提供了各缔约国普遍适用的最低保护标准,从而导致知识产权制度一体化现象的发生。但是,当代法律的一体化潮流有着自己的显著特征:

(1) 国际法高于国内法,是适用最低保护标准的基本要求。19 世纪下半叶签订的知识产权国际公约确立了知识产权保护的基本标准,并在强调国民待遇的基础上承认国内法保护知识产权方面的优先地位。在这一时期,法律的一体化主要表现为国家间法律(国际法)的形成以及国际法与国内法的相互影响。而在当代,国际公约特别是《知识产权协定》拟定了新的知识产权保护的国际标准,并以此作为各缔约国国内立法的原则和依据。这一时期法律的一体化,则表现为国内法遵从国际法,以及国内法与国际法之间的一致性。

(2) 从实体规则到程序规则,是现今最低保护标准的崭新内容。世界知识产权组织管理的《巴黎公约》和《伯尔尼公约》,主要规定了知识产权国际保护的实体内容,较少涉及知识产权实施程序的规定,尤其是缺乏必要的执法措施和争端解决机制,以至于一些条约成为没有足够法律约束力的"软法"。在知识产权实施方面,上述公约并无统一的国际规则可供遵循,主要是由各缔约方通过国内立法采取种种不同措施,制裁侵权行为。这就使得知识产权往往不能得到充分有效的保护,而且因国而异,即不是一体的保护。与上述情形不同,世界贸易组织作为"经济联合国"的国际组织,超越各国立法者的主权管辖,成为知识产权保护规则的新的主导者和制订者。其管辖的《知识产权协定》改变了以往国际公约注重协调的传统,从实体到程序实现了知识产权保护规则的一体化。在实体性规范方面,《知识产权协定》规定了知识产权保护的制度标准,主要表现为:①拓展权利范围;②延长保护期限;③对权利限制进行限制。在程序性规范方面,《知识产权协定》强化了知识产权的执法程序和保护措施,主要内容有:①司法复审制度;②民事程序;③损害赔偿;④临时措施;⑤边境措施。总之,《知识产权协定》首次将原来属于国内立法的知识产权保护的实施程序,转化成为公约规定的国际规则,从而使它们与实体规范一起成为各缔约国必须严格遵循的国际标准。

(3) 知识产权保护的高水平，是当代最低保护标准的显著特点。国际公约所规定的最低保护标准，其实质意义在于各缔约国在保护标准上的一致性，与知识产权保护水平的高低并无绝对的关联性。由于国际公约的类型不同，所处的历史背景不同，在一致性标准的基础上，有的保护水平较低，有的保护水平很高。例如，1886年欧洲国家倡导的《伯尔尼公约》与1952年美国主导的《世界版权公约》都规定有最低保护标准，但就著作权保护水平而言，前者明显高于后者。与知识产权国际保护的草创阶段不同，现有的国际公约包括《知识产权协定》以及《因特网条约》等所确认的最低保护标准，体现了权利范围的高度扩张和权利内容的高水平保护，更多地顾及和参照了发达国家的要求和做法。换言之，现今的最低保护标准即一致性标准，绝不是低水平，它在很多方面超越了许多发展中国家的经济、科技和社会发展阶段。从国际保护领域来看，现代知识产权制度的一体化，即最低保护标准的制度设计，实际上是由发达国家积极主导、发展中国家被动接受的制度安排。

3) 关于公共利益原则。公共利益原则是知识产权国际保护制度不可或缺的重要原则，体现了知识产权制度的最高价值目标；这一原则的实现，也是推动当代知识产权国际保护制度改革的直接动因。"公共利益"这个概念源于罗马，用罗马思想家西塞罗的话说，即"人民的利益是最高的法律"。按照国际知识产权组织的一位高级官员的解释是："公共利益这种良好愿望本身就包含着这样一种含义，多数人的利益高于个人利益，任何一个公民都应该为了全社会的共同利益而放弃个人私利。为了实现公共利益目标，构建个人权利与社会利益的平衡状态，各国在私法领域中采用了禁止滥用权利原则。与这一原则精神相一致，知识产权制度也确立了自己的公共利益目标。美国宪法含有知识产权保护的三项政策性条款，即促进知识传播、公共领域保留、保护创造者。美国众议院在就美国1988年《伯尔尼公约》实施法令所作的报告中宣称："著作权立法须作如下考虑：除作品创作及专有权的保护期限外，国会尚须权衡公众因对个别权益的保护所付出的代价和取得的利益。宪法规定设立版权的目的在于促进思想的传播以及推广知识。"以上说明，保护创造者利益与促进知识传播应是知识产权立法的双重目标。从这一目标出发，知识产权国际保护制度确立公共利益原则并保证其真正实施是非常重要的。值得注意的是，在上述三原则中，主张无差别的国民待遇原则和高水平的最低保护标准原则，在当代国际公约的实施过程中得到有力的贯彻，而公共利益原则却遭到不应有的忽视，也引发了众多国家对《知识产权协定》不足的深刻反思和完善知识产权国际保护制度的强烈愿望。

可以看到，《知识产权协定》等知识产权国际规范在客观上成为工业产权国际保护的法律制度，使工业产权国际保护进一步加强，同时也存在诸多的不足。

本章小结

"工业产权"一词最早出现于 1791 年法国的专利法之中。根据《保护工业产权巴黎公约》，工业产权是指工商业领域里的创造性构思或区别性标志或记号的类似财产权的某些排他性权利，加上同一领域里制止不正当行为的某些规则。本章主要介绍以《保护工业产权巴黎公约》为基础的工业产权保护国际协调相关法律制度；重点介绍《保护工业产权巴黎公约》和《与贸易有关的知识产权协定》，对所涉工业产权的商标、专利和商业秘密等保护规则进行解读。

案例分析

1) 刘敏在美国学习期间完成了一项产品发明，于 2006 年 12 月 2 日在美国提出了专利申请，并于 2007 年 5 月 7 日就相同产品在我国提出专利申请，同时提交了要求优先权的书面声明及相关文件。甲企业 2006 年 10 月开始在北京制造相同产品，刘敏获得专利权后，甲企业在原有范围内继续制造。2010 年 2 月刘敏许可乙企业在北京独家生产该产品，同年刘敏自己也在北京建厂生产该产品。2010 年 5 月，丙企业未经刘敏的同意，从美国购买、进口了合法生产的该专利产品在中国销售。请问：

(1) 刘敏的申请日是哪一天？为什么？

(2) 甲企业是否侵犯了乙企业的独家实施权？为什么？

(3) 刘敏是否侵犯了乙企业的独家实施权？为什么？

(4) 丙企业是否侵犯了刘敏的专利权？为什么？

2) 2002 年 8 月，×市海关发现了一批出口香港的 5 680 台收音机带有"SQNY"商标，与"SONY"非常近似，海关依照《中华人民共和国知识产权海关保护条例》第 17、第 18 条的规定扣留了上述产品。此后，索尼株式会社向该市人民法院提出起诉，告百中兴实业有限公司和华英进出口有限公司侵犯其商标专有权。并在诉状中称：被告在同种商品上使用了与 SONY 非常近似的商标，并将侵权商品出口，已构成侵权。为此，要求法院判令被告停止侵害，赔偿经济损失 20 万元人民币。法院认为："SQNY"商标与"SONY"商标非常近似，使消费者产生混淆，被告百中兴实业有限公司出于商业目的，生产和出口带有"SQNY"商标的商品；华英进出口有限公司销售该产品，已构成对原告商标权的侵害。为此，法院判令两被告共同赔偿索尼株式会社人民币 15 万元。请问：

(1) 外国人的商标如何在中国取得专用权？

(2) 该案纠纷如何依法处理？

练习与思考

1) 简述《知识产权协定》与其他知识产权国际公约的关系。
2) 什么是优先权原则？
3) 国民待遇和最惠国待遇分别是什么？
4) 试述工业产权的保护范围。
5) 说明巴黎公约对驰名商标的保护。

9 国际支付与融资

⭐ **本章要点**

- 国际支付的概念、特征与国际支付法
- 票据、信用证、托收的运作流程
- 国际支付与融资中当事人之间的关系和法律规制
- 国际融资与支付的相关的国际惯例

9.1 国际支付法律概述

9.1.1 国际支付概述

9.1.1.1 国际支付的含义

国际支付作为国际商事结算的核心内容又被称为国际贸易支付，是指因国际间的货物贸易而发生的以货币表示的债权、债务的清偿行为。伴随着商品进出口的产生与扩展、国际经济活动的深化，国际支付的方式和应用范围亦不断丰富与延展。国际支付相比较于国内支付所牵涉的法律问题要复杂很多，所以需要综合性的法律制度加以调整。

国际商事活动中使用较多的支付方式有两种：直接支付方式与间接支付方式。直接支付方式是指只由国际经济活动中的当事人即交易双方与银行发生关系的支付方式。实践中常用的有：汇付、托收、信用证、国际保理。汇付是一种顺汇方法，即由买方(债务人)将款项通过本国银行汇付给卖方(债权人)。托收和信用证支付方式属逆汇方式，即由卖方(债权人)通过银行主动向买方(债务人)索取款项。间接支付是指支付行为除了交易双方与银行外，还有其他主体参加的方式，实践中使用越来越多的国际保理即为间接支付方式。

9.1.1.2 国际支付的特征

1) 国际支付产生的原因是国际商事活动而引起的债权债务关系。国际商事活动包括贸易活动与非贸易活动。国际贸易活动指国际贸易中的不同当事人之间的货物、技术或服务的交换，如货款、运输费用、各类佣金、保险费，技术费。非国际贸易活动是指国际间除贸易活动以外的各类行为，如国际投资、国际借贷、国际间的各类文化艺术等活动。

2) 国际支付的主体是国际商事活动中的当事人。国际商事活动中的当事人含义依据不同的活动而定。如在货物买卖中，当事人是指双方营业地处在不同国家的人，且有银行参与。

3) 国际支付是以一定的工具进行支付的。国际支付的工具一般为货币与票据。一方面，由于国际支付当事人一般是跨国之间的自然人、法人。而各国所使用的货币不同，这就涉及货币的选择、外汇的使用，以及与此有关的外汇汇率变动带来的风险问题。另一方面，为了避免直接运送大量货币所引起的各种风险和不便，就涉及票据的使用问题，与此相关的是各国有关票据流转的一系列复杂的法律问题。

4) 国际支付是以一定的方式来进行的。在国际贸易中，买卖双方通常互不信任，各自从自身利益考虑，总是力求在货款收付方面能得到较大的安全保障，尽量避免遭受钱货两空的损失，并想在资金周转方面得到某种融通。这就涉及如何根据不同情况，采用国际上长期形成的汇付、托收、信用证及国际保理等不同的支付方式，来处理好货款收付中的安全保障和资金融通问题。

拓展阅读

2008 年 9 月，世界金融危机爆发。有着 158 年历史的雷曼兄弟公司破产，美林证券、贝尔斯登公司被收购，高盛、摩根士丹利转为银行控股公司，华盛顿互惠银行倒闭，美国破产的银行达 13 家，随后欧洲诸多国家发生的债务危机也不断向银行和实体经济危机演化。截至 2011 年上半年，英国的北岩银行、宾利银行、比荷合资富通银行、比法合资德克夏银行等多家银行面临倒闭。各大银行的倒闭让人们对信用证等国际支付方式的安全性提出了质疑。

众多的国际支付方式中银行都充当了买卖双方的保证人，缓解了双方互不信任的矛盾，以其独特的优势被视为是一种安全可靠、风险相对较低的支付方式，深受出口商的青睐，在我国尤为明显。据统计，我国目前大约 60%的出口贸易是通过信用证结算的。然而全球性金融危机的爆发，对信用证等国际支付方式的安全性提出了新的挑战。例如根据《跟单信用证统一惯例》(UCP600)规定，不论对信用证如何命名或描述都是不可撤销的，从而构成开证行对相符交单作承付的确定承诺，但是如果信用证的开证银行或保兑银行的资信能力出现问题，甚至倒闭，出口商就面临收汇障碍。此外，进口人在向银行申请开立信用证时会让一些开证银行在信用证中添加限制性的、不确定性的、不合理的约束性条款，给以后拒付或者免除付款责任留有余地等等，都对国际支付与融资产生了多种影响，这需要我们在国际贸易中熟悉支付流程、相关的条约和惯例，提高风险防范能力。

(根据 2011 年 10 月 1 日《世纪经济报道》和 2009 年 02 期《对外经贸实务》整理)

9.1.2　国际支付法

调整国际支付、结算与融资的法律规范即为国际支付法。它主要由各国内法、国际条约和国际惯例三个部分组成。

国内法主要是指各国法律体系中规定与国际支付相关的内容部分，如美国的统一商法典、各国的票据法、对外贸易法、外汇管理法等。国内法是国际支付的重要渊源，但由于国情各异，相互之间的法律存在诸多冲突，因此，寻求建立国际的统一规则就成为必然要求。国际条约包括国际公约、区域性条约、国际双边多边协定等形式，如《联合国国际汇票和本票公约》。国际惯例是指长期存在于的国际商事活动中，经过反复实践及运用而逐步形成的习惯性规范和原则。在国际支付与融资体系的各个主要领域均有相应的国际惯例的存在，如《跟单信用证统一惯例》(UCP600)、《托收统一规则》(URC522)、《国际保付代理惯例》(CIFC1994)、《见索即付保函统一规则》(URDG458)等。

9.2　票据与票据法

9.2.1　票据概述

9.2.1.1　票据的含义

票据是出票人依据票据法签发的、由自己或者他人无条件支付一定金额给受款人或持票人的有价证券。当票据越过国境或者票据的出票人与受票人、背书人或付款人分处不同国家时，该等票据便被视为国际票据(或涉外票据)。票据是以支付金钱为目的的特种书面证券，它构成一种民事权利的凭证，这种凭证与其代表的权利有密切关系，当事人行使这种权利以持有相应的凭证为必要条件。

9.2.1.2　票据的法律特征及功能

票据作为一种有价证券，在支付领域中流通，其主要有以下几个方面的特征:

1) 票据是设权证券,是记载并代表一定权利的法律凭证。票据上所示之权利,是一种以一定的金额为请求权的债权。票据权利人(即受款人或持票人)对票据义务人(即付款人、承兑人及其保证人或被追索人)可行使付款请求权和追索权。

2) 票据是流通证券。各国票据法都强调票据的流通证券属性,即票据可以通过背书或交付而转让,并可以在市场上自由流通。而不像一般的债权的转让需要民法规定通知债务人,才能对债务人发生效力。有的国家规定票据有绝对的流通性,如在美国,票据被称为流通证券,其票据法称为流通证券法。

3) 票据是无因证券。票据的设立是基于一定的原因,但票据权利的成立,不以债权人与债务人的原因关系的成立和有根据为前提。票据关系和原因关系各自独立,持票人持有的票据只要要式具备,即可行使票据上的权利,也就是说持票人不必证明自己取得票据的原因就有权请求付款人履行付款义务;付款人也不必过问持票人取得票据的原因,只要票据要式具备,背书连续即须无条件付款。

4) 票据是要式证券。票据必须根据法定形式制作才有效。各种票据除必须采用书面形式外,还必须标明其票据种类,严格依据票据法的规定记载应载明的事项。

5) 票据是提示证券。票据权利人请求付款或行使追索权时,须向义务人提示票据。义务人经审查票据是否真实及是否具备要式之后,才可按票据文义履行付款义务。可见,票据是提示证券。

除上述之外,票据还具有金钱证券、文义证券、占有证券、返还证券等特征。

票据在各种国际商事活动中发挥发挥十分重要的作用,其功能主要是:支付功能、汇兑功能、结算功能(债务抵销功能)、信用功能(即票据当事人可以凭借自己的信誉,将未来才能获得的金钱作为现在的金钱来使用)以及融资功能(即融通资金或调度资金,通过票据的贴现、转贴现和再贴现实现)。

9.2.2　票据及国际条约

票据法律体系是指有关票据法律的构成,包括国内层面与国际层面上的票据法。由于各国对票据的理解以及适用不同,其立法体例也不尽相同,可分为分离主义与合并主义,即是否将汇票、本票规定在一起,而与支票相分离的立法。

9.2.2.1　票据法体系

现代票据法制度是在欧洲中世纪末期商业习惯法的基础上形成并发展起来的。由于不同国家在其法律形成与发展过程中的特殊环境,票据法的制度方面也形成了各具特色的票据法制度,主要以法国、德国、英美法系国家为代表的三大体系。

法国票据法律制度最早始于 1673 年国王路易十四时期颁布的《商事条例》,

1865 年又制定了专门的《支票法》，其内容在很大程度上沿袭了商业惯例的做法，将票据仅仅视为代表现金的一种结算工具。因此，法国的票据法律制度未强调票据的流通职能和信用工具的职能，也未严格区分票据与基础交易的关系。

德国的票据法律制度始于 17 世纪的德意志邦国年代，至 1933 年 6 月 12 日制定了新的《票据法》和《支票法》。德国票据法律制度强调了票据的流通职能和信用工具的职能，而不仅仅局限于一般的结算职能。相比较于法国的票据制度，其另一实质性区别在于，将票据关系与基础交易分开，从而使票据真正成为一种无因证券。此项原则使得票据法更好地适应了现代经济发展的需求，也因其进步性，对其他国家的票据立法产生了深远的影响。

英国《1882 年汇票法》是一部由判例、习惯及特别法规汇集而成的法律，1959 年又制定了《支票法》。美国票据法基本上沿袭了英国法的原则，1876 年制定了《统一流通证券法》，1952 年民间法律团体制定了《统一商法典》(UCC)将第三编载入"商业票据"规则。英美法系票据法律制度的特点在于注重票据的流通与信用作用，强调对正当持票人的保护，将票据的流通与基础法律关系严格加以分离，不要求票据的对价关系或资金关系，形式十分灵活。

9.2.2.2 关于票据的国际公约

国际联盟理事会于 1930 年、1931 年在日内瓦召开票据法统一会议，并通过了四项统一票据制度的国际公约，分别是《统一汇票本票法公约》、《统一支票法公约》及其附件《统一支票法》、《关于解决汇票本票法律冲突的公约》、《解决支票法律冲突公约》，这四项公约形成了日内瓦统一票据法体系，于 1934 年 1 月 1 日起生效。该体系主要依据大陆法传统制订，是调和法国法系和德国法系之间分歧的产物。采用日内瓦体系的主要包括大陆法系国家、日本和一些拉丁美洲国家。

9.2.2.3 联合国公约体系

由于英美等普通法系国家因其立法传统和实践与日内瓦公约体系存在巨大差距而一直拒不参加，因而日内瓦公约体系没能达到统一各国票据法的目的。为了促进票据法的统一，联合国国际贸易法委员会(UNCITRAL)自 1971 年起经过近 20 年的努力，于 1988 年 12 月 9 日在纽约联合国第 43 次大会上正式通过了《联合国国际汇票和本票公约》。该公约对两大票据体系在四个方面进行了协调与统一，即国际汇票与国际本票的含义、票据的形式、持票人的保护及伪造背书的法律后果。但是由于其不适用于支票，并且目前因接受国不足公约规定的十个而尚未生效。尽管如此，该公约还是产生了巨大影响，并作为某种意义上的示范法为当前各国票据立法的趋同化做出了不可忽视的贡献。

9.2.3 票据行为与票据权利的行使

票据行为是指以发生、变更、消灭票据关系为目的的行为，包括一切与票据有关的行为。有效的票据行为要具备一般的有效要件，即行为人具备相应的行为能力，当事人意思表示真实，不违反法律、行政法规或者社会公共利益。除此之外，票据行为的特别要件又被称为形式要件，主要有：①书面，必须在票据上记载；②记载事项必须符合票据法的要求；③行为人签章，票据上的签章包括签名、盖章或者两者皆有；④交付，即将票据交给相对人持有，以证明其权利。

票据的权利与义务要得到实现，持票人必须为行使权利而请求票据债务人履行票据债务；对票据债务人而言，其为了负担票据上的债务而做出的法律行为即票据行为。这些行为构成了票据发生、转让与行使的全过程，而汇票、本票与支票三种票据中，汇票完整地体现了上述行为过程，而各国票据法也大都以汇票为中心。下面以汇票为例对上述行为及相关法规简要介绍。

1) 出票(Issue)。是指出票人以法定款式作成汇票后交付给受款人的行为。这是产生票据关系的基本的票据行为。由于汇票是要式证券，所以制作汇票必须符合法定款式。

2) 背书(Endorsement)。是指持票人在汇票背面签名将该汇票权利转让给受让人的票据行为。背书的方式有记名背书与不记名背书或空白背书，这是以是否在背书时填写背书人而划分的，现在各国都承认两种背书皆有效。按照《日内瓦公约》和许多国家票据法的规定，汇票的执票人应以背书的连续性来证明权利的成立。背书的连续是指第一次作背书的人应当是该汇票的受款人，其后各次背书的背书人均应为前一次背书的被背书人，依次连续直至最后的持票人。

3) 提示(Presentment)。是指持票人向付款人出示汇票，请求其承兑或付款的行为，这是持票人为行使和保全其票据权利必须做的行为。无论是承兑提示还是付款提示都必须在法定期限内进行。这个期限在《日内瓦公约》中规定：见票后定期付款的汇票，应在出票日起1年内为承兑提示；见票即付的汇票，应于出票日起1年内为付款提示，出票人或背书人有特别约定者除外。英美法则只是要求在"合理时间"内提示。

4) 承兑(Acceptance)。是指汇票的付款人在持票人做出承兑提示后，同意承担支付汇票金额的义务，并在汇票上作到期付款的承诺记载。承兑的方式通常由付款人在汇票正面横写"承兑"字样并签名注明承兑日期。《日内瓦公约》规定，承兑除需承兑人签名外，必须于汇票上记载"承兑"或其他相等字样，对某些汇票，还必须载明承兑日期；英美法则认为承兑只需有承兑人的签名即可，不必加注"承兑"字样。

5) 保证(Guarantee)。是指由汇票债务人以外的第三人，为担保票据债务的一部分或全部履行为目的的票据行为。《日内瓦公约》对票据保证作了较详细的规定，而英美法仅略为旁及，无具体规定。汇票保证是一种要式行为并具有独立性且汇票保证人不得享有先诉抗辩权。

6) 付款(Payment)。是指汇票的付款人在汇票的到期日向执票人或受款人支付汇票金额，以消灭票据关系的行为。《日内瓦公约》规定，付款人需证明汇票背书的连续性，没有义务证明签名的真实性，因此付款人经核对背书的连续性认为合格而付款之后，便合法解除了其对汇票的责任；而英美法则认为在上述情况下，善意付款人不能解除其对汇票真正所有人的义务。

7) 追索权(Recourse)。是指持票人在遭到拒付(拒绝承兑和拒绝付款)时，有权向前背书人以及汇票的出票人请求偿还汇票上的金额。追索权与付款请求权同时构成持票人基本的票据权利。持票人行使追索权时须具备以下条件：①汇票遭到拒付；②已在法定期限内向付款人作承兑提示或付款提示；③必须在遭到拒付后的法定期间内做成拒绝证书。拒绝证书是一种由付款地的公证人或其他有权机构作成证明付款人拒付的书面文件；④必须在遭拒付后法定期间内将拒付事实通知其前手，英国票据法对此要求尤其严格。

9.2.4　我国涉外票据的法律适用

涉外票据是指出票、背书、承兑、保证、付款等行为中，既有发生在中华人民共和国境内又有发生在中华人民共和国境外的票据。《票据法》对涉外票据涉外因素的规定，主要是从行为角度加以认定的，即出票、背书、承兑、保证、付款等行为中，只要有一项发生在境外，就被认定为是涉外票据。

9.2.4.1　票据法律适用的基本原则

1) 票据关系的独立性原则。应当区别票据关系与票据基础关系，两者是彼此独立和分离的，即使票据的基础关系不存在或无效或被撤销，只要出票、背书等行为依法成立，则票据关系仍然成立。

2) 排斥当事人意思自治。票据关系虽然是债权债务关系，但是与一般的债权债务关系相比，涉外票据关系中一般不允许当事人任意选择准据法。虽然国际社会大多把票据关系视为合同关系，但是，正如黛西和莫里斯认为，用于确定一般合同的准据法理论明显不适用于票据中所包含的合同。

3) 使用行为地原则。票据行为依照"场所支配行为"的格言，一般适用行为地法律。票据法上的行为包括票据的出票、背书、承兑、保证、付款等行为，相应的行为地即出票地、背书地、承兑地、保证地和付款地等。

9.2.4.2 我国涉外票据法律制度

票据当事人能力依据《中华人民共和国票据法》第96条的规定，债务人的民事行为能力，适用其本国法律；票据债务人的民事行为能力，依照其本国法律为无民事行为能力或限制行为能力而依行为地法律为完全行为能力的，适用行为地法律。这显然是主张以当事人的本国法为主，兼采行为地法。

第97条规定汇票、本票出票时的记载事项，适用出票地法律。支票出票时的记载事项，适用出票地法律，经当事人协商，也可以适用付款地法律。本条即规定了出票时票据的形式准据法。

第98条规定了票据的行为方式，即票据的背书、承兑、付款和保证行为，适用行为地法律。注意适用行为地法的不仅包括行为方式，而且还包括行为效力即行为的有效性。

票据的追索权是票据权利的一种，各国法律均规定了追索权行使的期限，以避免权利人长期不行使而造成法律关系的不确定。《中华人民共和国票据法》99条规定，票据追索权的行使期限适用出票地法律，该规定也与日内瓦的规定相同。

我国规定票据的提示期限、有关拒绝证明的方式、出具拒绝证明的期限，适用付款地法律。这一规定与日内瓦公约体系和其他国家的立法有所不同。日内瓦公约体系采用的期间主义，英美国家采用的是期日主义。

票据丧失后的补救方式有两种：①公示催告程序，主要为大陆法系国家采用；②诉讼程序，即失票人丧失票据后，向法院提起诉讼，证明自己对票据的合法权利，并向有关责任人请求补偿，主要为英美法系国家采用。我国《票据法》第101条规定，票据丧失时，失票人请求保全票据权利的程序，适用付款地法律。该规定与日内瓦公约规定相一致。

9.3 信用证

9.3.1 信用证概述

9.3.1.1 信用证的含义

在国际贸易活动中，商事关系复杂而多变，买卖双方可能互不信任，买方担心预付款后，卖方不按合同要求发货，卖方也担心在发货或提交货运单据后买方不付款。因此需要两家银行作为买卖双方的保证人，代为收款交单，以银行信用代替商业信用，银行在这一活动中所使用的工具就是信用证(Letters of credit，L/C)。信用证是国际贸易中最重要、最常用的一种支付方式，起源于19世纪中期的美国，根据国际商会《跟单信用证统一惯例》(UCP600)第2条规定，信用证是指一项约定，无论其如何命名或描述，该约定不可撤销并因此构成开证行对于相符提示予以兑付的确定承诺。换言之，信用证就是指开证银行应申请人的要求并按其指示向第三方开立的载有一定金额的，在一定的期限内凭符合规定的单据付款的书面保证文件。

9.3.1.2 信用证的特点

1) 信用证具有独立性，是一项自足文件(Self-sufficient instrument)。信用证不依附于买卖合同，银行在审单时强调的是信用证与基础合同或基础交易相分离的书面形式上的认证。

2) 方式具有抽象性，纯单据交易业务(Pure documentary transaction)。信用证是凭单付款，不以货物为准。只要单据相符，开证行就应无条件付款。

3) 单证严格相符原则(Strict compliance)。即只有单据与信用证的条件和条款严格相符，银行才能接受并决定是否付款。

4) 开证银行负首要付款责任(Primary liabilities for payment)。信用证是一种银行信用，它是银行的一种担保文件，开证银行对支付有首要付款的责任。

拓展阅读

芝加哥的买方与香港卖方签订了一个销售"HPO 360 自行车"的 CIP 合同。该合同的支付条款中规定：买方须于装运期前 20 天，开立并送达以卖方为受益人的经香港某银行保兑的即期信用证。根据买方的指示，芝加哥一银行开立以出口"HPO 360 自行车"的香港出口商为受益人的信用证。信用证是通过电传到香港，且没有邮寄核实。香港某银行保兑了该信用证。在收到信用证规定的有关单据后，议付行支付了货款，并把装运单据连同汇票等交付给开证行索汇。芝加哥的开证银行以装运单据上的货物描述为"NOOHPO 360 自行车"不符信用证规定的"HPO 360 自行车"为由而拒收单据。后来银行发现尽管芝加哥的开证银行发送电传的填写是正确的，但香港银行收到的电传上确实填写的是"NOOHPO 360 自行车"。调查表明电传传输错误是受太阳黑子影响而造成的。根据传输协议，卫星公司的赔偿责任只限于 250 美元，于是香港的议付行要求卖方退还货款。

评析：根据《跟单信用证统一惯例》(UCP600)"单证一致"原则的规定，开证行对保兑行的拨款请求进行拒付没有过错。其次信用证是通过电传到香港，且没有邮寄核实，其传输错误属于不可抗力的影响，按照国际商会《跟单信用证统一惯例》第15~18条规定银行可以免责。卖方理应知道合同与信用证不符，却没有积极与买方进行联系，也没有告知银行与银行进行协商，并在随后提交的单据中按照了信用证的要求填写。在这种情况下，如果是由于卖方疏忽而造成的，卖方应承担过失责任；如果是卖方蓄意造成以求获得银行付款的，卖方行为构成诈骗，应承担刑事责任。

9.3.1.3　信用证的分类

1) 根据信用证项下汇票是否附有货运单据，信用证可分为跟单信用证(Documentary L/C)与光票信用证(Clean L/C)。跟单信用证是指凭跟单汇票或代表物权的商业票据付款的信用证。光票信用证是指凭不附单据的汇票付款的信用证。国际结算中使用的信用证绝大部分是跟单信用证。

2) 根据开证行对信用证的责任，信用证可分为可撤销信用证(Revocable L/C)与不可撤销信用证(Irrevocable Credit)。可撤销信用证是指开证行对所开信用证不必征得收益人同意即有权随时撤销的信用证。当然，倘若通知行在接到通知前，已经议付了信用证，开证行仍应负责偿付。不可撤销信用证是指信用证一经开出，在有效期内，非经信用证各有关当事人同意，开证行不得修改或撤销的信用证。

3) 根据付款时间不同，信用证可分为即期信用证(Sight L/C)与远期信用证(Usance L/C)。即期信用证是指开证行或付款行收到符合信用证条款的单据后，立即履行付款义务的信用证。远期信用证是指开证行或付款行收到符合信用证条款的单据时，不立即付款，而是等到信用证规定的到期时间方履行付款义务的信用证。远期信用证又包括承兑远期信用证和延期付款信用证。承兑远期信用证是以开证行(银行承兑)或进口商(商业承兑)为远期汇票付款人，并由其承兑收单的信用证。延期付款信用证是指信用证规定货物装船后若干天付款，或开证行见单后若干天付款的信用证。延期付款信用证一般不需要汇票。预支信用证，是指允许出口商在装货交单前支取全部或部分货款的信用证，又称"红条款信用证"。

4) 根据收益人对信用证的权利是否可以转让，信用证可分为可转让信用证(Transferable Credit)与不可转让信用证(Non-transferable credit)。可转让信用证是指在受益人的要求下，信用证的全部或部分可以转让给第二受益人的信用证。信用证转让后，由第二受益人办理交货，但原受益人仍须负买卖合同上卖方的责任。不可转让信用证是指受益人不能将信用证权利转让给他人的信用证。除非明确注明"可转让"(Transferable)，否则即为不可转让信用证。

5) 其他特殊信用证种类：包括：

(1) 对背信用证(Back to Back Credit)。是指中间商要求进口商开立以他为受益人的信用证，并以该信用证为保证，要求银行向商品的实际供货商开立的信用证。通常使用于转口贸易结算。

(2) 循环信用证(Revolving Credit)。是指信用证被全部或部分使用后，仍然恢复到原金额，可再使用的信用证。通常使用于分批交货的长期合同结算。

(3) 对开信用证(Reciprocal Credit)。是指买卖双方互相开立信用证，第一张信用证的受益人就是第二张信用证的开证申请人，第一张信用证的开证申请人就是第二张信用证的受益人。通常使用于易货贸易的结算。

(4) 备用信用证(Stand by L/C)。又称担保信用证，是指不以清偿商品交易的价款为目的，而以贷款融资，或担保债务偿还为目的所开立的信用证。它是集担保、融资、支付及相关服务为一体的多功能金融产品，因其用途广泛及运作灵活，在国际商务中得以普遍应用。

9.3.2　信用证当事人及流程

9.3.2.1　信用证主要当事人

1) 开证申请人(Applicant)。是指向银行提交申请书申请开立信用证的人，它一般为进出口贸易业务中的进口商即买方。

2) 开证行(Opening Bank or Issuing Bank)。是指接受开证申请人的委托，向其开立信用证，并承担付款义务的银行，通常为进口所在地的银行。

3) 信用证通知行(Advising Bank)。是指受开证行的委托，将信用证通知给受益人的银行，它一般为开证行在出口地的代理行或分行。

4) 受益人(Beneficiary)。是指信用证上指定的享有信用证权利的人。通常是国际货物买卖合同中的出口商即卖方。

5) 付款行(Paying Bank/Drawee Bank)。是指开证行在承兑信用证中指定并授权向受益人承担(无追索权)付款责任的银行。

6) 承兑行(Accepting Bank)。是指开证行在承兑信用证中指定的并授权承兑信用证项下汇票的银行。在远期信用证项下，承兑行可以是开证行本身，也要以是开证行指定的另外一家银行。

7) 议付行(Negotiating Bank)。是指根据开证行在议付信用证中的授权，买进受益人提交的汇票和单据的银行。

8) 偿付行(Reimbursing Bank)。是指受开证行指示或由开证行授权，对信用证的付款行，承兑行、保兑行或议付行进行付款的银行。

9.3.2.2 信用证的流程

以信用证方式付款时，其前提是国际货物买卖合同双方当事人在买卖合同中明确约定采取信用证方式付款，一般须经过下列基本步骤：

1) 开证申请人(进口商、买方)向开证行提出开证申请，并缴纳一定的开证费用、押金或其他保证，要求开证行向受益人(出口商)开出信用证。

2) 开证行依申请书的内容开出信用证，并寄交通知行，通知行将信用证通知并转交给受益人。

3) 受益人(出口商、卖方)对照合同审核信用证确认无误后，按规定发运货物并取得信用证所要求的装运提单，开立汇票，送请议付行议付。

4) 受益人(卖方)对照合同审核信用证确认无误后，按照汇票金额扣除利息和手续费等费用后将货款垫付给受益人，从受益人处取得单据和汇票，再将汇票提示并寄交开证行。

5) 开证行审核汇票、单据无误后，向议付行进行付款或者承兑，并取得单据。

6) 开证行通知开证申请人(买房)付款赎单，开证申请人付款给开证行并取得货运单据。

9.3.3 信用证的审单

信用证要能得到付款，必须审查所交付的单据，即银行对受益人提交的凭以议付、付款的单据的审查，实务中简称审单(Documents examination)。

9.3.3.1 单证相符原则

单据中内容的描述不必与信用证、信用证对该单项单据的描述以及国际标准银行实务完全一致，但不得与该单项单据中的内容、其他规定的单据或信用证相冲突，受益人所提交的单据必须在表面上符合信用证的要求，并且单据之间亦应相互一致，简言之审单工作必须做到"单证一致，单单一致"。

UCP600 第 14 条对"审单标准"进行了较为详细的阐述。第 14 条 a 款明确指出 UCP600 采用"表面相符"的审单标准，其表述是"按指定行事的被指定银行、保兑行及开证行须审核交单，并仅基于单据本身确定其是否在表面上构成相符交单。"该条 d 款则进一步就"表面相符"原则的内涵进行界定，它是指"单据中的数据，在与信用证、单据本身以及国际标准银行实务参照解读时，无须与该单据本身中的数据、其他要求的单据或信用证中的数据等同一致，但不得矛盾。"f 款对补充界定，"如果信用证要求提示运输单据、保险单据和商业发票以外的单据，但未规定该单据由何人出具或单据的内容，如信用证对此未作规定，则只要提交的单据内容看似满足所要求单据的功能，且其他方面符合第 14 条 d 款，银行将接受该单据。"

审单顺序一般是先审汇票、发票，然后以发票为中心，依次审核保险单、运输单据等。

9.3.3.2　银行审单

为确定银行审单标准的一致性，2002 国际商会颁布了《关于审核跟单信用证项下单据的国际标准银行实务》(International Standard Banking Practice for the Examination of Documents under Documentary Credits，ISBP)，其中规定了银行审核单据的原则，也规定了信用证各种常见单据的审核标准。随着情势发展，目前适用的是 ISBP681 与 UCP600。概括来讲，被指定银行、保兑行(如有)以及开证行必须对提示的单据进行审核，银行应当以单据为基础，其审单主要包含以下方面：

(1) 审单标准：单内一致、单证一致、单单一致、表面一致。

(2) 审单期限：收单翌日起 5 个银行工作日(UCP600 的单标准)。

(3) 处理：①付款；②退单给寄单行或交单人；③持单听候处理；④开证行持单直到开证申请人接受不符单据。

审单中的免责事项包括：

(1) 对基础合同履行情况、买卖双方的资信免责——信用证独立性原则。

(2) 对单据真实、合法、有效与否免责。

(3) 对信息、文件传递延误、丢失、术语翻译免责。

(4) 对天灾、暴动、骚乱、叛乱、战争或任何罢工所致营业中断免责。

(5) 对指示方的行为免责。

除上述的 UCP、ISBP 外，国际商会银行技术与惯例委员会的意见、依据"跟单票据争议专家解决"(DOCDEX)做出的决定，也具有极大的说服力。

9.3.4　信用证欺诈

9.3.4.1　信用证欺诈的含义

信用证是当今国际贸易中被普遍采用的一种贸易结算方式，被英国法官们称为"国际商业的生命线"。一般认为信用证欺诈(Fraud in Letter of Cr edit)是指利用信用证制度的独立性、抽象性与单证相符原则，为骗取银行支付信用证款项而在信用证交易中故意隐瞒真相、开立虚假信用证等商业欺诈行为。自信用证制度产生以来，各国对信用证欺诈的理解并不一样。例如英国认为信用证欺诈仅限于信用证交易本身的欺诈行为，不包括基础交易中的欺诈。而我国与美国则认为信用证欺诈既包括信用证交易中的欺诈，也包括基础交易中的欺诈。

我国司法实践认为，信用证欺诈存在以下几种情形：①受益人伪造单据或提交记载内容虚假的单据；②受益人恶意不交付货物或交付的货物无价值；③受益人和开证申请人或者其他第三方串通提交假单据，而没有真实的基础交易；④其他进行信用证欺诈的情形。

信用证欺诈要求是"实质性"欺诈，如美国《统一商法典》对单据欺诈的描述指出："单据是伪造的或者是实质性虚假的(Forged or materially fraudulent)，或者提示承兑可能促成受益人针对开证人或者申请人为实质性欺诈。"因此，对于实践中经常出现的"倒签提单"、基础交易中交货与合同不符但并非毫无价值的他类货物、提单与交付货物的数量轻微不等时，不视为信用证欺诈。

9.3.4.2　信用证欺诈例外

信用证欺诈例外主要是指发生了信用证欺诈行为，法院下达开证行禁止支付的命令，该命令英美国家称为"禁令"，我国在司法实践中称为"止付令"。信用证例外属于信用证独立性原则的例外，是法院针对银行的行为对当事人提供有效的法律救济。

近年来，在国际贸易中不断发生信用证欺诈案件，造成了极大损失，信用证独立抽象原则也日益面临着巨大挑战。因为如果固守该原则，不允许有任何例外，在遇到卖方有欺诈行为时，银行仍按单据在表面上与信用证相符即予以付款，买方就会遭受严重的损失，有关国家的法律和判例认为，承认信用证独立于基础合同的同时，也允许有例外，如果受益人却有欺诈行为，买方可以要求法院下令禁止银行对信用证付款。

我国《最高人民法院关于审理信用证纠纷案件若干问题的规定》第9条指出：开证申请人、开证行或者其他利害关系人发现有本规定相关的情形，并认为将会给其造成难以弥补的损害时，可以向有管辖权的人民法院申请中止支付信用证项下的款项。另外，人民法院通过实体审理，认定构成信用证欺诈并且不存在本规定第十条的情形的，应当判决终止支付信用证项下的款项。

实践中也存在不应裁定或者判决止付信用证(即止付令)的情形：①开证行的指定人、授权人已按照开证行的指令善意地进行了付款；②开证行或者其指定人、授权人已对信用证项下票据善意地做出了承兑；③保兑行善意地履行了付款义务；④议付行善意地进行了议付。

《最高人民法院关于审理信用证纠纷案件若干问题的规定》第11条中规定了

法院受理止付令的条件为：①受理申请的人民法院对该信用证纠纷案件享有管辖权；②申请人提供的证据材料证明存在本规定第八条的情形；③如不采取中止支付信用证项下款项的措施，将会使申请人的合法权益受到难以弥补的损害；④申请人提供了可靠、充分的担保；⑤不存在本规定第 10 条的情形。当事人在诉讼中申请中止支付信用证项下款项的，应当符合第②、③、④、⑤项规定的条件。

人民法院接受中止支付信用证项下款项申请后，必须在 48 小时内做出裁定；裁定中止支付的，应当立即开始执行。人民法院做出中止支付信用证项下款项的裁定，应当列明申请人、被申请人和第三人。当事人对人民法院做出中止支付信用证项下款项的裁定有异议的，可以在裁定书送达之日起 10 日内向上一级人民法院申请复议。上一级人民法院应当自收到复议申请之日起 10 日内做出裁定。并且在复议期间，不停止原裁定的执行。

拓展阅读

2007 年 4 月，国内某大型出口企业 W 公司向西班牙买家 M 公司出口价值为 116 640.00 美元的醋酸蘑菇，支付方式为 L/C 60 天。货物出口后，W 公司交单议付，开证行 B 审单之后未提出"不符点"。信用证应付款日为 2007 年 6 月 23 日。付款日截止后，买家于 6 月 26 日提出货物存在严重的质量问题，不能为人类食用，并立即向西班牙瓦伦西亚第二商业法庭申请"止付令"，要求法庭采取预防措施，通知 B 银行暂停支付信用证项下货款，同时对相关款项进行冻结，等待诉讼结果。6 月 27 日，法庭支持买家请求，向 B 银行下达了"止付令"，B 银行立即通知 W 公司，告知其暂停支付货款。

9.4　托收

9.4.1　托收的基本内容

托收(Collection)是委托人(出口商、债权人、卖方)开立汇票连同货运单据委托出口地银行通过其在进口地银行的联行或代理行向付款人(进口商、债务人、买方)收取货款的支付方式，其采取的逆汇法。基本做法是出口商先行发货，然后备妥包括运输单据(通常是海运提单)在内的货运单据并开出汇票，把全套跟单汇票交出口地银行(托收行)，委托其通过进口地的分行或代理行(代收行)向进口商收取货款。

托收按是否附带货运单据分为光票托收和跟单托收两种。前者是指出口商仅开具汇票而不附带货运单据的托收，后者是指在卖方(出口商)所开具汇票以外，附有货运单据的托收。跟单托收又可进一步分为承兑交单(D/A)和付款交单(D/P)。承兑交单即出口商(或代收银行)向进口商议承兑为条件交付单据；付款交单则是出口商(或代收银行)以进口商付款为条件交单。

9.4.2 托收的种类

托收的方式有很多，在此主要根据托收时是否向银行提交货运单据，可以分为光票托收与跟单托收。

1) 光票托收(Clean bill collection)。是指托收时如果汇票不附任何货运单据，仅凭"非货运单据"(汇票、发票、垫付清单等)委托银行向付款人收款的托收方式。这种结算方式风险较大，一般多用于贸易的从属费用、货款尾数、佣金、样品费的结算和非贸易结算等。依托收汇票记载的付款时间不同，又可将光票托收分为即期光票托收和远期光票托收。

2) 跟单托收(Documentary bill for collection)。是指委托人开立附商业单据的汇票，凭跟单汇票委托银行向付款人收款的托收方式。跟单托收在国际贸易中较为普遍，尤其适用在大宗货物的支付。跟单托收根据交单条件的不同，可分为付款交单和承兑交单两种。

(1) 付款交单(Documents against payment，D/P)。是指以进口方支付货款为取得货运单据的前提条件，即所谓的"一手交钱，一手交单"。出口方把汇票连同货运单据交给银行托收时，指示银行只有在进口方付清货款的条件下才能交出货运单据。这种托收方式对出口方取得货款提供了一定程度的保证。付款交单跟单托收根据付款时间的不同可分为三种：①即期付款交单(Documents against payment at sight, D/P at sight)，出口方开具即期汇票交付银行代收货款，进口方见票后须立即支付货款并换取单据；②远期付款交单(Documents against payment after sight, D/P after sight)，出口方开具远期汇票托收，根据远期汇票的特点，进口方要先行承兑，等汇票到期日才能付清货款领取货运单据；③在远期付款交单条件下，如果进口方希望在汇票到期前赎单提货，就可采用凭信托收据借单的办法。这里的信托收据是进口方向代收行出具的文件，该文件承认货物所有权属于代收行，秘书只是以代收行代理人的身份代为保管货物，代收行有权随时收回出借给进口方的商品。

(2) 承兑交单(Documents against acceptance, D/A)。是指承兑交单是指进口方以承兑出口方开具的远期汇票为取得货运单据的前提，这种托收方式只适用于远期汇票的托收，与付款交单相比，承兑人交单为进口方提供了资金融通上的方便，但增加了出口方的风险。

9.4.3　托收当事人及其关系

托收当事人包括：

(1) 委托人(Principal)。在托收业务中，委托银行向国外付款方收款的人就是托收委托人，因为是由他开具托收汇票的，所以也称出票人。

(2) 托收行(Remitting Bank)。接受委托人的委托，负责办理托收业务的银行就是托收行。由于托收行地处出口地国家，将转而委托进口地银行代为办理此笔托收业务的汇票提示和货款收取事宜，必须将单据寄往进口地代理银行，所以托收行也称寄单行。

(3) 代收行(Collecting Bank)。接受托收行的委托代为提示汇票、收取货款的银行就是代收行。

(4) 付款人(Payer 或 Drawee)。代收行根据托收行的指示向其提示汇票、收取票款的一方就是付款人，也是汇票的受票人。

另外，提示行(Presenting Bank)是向付款人提示单据的代收银行。

托收当事人之间的关系概括来讲即为：

(1) 委托人和付款人之间的关系，是以买卖合同为依据形成的债权债务关系。

(2) 委托人和托收行之间的关系是委托代理关系，以托收委托书为表现形式的代理合同为基础。

(3) 托收行和代收行之间的关系也是一种委托代理关系，以托收指示书、委托书以及双方签订的业务互助协议等组成的代理合同为基础。

(4) 委托人和代收行之间不存在直接的合同关系，因此如果代收行违反托收指示行事导致委托人遭受损失时，委托人不能直接向其主张权利，而只能通过托收行追究其责任。

(5) 代收行和付款人之间没有法律上的直接关系，只是接受托收行的委托办理向付款人提示汇票并收取货款的事项。

9.4.4　托收的流程

托收的流程主要包含以下几个阶段：

1) 订立买卖合同。合同中应明确指出是承兑交单，还是付款交单。

2) 托收申请。委托人按合同规定出货后，向银行提出托收申请，将汇票、货运单据、托收指示书交给托收行。

3) 托收行将委托人给予其的票据单证寄给代收行。

4) 代收行收到托收指示则向付款人提示付款或者承兑。

5) 付款人付款或者承兑后，代收行将单据交与付款人。

6) 代收行收妥款项后将款项划拨给托收行，通知托收行款项已收妥。

7) 托收行最后将前述款项扣除手续费和开之后划入委托人账户。

9.4.5 托收统一规则

国际商会为促进国际贸易与商事活动，统一托收业务的做法，减少托收业务各有关当事人可能产生的矛盾和纠纷，曾于 1958 年草拟《商业单据托收统一规则》。为了适应国际社会发展的需要，国际商会在总结实践经验的基础上，1978年对该规则进行了修订，改名为《托收统一规则》(The Uniform Rules for Collection, ICC Publication No.322)；1995 年再次修订，称为《托收统一规则》国际商会第 522 号出版物(简称《URC522》)，1996 年 1 月 1 日实施。《托收统一规则》自公布实施以来，被各国银行所采用，已成为托收业务的国际惯例。

《URC522》分 7 个部分，共 26 条，规定托收的定义、当事人、托收的单据、托收指示、银行的责任和义务、利息、手续费和开支等。其中规定了银行的责任，概括之主要有及时提示付款或承兑、及时将货款交付本人、及时通知托收结果、保证汇票和装运单据与托收指示书在表面上一致等，但没有提货以及做出拒绝付款证书的义务。与此同时，银行的免责事项为：

1) 对受托方行为的免责。为使委托人的指示得以实现，银行使用另一银行或其他银行的服务时，是代为该委托人办理的，因此，其风险由委托人承担；即使银行主动地选择了其他银行办理业务，如该行所转递的指示未被执行，做出选择的银行也不承担责任或对其负责；一方指示另一方去履行服务，指示方应受到外国法律和惯例施加给被指示方的一切义务和责任的制约，并应就有关义务和责任对受托方承担赔偿责任。

2) 对收到单据的真实性和有效性免责。银行只是表面审单，即确定它所收到的单据应与托收指示中所列内容表面相符，如果发现任何单据有短缺或非托收指示所列，银行必须以电讯方式，如电讯不可能时，以其他快捷的方式，通知向从发出指示的一方，不得延误。除此之外，银行对此没有其他更多的责任。银行对任何单据的格式、完整性、准确性、真实性、虚假性或其法律效力、或对在单据中载明或在其上附加的一般性或特殊性的条款，概不承担责任或对其负责；银行也不对任何单据所表示的货物的描述、数量、重量、质量、状况、包装、交货、价值或存在、或对货物的发运人、承运人、运输代理、收货人或保险人或其他任何人的诚信或作为或不作为、清偿力、业绩或信誉承担责任或对其负责。

3) 银行对单据延误、在传送中的丢失以及对翻译的免责。

4) 对不可抗力免责。对由于天灾、暴动、骚乱、战争或银行本身不能控制的任何其他原因、任何罢工或停工而使银行营业中断所产生的后果，银行不承担责任或对其负责。

▣ 拓展阅读

公司签订合同，由 A 公司向 B 公司出口货物一批，双方商定采用跟单托收结算方式了结贸易项下款项的结算。我方的托收行是甲银行，南美代收行是乙银行，具体付款方式是 D/P 90 天。但是到了规定的付款日，对方毫无付款的动静。更有甚者，全部单据已由 B 公司承兑汇票后，由当地代收行乙银行放单给 B 公司。于是 A 公司在甲银行的配合下，聘请了当地较有声望的律师对代收行乙银行，因其将 D/P 远期作为 D/A 方式承兑放单的责任，向法院提出起诉。

评析：国际商会托收统一规则，首先不主张使用 D/P 远期付款方式，但是没有把 D/P 远期从《URC522》中绝对排除。倘若使用该方式，根据《URC522》规则，乙银行必须在 B 银行 90 天付款后，才能将全套单据交付给 B 公司。故乙银行在 B 公司承兑汇票后即行放单的做法是违背《URC522》规则的。但从南美的习惯做法看，南美客商认为，托收方式既然是种对进口商有利的结算方式，就应体现其优越性。D/P 远期本意是出口商给进口商的资金融通。而现在的情况是货到南美后，若按 D/P 远期的做法，进口商既不能提货，又要承担因货压港而产生的滞迟费。若进口商想避免此种情况的发生，则必须提早付款从而提早提货，那么这 D/P 远期还有什么意义？故南美的做法是所有的 D/P 远期均视作 D/A 对待。在此情况下，乙银行在 B 公司承兑后放单给 B 公司的做法也就顺理成章了。

本章小结

国际支付与融资是国际商事活动中十分重要的内容，通过本章的学习了解国际经济活动中的主要支付工具；了解和掌握以托收、信用证为主的国际支付方式的运作流程以及当事人之间的法律关系；掌握与本章相关的国际惯例以及纠纷解决的特别程序；熟悉国际商事活动中贸易支付与融资的实现方式。支付方式除上文所述之外还有汇付(Remittance)、国际保理(International Factoring)等，共同促进国际贸易的发展与完善。加入 WTO 后，我国的经济更加开放化与国际化，进出口业务更加活跃。随着电子计算机及网络技术广泛应用于金融领域，国际支付机制也在逐渐发生变化，这样，传统的调整纸面流通工具的法律制度在适用于电子资金划拨为基础的国际支付机制时就面临着很多问题。因此，我们在施行现存国际支付与融资的法律法规、国际条约时，更应对其进行深入透析，以促进国内外经济的交汇与繁荣。

案例分析

1) 2003 年，我山东一家进出口公司和某外国公司订立了进口化肥 5 000 吨的合同，依合同规定我方开出以该外国公司为受益人的不可撤销的跟单信用证，总金额为 148 万美元。双方约定如发生争议则提交北京中国国际经济贸易仲裁委员会仲裁。2003 年 10 月货物装船后，该外国公司持提单在银行议付了货款。货到青岛后，我公司发现化肥有严重质量问题，立即请商检机构进行了检验，证实该批化肥是毫无实用价值的废品。我公司持商检证明要求银行追回已付款项，否则将拒绝向银行支付货款。请问：

(1) 银行是否应追回已付货款？为什么？

(2) 我公司是否有权拒绝向银行付款？为什么？

(3) 中国国际经济贸易仲裁委员会是否有权受理此案？依据是什么？

(4) 我公司应如何保护自己的利益？

2) 2008 年 10 月间，深圳某(中外合资)鞋业有限公司(下称鞋业公司)与英国某公司(下称 Y 公司，该公司为鞋业公司的外国合营者)签订了补偿贸易合同，约定：鞋业公司向 Y 公司进口价值 50 万美元的意大利产鞋面真皮革，用于生产 Y 公司定做的某名牌皮鞋，成品全部返销。进口意大利鞋面真皮革的交易则先行通过托收方式结算，具体托收方式为 D/A(承兑交单)。鞋业公司的中方上级主管公司某石化公司(下称石化公司)按要求在上述皮革的进出口合同上签署了保证，承诺鞋业公司若不能依约支付进口货款时，将承担付款保证责任。各方并签订了适用于整个补偿贸易合同(包括进出口合同)的仲裁条款。同年 11 月 18 日，Y 公司通过香港汇丰银行，向鞋业公司的开户行中行某市分行传递了托收凭证。其中，托收凭证项下的承兑汇票的出票人及收款人均记载为 Y 公司，付款人记载为鞋业公司，到期日为 2009 年 2 月 28 日。经中行某分行传递和提示汇票后，鞋业公司承兑了汇票，并取得了有关装运提单。其后，因所进口真皮革的质量问题，双方发生纠纷而诉诸仲裁。仲裁期间，Y 公司将前述已承兑汇票背书转让给了其子公司香港某商行。因汇票到期不获付款，香港某商行提供给它的进出口合同、托收凭证副本及前述汇票等，向内地中级法院起诉鞋业公司和石化公司，诉求前者支付票款，后者承担汇票的连带付款责任。被告方则立即以仲裁条款为依据，对法院提起管辖异议。请问：

(1) 本案诉讼属于国内票据纠纷还是涉外票据纠纷？

(2) 鞋业公司提起管辖异议的理由是否成立？

(3) 石化公司是否应当成为本案诉讼的当事人？

(4) 假设票据纠纷的诉讼能够继续进行，而诉讼期间，题述仲裁案的仲裁机构做出了所进口意大利真皮革具有严重质量问题，Y 公司应承担解除合同责任和赔偿鞋业公司所有损失的裁决。那么，香港某商行在诉讼中的胜诉机会如何？

练习与思考

1) 什么是信用证？简述信用证支付的流程。
2) 什么是票据贴现？票据贴现的特点有哪些？
3) 简述国际融资租赁的类型。
4) 简述发展结构贸易融资的必要性.
5) 简述《托收统一规则》的主要内容。

10 调整和管制国际贸易的法律制度

⭐ **本章要点**

● 关税与贸易总协定的含义
● WTO 的基本原则
● WTO 争端解决制度
● 对外贸易法律制度的概念、原则
● 对外贸易基本法律制度

10.1 WTO 法律制度概述

10.1.1 关税与贸易总协定

关税与贸易总协定(General Agreement on Tariffs and Trade，GATT)有两种含义：一是指文本意义上的《关税与贸易总协定》，它是一个国际条约；另外一种含义是指体系意义上的关税与贸易总协定，指世界贸易组织(WTO)成立前临时运作的国际贸易领域的准国际组织。

从文本意义上看，GATT 有两个主要版本，也就是 GATT1947 和 GATT1994。GATT1947 实际上成为了第二次世界大战后国际经济贸易秩序的一种临时性安排，从这个意义上讲，学习 WTO 必须先了解 GATT，因为 GATT 是 WTO 之母。GATT1994 是乌拉圭回合(Uruguay Round)的成果之一，根据国际经济贸易的发展需要对 GATT1947 进行了诸多修改。关税与贸易总协定(GATT1994)是世界贸易组织(WTO)法律制度的核心。

GATT1947 是第二次世界大战后成立的临时性安排。GATT1947 的法律性质是一个国际性法律文件，也就是国际条约。它并不是国际组织。有人把关贸总协定说成是一个临时性组织，这不妥当。一种折中的叫法是把当时的 GATT 称为"准国际组织"或"非正式意义上的国际组织"，这种观点可以接受。总之，在 WTO 成立之前，GATT 的法律属性是国际条约和一种临时性的安排，它在实践中发展成为一个非正式意义上的国际组织。

1947 年 10 月 30 日通过的关贸总协定是关于建立多边贸易体制的法律文件，由四个部分、38 个条款构成，其主要议题是关税。

GATT 是整个国际贸易组织(International Trade Organization，ITO)构想的一部分；当时设想成立 ITO、世界银行(World Bank)及国际货币基金组织(International Monetary Fund，IMF)三大国际经济组织来建立未来的国际经济贸易体系。但 ITO 的构想最终失败，因此，GATT 从一开始就是作为一种暂时性质的安排而存在。GATT 虽然有缺陷，主要就是因为它只是一个协定，而不是国际组织，但由于当时种种条件不成熟，它仍然开始运作并发挥着重要作用。

GATT 是根据《临时适用议定书》(Protocol of Temporary Application)而临时生效的。这导致 GATT 制度演变中的强烈的实用主义因素，这是一个反复试验的过程、一个临时的策略。

GATT 自 1948 年开始临时实施至 1995 年 1 月 1 日世界贸易组织正式成立，拥有 47 年的历史，其制定的一整套有关国际贸易的原则和规章得到了世界大多数国家和地区的认可，绝大多数规则在 WTO 中继续有效。

10.1.2　乌拉圭回合和 WTO 的诞生

GATT 乌拉圭回合谈判于 1993 年 12 月 15 日完成最终协议草案，在达成协议前加拿大提议成立 WTO 并草拟了 WTO 组织章程，以取代在组织机构上存在缺陷的 GATT 体系。1994 年 4 月参与谈判的各国部长在摩洛哥的马拉喀什集会，正式签署《乌拉圭回合多边贸易谈判最终协议》及《建立 WTO 协议》，这些协议于 1995 年 1 月 1 日生效实施。

1994 年关贸总协定在法律上区别于 1947 年 10 月 20 日签订的关贸总协定，成为"建立世界贸易组织的马拉喀什协议"的组成部分，以多边货物贸易形式纳入附件 I。它成为其他多边货物贸易协议(如农产品协议、卫生与检疫协议、服装与纺织品协议等)的法律与原则基础。

GATT 与 WTO 并存 1 年，至 1995 年 12 月 31 日为止。自 1996 年 1 月 1 日开始，GATT 的功能完全由 WTO 所取代。

乌拉圭回合结束了 GATT 作为一种临时安排的状态，建立了 WTO 这样一个国际组织。世界贸易组织(WTO)总部设在瑞士日内瓦，目前已有 157 个成员国家和地区。世贸组织是全球唯一的一个国际性贸易组织，负责处理国与国之间贸易往来和协定。成立世贸组织的基本目的是促进各国的市场开放，调解贸易纠纷，实现全球范围内的贸易自由化。WTO 是一个谈判的场所，是一系列的规则，是一个争端解决机制，在当今国际经济贸易中发挥着重要作用。

作为体系意义上的 GATT 和 WTO 的主要区别有：①GATT 是临时生效的国际协议；WTO 是正式生效的、永久性国际组织。②GATT 从未经过成员方批准，但是 WTO 协议经过每个成员方的批准，具有坚实的国际法基础；GATT 是个非常特殊的国际法现象。③GATT 只调整货物贸易，但是 WTO 的调整领域涉及服务贸易、知识产权以及投资措施。④GATT 的争端解决机构具有严重的缺陷，WTO 争端解决机制弥补了其缺陷。

10.1.3 WTO 的基本前提、宗旨及地位

WTO 的基本经济学前提是自由贸易。为了实现贸易自由化目标，WTO 协定确立的规则要求各成员：以多边谈判为手段，逐步削减关税和减少非关税贸易壁垒，开放服务部门，减少对服务提供方式的限制；以争端解决为保障，以贸易救济措施为安全阀，通过援用有关例外条款或采取保障措施等贸易救济措施，以消除或减轻贸易自由化带来的负面影响。值得指出，世贸组织不是一个纯"自由贸易"组织，而是一个致力于"开放、公平、无扭曲竞争"的国际贸易组织。它致力于扩大货物贸易、服务贸易和与贸易有关的投资措施的自由化，同时又致力于加强与贸易有关的知识产权的保护，并允许各成员方对贸易予以必要的保护。

WTO 的宗旨是通过实施非歧视原则，削减贸易壁垒，促进贸易自由化，避免贸易保护主义，以在可持续发展的基础上，充分利用世界资源，扩大商品的生产和交换。在此基础上，WTO 又强调以扩大货物和服务的生产和贸易为目的，并依照可持续发展的目标，寻求既保护和维护环境，又以与它们各自在不同经济发展水平的需要和关注相一致的方式，加强为此所采取的措施。

WTO 是具有法人地位的国际组织，与其前身关贸总协定相比，WTO 在调解成员间争端方面具有更高的权威性和有效性。

10.1.4 WTO 的基本原则

WTO 基本原则是 WTO 规则的核心，也具有 WTO 规则的一般功能。WTO 的核心法律原则主要包括：

1) 最惠国待遇原则。关贸总协定中的最惠国待遇原则指在关税和进出口有关的规则手续等方面，一国(或地区)根据条约给予另一国(域地区)的利益、优惠、特权或豁免，无论在现在或将来，都不应低于其给予任何其他第三国(或地区)的各种优惠待遇。它实际上是建立在互惠的基础上的。在关贸总协定范围内，所有成员方均相互给予最惠国待遇，当任何一方成为施惠方时，其他所有各方均自动成为受惠

方。关贸总协定的最惠国待遇是无条件、无补偿性并且是自动地适用于各成员方的一种制度，有利于确保多边贸易体制的统一性与稳定性。最惠国待遇原则也是服务贸易总协定(GATS)和与贸易有关的知识产权协定(TRIPS)中的核心原则。

在 WTO 的有关规定中，虽然强调了各成员国之间的平等的和非歧视，但是并不意味着百分之百地实行这一原则，仍然制定了许多例外的条款。也就是说，在例外条款的范围内，一个成员国给予某一成员国的特权或优惠，完全可以不给其他国家。国际间公认的最惠国待遇的例外主要包括以下四种情形：一是由关税同盟和自由贸易区等形式出现的区域经济安排，在这些区域内部实行的是一种比最惠国还要优惠的"优惠制"；二是对发展中国家实行的差别和特殊待遇(如普遍优惠制)，其根据是东京回合通过的"授权条款"；三是边境贸易中，为便利毗邻国家间的边境贸易，可对毗邻国家给予更多优惠；四是在知识产权领域，允许各成员方对最惠国待遇原则保留一些例外；其他例外。

2) 国民待遇原则。国民待遇系指各成员方在征收国内税、实施有关国内销售、购买、运输、分配所适用的法令法规方面，对进口商品与国内商品应当一视同仁。除征收关税外，其他税费都应当相同，不得对进口商品实行歧视待遇。实行国民待遇原则的目的则是为了保证外国进口商品在进口国市场上取得与该进口国的本国产品有同等的地位、条件和待遇，防止进口国利用国内有关法律、法令作为贸易保护的手段。国民待遇原则是关贸总协定和与贸易有关的知识产权协定中的核心原则，但是在服务贸易总协定中，国民待遇不是原则，而是各国的具体承诺。

与最惠国待遇原则一样，适用国民待遇原则同样存在着各种例外。例如，1991年，美国环保局提出了对于国内和国外炼油商不同的标准，他们认为国外炼油商缺乏 1990 年检测的、足以证明汽油质量的真实数据，只能通过一个"法定基线"显示他们汽油的质量。而国内炼油商可以通过 3 种可行方法制定"单个基线"。这一标准对外国炼油商采取了歧视政策，造成市场竞争的不均衡，从而引起一场贸易纷争。 委内瑞拉和巴西在给 WTO 争端解决机构中对美国提出申诉，认为美国石油标准违背了 WTO 中的基本原则。WTO 争端解决专家组和上诉机构都裁定，美国的措施违反了 WTO 中的国民待遇原则，对进口汽油的措施"低于"国内汽油。最惠国待遇和国民待遇是 WTO 给予各成员的最基本的权利和义务。WTO 多个案例都运用了这一原则，说明一个看似简单易懂的原则却含有着最丰富的内容。

3) 逐步减让关税原则。GATT 和 WTO 的每一轮谈判的一个重要内容是减让关税。关税对等减让是 WTO 成员的一种约束性承诺。关税是 GATT 唯一允许的贸易保护措施，因为关税是透明的。在 GATT 中，每个国家都有关于减让关税的承诺表，关税不能超过一定的税率。

4) 一般禁止数量限制原则。数量限制是非关税壁垒中最常用的方法，是政府惯用的手段，常被用来限制进出口数量。数量限制的主要形式是:配额、进口许可、自动出口约束和禁止。GATT/WTO 对数量限制的态度与对关税的态度不同。GATT/WTO 在原则上要求成员取消一切数量限制。

5) 透明度原则。为保证国际贸易环境的稳定性和可预见性，WTO 要求各成员应公布所制定和实施的贸易措施及其变化情况(如修改、废除等)，不公布的不得实施；同时还应将这些贸易措施及其变化情况通知 WTO。成员所参加的有关影响国际贸易政策的国际条约也在公布和通知之列。一言以蔽之，透明度原则主要包含两个内容：贸易措施的公布和贸易措施的通知。就公布与通知的内容而言，除包括各成员的法律规范外，还包括有关政策、司法判决和行政裁定，也包括各成员依法实施的有关措施，如反补贴措施、反倾销措施、保障措施、技术性贸易壁垒措施、卫生与植物检疫措施等。

10.1.5 WTO 的法律框架

WTO 之父杰克逊教授提出 WTO 是一个"规则导向"的国际组织，这已得到普遍认同。规则导向这一术语与法治、基于规则的制度不同。规则导向意味着对规则的依附不是很严格、很僵硬的。这也是基于现实主义的考虑。

世界贸易组织的规则主要就是 WTO 协议，所谓的 WTO 协议是指《建立世界贸易组织的马拉喀什协议》和它的一系列附件。《建立世界贸易组织协议》的四个附件构成了 WTO 法律体系的实质性规则。

WTO 法律框架如图 10.1 所示。

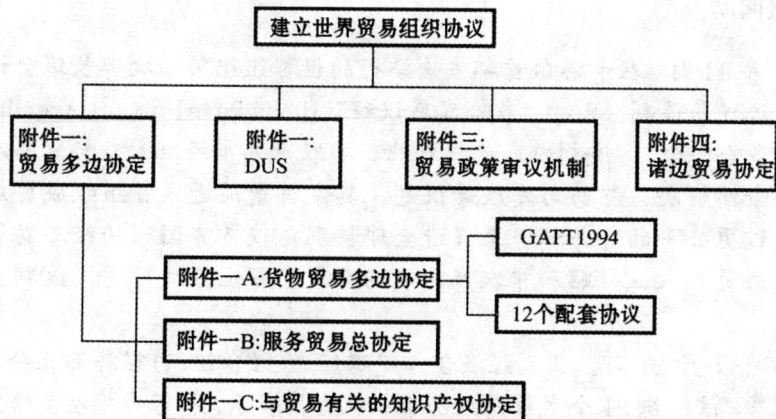

图 10.1 WTO 法律框架示意图

　　附件一为贸易多边协定(其中又包括货物贸易多边协定、服务贸易总协定、与贸易有关的知识产权协定),附件二为《关于争端解决规则和程序的谅解》,附件三为《贸易政策审议机制》,附件四为《诸边贸易协定》。世界贸易组织的规则体系可以分为实体性规则和程序性规则两大部分。归纳起来主要由一部基本法(《建立世界贸易组织协定》)、两项程序法(《关于争端解决规则与程序的谅解》和《贸易政策审议机制》)、三大协定(《1994 年关贸总协定》、《服务贸易总协定》和《与贸易有关的知识产权协定》)及其配套附属协议所构成。除了附件四之外,WTO的一系列协议被总称为一揽子协议。

　　WTO 一揽子协议具有以下几个特点:

　　1) 在货物贸易领域突破了"关税",加强了对非关税壁垒的规制。

　　2) 很多附件协议是对 GATT 条款的细化,比如《反倾销协议》是对 GATT 第 6 条的细化。

　　3) 现在的 WTO 协议除了货物贸易外,还包含"服务贸易"以及与贸易相关的知识产权,尤其是后者"与贸易相关的"这样一个创新,为 WTO 主题内容的扩展开了先例,诸如与贸易相关的环境问题、与贸易相关的劳工问题。

　　WTO 一揽子协议及其所确立的法律制度篇幅浩大,涵盖了几乎所有世界贸易准则。它的内容范围涉及货物贸易、投资、服务贸易、知识产权等领域,是一系列世界贸易活动的综合体,为规范国际上的商业贸易活动提供了有力的法律保障。同时,WTO 法律体系不仅是个完整的体系,而且是个动态的体系。随着 WTO 新一轮多边贸易谈判——多哈发展回合(DDA)的展开,其包含的内容将越来越多,体系也将更加完善。

▨ 拓展阅读

　　2001 年 11 月,在卡塔尔首都多哈举行的世贸组织第四次部长级会议启动了新一轮多边贸易谈判,又称"多哈发展议程"(Doha Development Agenda, DDA),或简称"多哈回合"。谈判内容包括农业、非农产品市场准入、与贸易有关的知识产权、争端解决、贸易与发展等议题,其宗旨是促进世贸组织成员削减贸易壁垒,通过更公平的贸易环境来促进全球特别是较贫穷国家的经济发展。但是由于主要成员在农业补贴和非农产品市场准入问题上分歧严重,谈判至今未能达成协议。

　　2009 年 7 月 21 日,亚太经济合作组织(亚太经合组织)经济部长会议在新加坡拉开帷幕,该组织 21 个成员的经济部长及官员表示,将努力推动多哈回合谈判的完成。世界贸易组织总干事拉米表示,目前多哈回合谈判进程已完成 80%,但剩下 20%的任务将更加艰巨。他说:"为了实现多哈回合谈判成功,当前任务是进一步明确谈判的分歧在哪里，以及下一步应往哪个方向走。"

(本书编写者根据新闻报道综合整理)

10.1.6　WTO 的三大领域

10.1.6.1　货物贸易领域

货物贸易是关贸总协定长期以来所调整的传统领域，货物贸易多边协议是世界贸易组织法律体系的基础，涵盖 1994 年关税与贸易总协定、农产品协议、实施动植物卫生检疫措施的协议、纺织品与服装协议、技术性贸易壁垒协议、与贸易有关的投资措施协议、关于履行 1994 年关税与贸易总协定第六条的协议、关于履行 1994 年关税与贸易总协定第七条的协议、装运前检验协议、原产地规则协议、进口许可程序协议、补贴与反补贴措施协议、保障措施协议。

10.1.6.2　服务贸易领域

国际服务贸易是指跨越国界进行服务交易的商业活动，是国家之间服务输入和服务输出的一种贸易形式。《服务贸易总协定》(General Agreement on Trade in Services，GATS)第一条规定了服务贸易所适用的范围：①从一成员国领土向任何其他成员领土提供服务；②在一成员国领土内向任何其他成员国消费者提供的服务；③一成员的服务提供者通过在任何其他成员领土内的商业存在提供服务；④一成员的服务提供者通过在任何其他成员领土内的自然人提供服务。国际服务贸易的一体化和自由化是一种不可逆转的时代潮流，由于发达国家和发展中国家的服务业及国际服务贸易发展水平严重不平衡，加上服务市场的开放经常会涉及一些直接关系国家主权与安全、政治与文化等敏感问题，因此，国际服务贸易市场显示出很强的垄断性。由于服务业的这种垄断性、敏感性和发展的不平衡性，为了自身利益，无论是发展中国家还是发达国家都以种种理由和方法，对服务贸易实行不同程度的贸易保护主义政策和措施，使国际服务贸易领域的保护主义在程度上远远超过了国际货物贸易领域的保护主义，给国际服务贸易造成了种种壁垒，阻碍了服务贸易国际化的进程。因此《服务贸易总协定》的制定无疑是全球贸易自由化进程中迈出的可喜一步，对于国际服务贸易乃至整个世界贸易的发展具有重大、深远的意义。

10.1.6.3　与贸易有关的知识产权领域

知识产权领域统一化的进程早已开始，如《保护工业产权巴黎公约》(主要涉及专利和商标)、《保护文学艺术作品伯尔尼公约》(主要涉及版权)等在各自领域发挥着重要作用。乌拉圭回合谈判达成的《与贸易有关的知识产权协定》(Agreement on Trade-Related Aspects of Intellectual Property Rights)旨在缩小世界各国在知识产权保护方面的差距,并要使知识产权受到共同国际规则的管辖。TRIPS 协定主要目标有:①充分有效地保护知识产权,促进国际贸易的发展;②促进技术革新、技术转让和社会发展;③建立 WTO 与 WIPO 间的相互支持关系。TRIPS 协定的主要特色有:①首次将最惠国待遇原则引入知识产权的国际保护领域,在以前的知识产权国际保护有关条约中,主要原则是国民待遇原则,而 TRIPS 协定作为 WTO 的一部分将最惠国待遇原则引入了知识产权保护领域;②要求成员对协议中明确规定的知识产权类型提供更高水平的立法保护;③要求成员采取更为严格的知识产权执行措施;④要求成员的知识产权获权和维持程序必须公平合理;⑤将成员之间知识产权争端纳入 WTO 争端解决机制,加强了协议的约束力。

10.1.7　WTO 与国际贸易救济措施

10.1.7.1　WTO 与国际贸易救济措施概述

WTO 中的国际贸易救济措施包括三大部分:反倾销措施、反补贴措施和保障措施。本书以反倾销法律制度为例,阐述国际贸易救济措施。

补贴是指政府或公共机构提供的财政支持,包括赠与、资金投入、贷款担保、税收减免等。WTO《补贴与反补贴措施协议》(Agreement on Subsidies and Countervailing Measures)针对的是"专向性"补贴,即提供给一部分人、某些企业(行业)或特定地区的补贴,而且特别反对出口与进口替代补贴。补贴是政府行为而不是企业行为。

GATT1994 的第 19 条规定了保障措施,其内容是:当因出现未预料到的发展,或因缔约方(进口国)履行 GATT/WTO 协定义务的结果,使某种产品的进口数量急剧增长,致使该进口国国内的相同产业(生产相同产品或直接替代产品)受到严重损害或面临严重损害威胁时,该进口国可自行决定,在"制止或补救该损害所必需的程度与时间内"提高关税或采取数量限制措施。乌拉圭回合谈判达成《保障措施协议》,明确了采取保障措施的条件和程序规则。采取保障措施必须满足四个方面的条件:①不可预见发展的存在;②进口数量的增加;③国内产业受到严重损害或严重损害威胁;④进口数量的增加和国内产业受到严重损害或严重损害之间存在因果关系。与反倾销和反补贴措施不同,保障措施是对他国或地区正常贸易采取的限制措施，而前者是对倾销和补贴这些不正当贸易行为采取的反击措施。另外，与反倾销和反补贴相比，保障措施可以采取提高关税、数量配额和关税配额等多种救济方式，对一国国内产业的保护更为充分，而且由于无须证明被调查方存在"不公正的贸易行为"，保障措施调查的发起较之反倾销和反补贴更为容易。

10.1.7.2 反倾销法律制度

所谓倾销，指的是产品以低于正常价值的方式进入另一国的商业市场。当倾销发生时，并由此对国内已建立的相关产业造成实质损害或者产生实质损害的威胁，或者对国内建立相关产业造成实质阻碍的情况下，进口国可以采取必要的反倾销措施，以消除或者减轻这种损害或者损害的威胁或者阻碍。

1948 年以前，反倾销法一直局限于国内法范畴，是进口国抵制倾销，保护本国工业的有效手段，但各国国内反倾销立法也助长了反倾销措施的滥用，使反倾销成为阻碍国际贸易发展和引发世界性的经济危机的主要因素。第二次世界大战以后，在关贸总协定存在的 48 年间举行的多达 11 次的贸易谈判中，一共有 3 次谈判将反倾销列为谈判议题之一，即第六次(肯尼迪回合)、第七次(东京回合)及第八次(乌拉圭回合)，国际反倾销规则在最后一次谈判中最终确立下来。

《关税与贸易总协定》在第 6 条"反倾销税与反补贴税"及其附件涉及反倾销法律。其中正文第 6 条共有 7 款，涉及反倾销法的就有 6 款，它们分别是：第 1 款，明确倾销应受到谴责及倾销判断标准；第 2 款，规定了反倾销税征收的幅度；第 4 款，明确指出原产国免税或退税行为不能成为征收反倾销税的理由；第 5 款，规定不能同时征收反倾销税以及反补贴税；第 6 款，规定征收反倾销税的情形；第 7 款，例外情形。

此外，在《关税与贸易总协定》的附件中还对以下两个方面作了进一步的说明：第一，指出当某进口商的销售价格低于与其是联号的出口商所开价格的相当价格，也低于在输出国国内的价格时，同样构成倾销；第二，指出对那些"全部或大体上全部由进口国家垄断贸易中由国家规定国内价格的国家进口的货物"确定可比价格时，可能存在特殊的困难。此条后来演化为对非市场经济国家运用第三国来替代的方法。

《关税与贸易总协定》第六条及其附件，由此成为世界第一个涉及所有商品的国际性反倾销协定，并在其后一段较长时期内对该协定的成员实施反倾销起到了一定的积极作用。但该条及其附件原则性强，存在着可操作性弱的缺点，因而在实际实施时，各国往往我行我素，各自按照自己的标准加以实施。

为解决日益激烈的关于倾销及反倾销法方面的争论，1967 年肯尼迪回合谈判将反倾销措施再次提上议事日程。反倾销措施继续成为后来的东京回合及乌拉圭回合谈判的重要议题。1967 年 6 月 30 日,肯尼迪回合讨论并通过了国际上第一个反倾销守则——《反倾销守则》又称《反倾销法》,并于 1968 年 7 月 1 日生效。反倾销守则是一个区别于关贸总协定的独立协议,当时仅有部分关贸成员方是反倾销守则的缔约方。该守则发展和充实了 1947 年《关税与贸易总协定》第六条的内容,一方面重新定义了倾销,明确了倾销实质损害的标准,并对反倾销的诉讼程序作了较具体的规定。但到 1968 年,虽然已有包括美国在内的 18 个成员方在 1967 年反倾销守则上签字,但事实上并未达到统一当时各国反倾销法的目的。

针对美国国会拒绝关贸总协定《反倾销守则》这一情况,关贸总协定各缔约方在 1973 年到 1979 年 4 月的"东京回合"谈判期间,在肯尼迪回合成果的基础上,又达成《1979 反倾销守则》,它从根本上取代了肯尼迪回合所达成的协议,并于 1980 年 1 月 1 日起正式生效。

虽然东京回合达成的《1979 反倾销守则》,比以往更完善、更全面,但因其实际签字国只有 23 个,约束范围非常小。另一方面,20 世纪 80 年代以来,国际倾销行为呈逐渐增加之势,一些发达国家甚至将其作为保护本国工业的重要手段频繁运用,严重阻碍着国际贸易的发展,为使倾销及反倾销不构成对国际贸易活动产生限制性效果。1986 年的乌拉圭回合依旧将倾销与反倾销措施列为其重要的谈判议题之一,并最终达成了《反倾销协议》。且该协议属于 WTO 一揽子协定,所有成员国均须遵守,因而具有广泛的约束力。

1994 年的《反倾销协议》(Anti-Dumping Agreement)是对 1979 年的《反倾销守则》的补充,它严格了反倾销的规则和程序,规定了反倾销和反倾销规避行为,并对发展中成员作了若干例外规定,协议既反映了欧、美等发达国家成员的要求,又体现了发展中国家成员的利益,实际上是国际间不同利益集团就反倾销问题谈判妥协的结果。

在采取反倾销措施时,需要考虑三方面因素:①产品以低于正常价值进入进口国销售;②倾销产品进口给进口国相关产业造成实质性损害或者产生实质损害的威胁,或者对国内建立相关产业造成实质阻碍;③损害与倾销产品进口之间存在因果关系。

反倾销措施主要包括三个方面:临时措施、价格承诺和征收反倾销税。反倾销税是进口国在正常海关税费外,对倾销产品征收的附加税。反倾销税的纳税人是进口商。反倾销税不得高于倾销幅度。价格承诺是被指控倾销产品的生产商、进口商和进口国达成的提高该产品价格以消除产业损害,进口国中止和终止案件调查的协议。在国家主管当局对出口商做出倾销商品的肯定性初裁后,它可以采取临时措施，向进口商征收临时附加税或保证金。

拓展阅读

2008 年金融危机爆发后，国际贸易保护主义日渐抬头。记者近日从福建省外经贸厅获悉，今年上半年福建省遭遇反倾销案件 15 起，涉案金额 1.2 亿美元，比去年同期增加了 1 倍，涉案企业达到 500 多家，涉及的产业包括纺织、鞋、机械、轻工等，这一现象对该省外贸出口带来不小影响。

编者点评：我国出口企业向来是欧美国家反倾销的主要对象。通过福建省的例子可看出我国企业在出口中面临的压力。并且，近年来，西方国家反倾销和反补贴措施并用的现象时有发生，进一步增加了我国出口企业的压力。

(来源：福州：海峡都市报，2009 年 7 月 21 日)

10.1.8　WTO 争端解决制度

WTO 不仅是一个贸易谈判的舞台，还是一个动态的争端解决机制。乌拉圭回合确定了以规则和程序为导向的争端解决机制。WTO 中的争端解决是对 GATT 中的争端解决制度的一个巨大发展。WTO 的争端解决机制在整个国际法领域也是比较成功的，因为它确定了强制性管辖权等制度。

争端解决机制是整个 WTO 体系的核心。WTO 形成了专家组、上诉机构、争端解决机构三个层次的完整系统的争议解决体制。

《关于争端解决规则和程序的谅解》(Understanding on Rules and Procedures Governing the Settlement of Disputes)第 2 条声明设立专职的争端解决机构(即 DSB)。DSB 与贸易政策评审机构一样，都设在 WTO 总理事会，由 WTO 成员的代表组成，但仍然是相对独立的机构，有各自的主席负责。争端解决机构的职责主要包括：设立专家组处理案件；通过或否决专家组和上诉机构的争端解决报告；负责监督裁决和建议的执行，包括确定合理的实施期限；当有关成员不遵守裁决时，经申请授权进行报复，包括确定报复的范围和水平。争端解决机构并不审理案件，具体负责审理案件的机构是专家组和上诉机构。

专家组是争端解决机构的非常设性机构，专家组的成员一般由争端解决双方磋商后从 WTO 秘书处存有的专家名单中确定。对专家组做出的争端解决报告，除非争端方提起上诉，争端解决机构应在 60 天内通过这一报告。

WTO 争端解决制度在专家小组审理基础上，增设独特的上诉机构，受理争议方(不包括第三方)不服专家组裁决或建议的上诉。上诉机构是常设性机构。《关于争端解决规则和程序的谅解》规定上诉请求仅限于专家组报告范围内的法律问题和法律解释问题的争议。上诉机构审查每一项请求后做出的报告经争端解决机构批准后，争议方应无条件接受。

与其组织机构相应，WTO 争端解决的主要程序包括六个方面：

(1) 磋商，磋商是申请设立专家组的前提条件。

(2) 争议方提出设立专家组的申请——起诉。

(3) 专家组的裁定和结论。无论是申诉方还是被诉方，对其所提出的诉求或主张，都承担证明责任，即谁主张谁举证。专家组审理原来为秘密举行，2005 年 9 月进行了第一次公开审理。

(4) 上诉机构的审查、裁定。在专家组报告发布后的 60 天内，任何争端方都可以向上诉机构提起上诉。

(5) 争端解决机构通过专家组和上诉机构的报告。争端解决机构并不亲自审理案件，它是在专家组和上诉机构的协助下提出建议、做出裁定。

(6) 争端解决机构裁定和建议的实施。被裁定违反了有关协议的一方，应在合理时间内履行争端解决机构的裁定和建议。

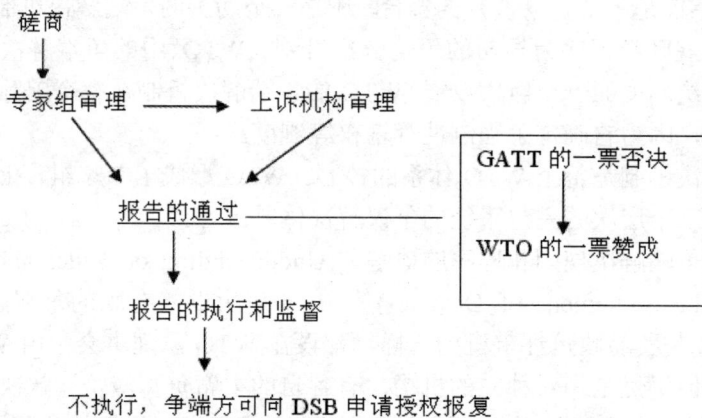

磋商

专家组审理 ——→ 上诉机构审理

GATT 的一票否决
↓
WTO 的一票赞成

报告的通过

报告的执行和监督

不执行，争端方可向 DSB 申请授权报复

图 10.2　WTO 争端解决程序示意图

WTO 争端解决制度具有一系列特色：

(1) 上诉机构是乌拉圭回合的一个创造。

(2) 从"一票否决"到"一票赞成"，WTO 争端解决制度的另外一个创造就是裁决会被自动采纳，如果没有争端解决机构全体一致的否决；这与之前的 GATT 体系中的争端解决不一样，在 GATT 体系中，专家组的裁决实行"一票否决制"，可想而知，争端解决的失败方会否决专家组裁决的通过。

(3) WTO 争端解决机制实行以规则和程序为导向，显示出司法化倾向。

(4) 实现争端解决的一体化，这与原来 GATT 体系下分散的争端解决制度完全不同。

10.2 我国对外贸易法律制度

10.2.1 对外贸易法律制度的概念、原则

对外贸易法律制度，是指一国对其外贸活动进行行政管理和服务的所有法律规范的总称。一国的外贸法律制度是其为保护和促进国内产业，增加出口，限制进口而采取的鼓励与限制措施，或为政治、外交或其他目的，对进出口采取鼓励或限制的措施。它是一国对外贸易总政策的集中体现。政府管理及服务外贸的法律制度分为两种：一种是对进口贸易的管理和服务；一种是对出口贸易的管理和服务。这些法律都属强制性法律规范，非经法定程序不得随意加以改变。对外贸易法律制度的宗旨是发展对外贸易和投资，维护对外贸易秩序，保护国内产业安全，促进一国经济稳定发展，改善人民的生活水平。对外贸易法基本上是国内法的范畴。但一国的对外贸易法律制度很大程度上受到 WTO 法律制度影响。

我国对外贸易法律制度的基本原则有：

1) 实行统一的对外贸易制度。我国实行统一的对外贸易制度，鼓励发展对外贸易，维护公平、自由的对外贸易秩序。这一原则要求大力推进我国外贸法律、法规的制定和完善工作，严格限制各地各部门的土政策和各行其是的做法，保证国家法律政策的统一和普遍执行，维护健全开放的外贸新制度与新秩序。

2) 平等互利的原则。根据平等互利的原则，促进与发展同其他国家和地区的贸易往来。平等互利原则不仅要求在法律上互相平等，而且要求在经济上互惠互利。法律不允许外贸关系中任何一方以强凌弱，或通过对外贸易活动攫取政治经济特权。

3) 互惠对等原则和最惠国、国民待遇原则。我国根据缔结或参加的国际条约与协定，给予其他方在互惠对等基础上的最惠国待遇与国民待遇或给予对等的歧视性的禁止、限制或其他类似的措施。

对外贸易法有狭义和广义之分。从广义上理解，我国对外贸易法是调整以上外贸相关领域经济关系的法律规范的总称。从狭义上理解，对外贸易法就是指我国于 1994 年 5 月 12 日通过的《中华人民共和国对外贸易法》(以下简称《对外贸易法》)，它是我国对外贸易的基本法律。在《对外贸易法》的基础上，我国还先后颁布了一批法律法规，初步形成了以《对外贸易法》为核心的对外贸易法规体系。虽然当时制定的外贸法认真地参考了《关税贸易总协定》，带有一定的超前意识，但毕竟是适应当时计划经济体制时期的发展状况的。随着我国

市场经济体制的建立和不断完善，当时的外贸法由于抽象、笼统、原则性和不具操作性而早已不能适应现在经济社会发展的形势，外贸立法及制度与世界贸易组织基本制度还存在一定差距，因此，将外贸法的修改提上议事日程是应对入世所要迫切解决的问题。基于 1994 年外贸法存在的诸多缺陷，我国于 2004 年 4 月 6 日颁布了新修订的《对外贸易法》，于 2004 年 7 月 1 日起正式施行。这一创举翻开了我国对外贸易活动历史的新篇章，标志着我国对外贸易的法制建设迈上了一个新台阶。

修订后的《对外贸易法》共 11 章 70 条，比原来的外贸法新增了 3 章 26 条，此次修改主要体现在三个方面：①根据对外贸易发展中出现的新情况和新变化对现行外贸法进行修改；②对与我国入世承诺和世贸组织规则不相符合的内容进行修订；③根据我国入世承诺和世贸组织规则对我国享受世贸组织成员权利的实施机制和程序做出新的规定。本书以 2004 年修订的对外贸易法为依据，同时也通过新旧对外贸易法的比较，和 WTO 法律制度的比较来阐述我国对外贸易的基本法律制度。

10.2.2　对外贸易基本法律制度

10.2.2.1　对外贸易主体资格

对外贸易经营者，是指依法办理工商登记或者其他执业手续，依照《对外贸易法》和其他有关法律、行政法规的规定从事对外贸易经营活动的法人、其他组织或者个人。

允许个人从事对外贸易经营活动是 2004 年《对外贸易法》修订的重要内容之一。根据原《对外贸易法》第 8 条的规定，中国的自然人不能从事对外贸易活动，但是考虑到我国在技术贸易、国际服务贸易和边贸活动中，自然人从事外贸经营活动的情况已经大量存在，1994 年外贸法中没有赋予个人从事外贸经营活动的真正法律地位，已不能适应形势的发展。

在我国签订 WTO 规则时曾做出了在 3 年内放开所有中国企业的外贸权的承诺，可是 1994 年外贸法中却未涉及自然人的贸易主体资格。此外，根据我国在加入 WTO 时所作的承诺，在贸易权方面给予所有外国个人和企业，不低于给予在中国的企业的待遇。既然外国的自然人能够在国内做外贸，那么我国的自然人当然也能够在国外从事外贸经营活动，否则即为对国民的一种歧视。可见，让自然人拥有进出口贸易权利实质表明了中国在对外贸易主体的问题上使国民待遇原则真正地落到了实处，使自然人都能平等地享有国民待遇。

基于上述考虑，《对外贸易法》作为一部外贸领域内的基本法，就应当允许我国的企业和自然人都能从事外贸经营活动。新《对外贸易法》中的第8条将外贸经营者的范围扩大到个人，外贸经营权的门槛再度降低。其中明确规定只要到工商登记机关办理设立登记手续，自然人即可依法从事外贸经营活动。

值得指出的是，我国新的《对外贸易法》允许个人直接从事外贸经营活动，这并不意味着我国对外贸易代理制度的取消。《对外贸易法》第12条明确规定了"对外贸易经营者可以接受他人的委托，在经营范围内代为办理对外贸易业务"。这主要是考虑到专门从事对外贸易的经营者在对外贸易实务方面具有专长和优势，对外贸易代理制度仍然存在。

10.2.2.2　货物和技术进出口经营的登记制度

依照旧《对外贸易法》的规定，从事货物进出口与技术进出口的对外贸易经营，不但必须满足《对外贸易法》所规定的条件，还必须得到国务院对外经济贸易主管部门许可。在这些限制条件下，多数大中型生产和流通企业被排除在国际贸易和商业竞争之外。具有对外贸易经营权的法人和其他组织只是很少的一部分，大量的对外贸易都必须通过外贸代理制度来进行。这无形中增加了对外贸易活动的复杂性，严重地限制了我国对外贸易的发展。另外，原先的审批制的实行，其目的是控制外贸经营风险，维护外贸秩序。事实上，外贸经营权审批制是从我国高度集中的计划经济垄断经营制度到市场经济制度之间的过渡，是基于我国现代企业制度未真正确立，国家宏观调控对外贸易的经济手段尚不能顺畅运用而实行的。外贸经营权是企业经营权之一，政府对外贸经营权的控制，无疑在有外贸经营权和无外贸经营权的企业之间造成事实上的不平等。这种做法，限制了市场，也限制了竞争，与世贸组织要求相背离，容易被视为贸易壁垒。同时，这种制度导致我国外贸主体结构不够合理，国有外贸企业竞争乏力，没有充分发挥除外商投资企业外的其他非国有企业的潜力。这显然与各国允许自由进行对外贸易的普遍实践不符，也有悖于WTO贸易自由的精神实质。随着我国加入WTO后对外贸易的进一步发展，审批制的弊端日渐突出：首先，审批制在中国对外贸易迅速发展的情况下，对内资企业实行市场准入制度，并且内外有别，严重阻碍了对外贸易的进一步发展。其次，由于国家以往实行许可制，不可避免地限制了许多企业，使其无法进入外贸领域；并且在享有外贸经营权的主体资格中，不同的企业所获得的外贸经营权和享有的优惠措施也不尽相同，使有外贸经营权的企业和没有外贸经营权的企业之间存在权限上产生巨大差异。这一权限差异也不可避免地引发了外贸经营秩序的混乱局面。再次，审批手续繁琐不利于国家机关职能的转变。这与WTO规则相比有较大的差距。因为按照WTO的要求，WTO的成员方的企业凡是注册登记后，既享有在国内市场的销售权，又享有进出口的权利，即外贸经营权为登记制。

因此，2004 年修订的《对外贸易法》将第 9 条修改为"从事货物进出口或技术进出口的对外贸易经营者应当向国务院对外贸易主管部门或其为委托的机构办理备案登记。"由审批制向登记制的转变取消了对从事对外贸易业务的条件限制，不仅履行了我国入世时所作的承诺，而且也适应了入世后我国货物进出口管理的要求，有利于推动对外贸易的迅速发展。

10.2.2.3　国际服务贸易

国际服务贸易领域的国际法律制度不如货物贸易发达。WTO《服务贸易总协定》中规定的原则只有最惠国待遇原则，而将市场准入和国民待遇作为成员方的具体承诺。《对外贸易法》明确规定了我国在国际服务贸易方面根据所缔结或者参加的国际条约、协定中所作的承诺，给予其他缔约方、参加方市场准入和国民待遇。

国务院对外贸易主管部门和国务院其他有关部门，依照有关法律、行政法规的规定，对国际服务贸易进行管理。国际服务贸易中也遵守最惠国待遇原则，但是作为例外，基于下列原因，可以限制或者禁止有关的国际服务贸易：①为维护国家安全、社会公共利益或者公共道德，需要限制或者禁止的；②为保护人的健康或者安全，保护动物、植物的生命或者健康，保护环境，需要限制或者禁止的；③为建立或者加快建立国内特定服务产业，需要限制的；④为保障国家外汇收支平衡，需要限制的；⑤依照法律、行政法规的规定，其他需要限制或者禁止的；⑥根据我国缔结或者参加的国际条约、协定的规定，其他需要限制或者禁止的。另外，国家对与军事有关的国际服务贸易，以及与裂变、聚变物质或者衍生此类物质的物质有关的国际服务贸易，可以采取任何必要的措施，维护国家安全。在战时或者为维护国际和平与安全，国家在国际服务贸易方面可以采取任何必要的措施。

10.2.2.4　与对外贸易有关的知识产权

与贸易有关的知识产权保护是 WTO 规则中的重要内容，正日益成为发达国家维护其国家利益的主要手段。随着知识经济的全球化趋势，作为世贸组织三大支柱之一的知识产权保护的本质已不再只是技术的创新，而是各国竞争的强势武器之一，因而已逐渐受到世界各国的普遍关注。

在 WTO 的《与贸易有关的知识产权协定》(即 TRIPs 协定)中规定了在保护知识产权时应遵守的原则，即国民待遇、保护公共秩序、社会道德、公众健康等原则，同时也明确规定："可采取适当措施防止权利持有人滥用知识产权。"而修订前的《对外贸易法》中没有关于与对外贸易有关的知识产权保护的规定。由于中国加入 WTO，以及 WTO 协定附件 1C 即 TRIPs 协定的相关规定和其他国家的立法与实践，为了在对外贸易中给相关权利人提供充分的知识产权保护，2004 年《对外贸易法》修订加入了"与对外贸易有关的知识产权保护"的相关规定。

《对外贸易法》第29条中首次规定了进出口货物侵犯知识产权,并危害对外贸易秩序的,国务院对外贸易主管部门可以采取在一定期限内禁止侵权人生产、销售的有关货物进出口等措施。除此之外,如果其他国家或地区未给予我国国民待遇或未能提供充分有效的知识产权保护的,国务院外贸主管部门可以依法对该国或地区的贸易采取必要措施。此外,修改后的外贸法中还对知识产权权利人滥用专有权和优势地位的行为进行了限制。一旦国外知识产权人滥用自己在知识产权上的垄断地位,危害公平的对外贸易环境,则我国的外贸主管部门可以采取必要措施以消除危害,保证本国的知识产权得到切实的保护,促进我国对外贸易活动在公平的秩序下得到稳定的发展。

10.2.2.5 对外贸易经营秩序

随着各类外贸经营主体的增加,在经营秩序方面出现了各种各样的问题。在对外贸易秩序的制度方面,2004年的法律修改了原法律对外贸秩序只有零散几条规定的方式,而专设一章对此问题进行详尽的规定。与旧法相比,2004年的《对外贸易法》具有以下的变化:①单列一条规定了外贸活动中反垄断的内容,并规定了对该行为的处理方法;②对外贸活动中的不正当竞争行为进行细化,列举了诸如低价销售商品、串通投标等不正当竞争行为,并规定了针对该类行为的行政措施;③增加规定了破坏对外贸易秩序的行为,如走私、逃避认证、检验、检疫等行为;④增加了将违法的进出口商名单向社会公告这一措施,给违法者以巨大的市场压力,从而促使其遵守对外贸易秩序。

对外贸易经营秩序方面的规定主要有:在对外贸易经营活动中,不得违反有关反垄断的法律、行政法规的规定实施垄断行为;在对外贸易经营活动中,不得实施以不正当的低价销售商品、串通投标、发布虚假广告、进行商业贿赂等不正当竞争行为;对外贸易活动中,不得有伪造、变造进出口货物原产地标记、骗取出口退税、走私、逃避法律、行政法规规定的认证、检验、检疫等违反法律、行政法规规定的行为;对外贸易经营者在对外贸易经营活动中,应当遵守国家有关外汇管理的规定。

《对外贸易法》单列一章规定了对外贸易经营者应遵守的对外贸易秩序的这项举措,将旧法零散的规定重新整合并加以完善,形成了系统化的一整套制度,对维护我国的对外贸易秩序起着重大的作用。

10.2.2.6 对外贸易调查和对外贸易救济制度

应用WTO规则保护我国产业和市场,是对外贸易法的重要内容。对外贸易调查和救济的宗旨是针对对外贸易中的垄断行为、不正当竞争行为以及扰乱对外贸易秩序的行为，最大限度、充分地用足用好反补贴、反倾销等救济措施。对外贸易调查有助于保护本国产业和市场秩序。贸易调查已经成为各主要贸易国家保护本国产业和市场秩序的重要法律手段。为了应对针对我国入世承诺而滥用救济措施的行为，最大限度地在保护国内产业利益，2004年修订的《对外贸易法》增加了"对外贸易调查"一章，规定对九种事项进行调查和处理。该法的第7章是关于对外贸易调查的制度。新法用了3个条文对此制度进行规定，其主要内容：一是确定了采取贸易调查的主体，即国务院对外贸易主管部门或其会同其他部门进行调查。二是增加了调查的事项，旧法调查的内容仅限于为确定是否采取反倾销、反补贴以及保障措施时需要调查的情况。新法则规定了七项调查的事项，包括他国贸易壁垒、有关国家安全利益的事项、规避对外贸易救济措施的行为等，且有一项补漏规定，即所有可能影响外贸秩序的事项都在调查的范围之内。三是增加了关于对外贸易调查的程序以及方式的内容，也增加了有关单位和个人的配合、协助义务以及有关国家工作人员对国家秘密、商业秘密的保密义务。新法在旧法仅有一个条文的基础上，将对外贸易调查发展细化成为一项对外贸易管理的重要制度，不但增加了调查的事项，还规定了调查遵循的程序和调查采取的方式，并且对于调查程序具体实施中的协助、保密义务也有所涉及，不得不说已经是一项比较完善的制度。对外贸易调查是对外贸易管理的重要内容，是实施对外贸易管理不可或缺的制度。一项完善的对外贸易调查制度有利于对外贸易管理的顺利进行，能够更好地维护我国的对外贸易秩序。

根据世贸组织的有关协定，我国贸易救济制度也进行了相应的完善。这一制度体现在新外贸法的第8章，共有11个条文，与旧法简单的三条相比，无疑反映了对外贸易救济制度内容的丰富和进步。第一，明确了"反倾销措施"的说法。旧法中只提到可以采取"必要措施"消除损害，但并未将这种措施总结为反倾销措施。第二，增加了第三国倾销的内容。如果进口到第三国的产品以低于正常价值销售对我国的产业造成损害或威胁，我国政府可与第三国政府协商以采取相应的措施。GATT1994第6条第1款规定，"用倾销的手段将一国产品以低于正常价值的办法引入另一国的商业，如因此对一缔约方领土内已建立的产业造成实质损害或实质损害威胁，或实质阻碍一国内产业的新建，则倾销应予以谴责。"即GATT1994并没有将倾销的受害国限于倾销产品的进口国，如果倾销产品给另一国造成损害，也属于GATT1994谴责的倾销行为。在新《对外贸易法》中增加第三国倾销的规定，与WTO协定关于反倾销的内容相一致，给国内产业提供了更有力的保护。第三，将可以采取反补贴措施的补贴由原法的"任何形式的补贴"改为"专向性补贴"。根据WTO补贴与反补贴措施协议，可以将补贴分为禁止性补贴、可诉补贴和不可诉补贴。对于不可诉补贴，其他成员可在事实基础上对其不可诉资格提出质疑，但不能仅仅依此就限制另一成员方对该项补贴的采用。而绝大部分不可诉补贴都是非专项性补贴，我国原《对外贸易法》规定可以对任何形式的补贴采取必要措施是违反 WTO 补贴与反补贴协议的。因此，新法对此作了修改，以符合 WTO 规则的要求。第四，增加了对服务贸易采取保障措施的内容。随着服务领域的开放，外国的服务将会大量涌入我国，为保护我国的国内产业，规定这种保障措施是必要的。第五，增加了因第三国限制进口而导致的进口数量激增而采取保障措施的规定，完善保障措施的内容，给国内产业提供更为全面的保护。第六，据 WTO 规则，增加规定了当其他成员国违反 WTO 协定而使我国的条约利益受损时，可以据条约暂停和终止履行我国义务。第七，增加了建立对外贸易应急预警机制的内容，以应对对外贸易中的突发和异常情况，体现了对贸易进行管理和维护机制的完善。第八，对规避救济措施的行为采取反规避措施，保障救济措施的施行。

修订后的对外贸易法体现了 WTO 协议的相关规定，细化了对外贸易调查的发展，增加了我国应对入世的新形势下所面临的新问题的措施，有利于更好地保障对外贸易的顺利进行。

10.2.2.7 进出境检验检疫制度

1) 进出口商品的检验。根据我国法律，对国家指定范围内的商品实施强制性检验检疫(法定检验)，对法定检验之外的进出口商品，可以抽样检验。对于法定检验的进口商品，未经检验，不得销售、使用；对于法定检验的出口商品，未检验合格的，不准出口。经当事人申请、国家质检部门批准，可以免予检验。

法定检验的范围包括：①对列入《种类表》的进出口商品的检验；②出口食品的卫生检验；③出口危险货物包装容器的性能鉴定和使用鉴定；④对装运出口易腐烂变质食品、冷冻品的船舱、集装箱等运载工具的适载检验；⑤有关国际条约规定必须经商检机构检验的进出口商品的检验；⑥其他法律、行政法规规定须经商检机构的进出口商品的检验。

2) 进出境动植物检疫。根据进出境动植物检疫法及其实施细则，对下列各物实施检疫：进境、出境、过境的动植物、动植物产品和其他检疫；装载动植物、动植物产品和其他检疫物的装载容器、包装物、铺垫材料；来自动植物疫区的运输工具；进境拆解的废旧船舶；有关法律、行政法规、国际条约或者贸易合同约定应当实施进出境动植物检疫的其他货物、物品。

通过贸易、科技合作、交换、赠送、援助等方式输入动植物、动植物产品和其他检疫物的，应当在合同或者协议中订明中国法定的检疫要求，并订明必须附有输出国家或者地区政府动植物检疫机关出具的检疫证书。所谓的中国法定的检疫要求，是指中国法律、行政法规和国务院农业行政主管部门规定的检疫要求。

对输入的动植物、动植物产品和其他检疫物，按照中国的国家标准、行业标准以及国家质检总局的有关规定实施检疫。输入动植物、动植物产品或其他检疫物，经检疫不合格的，由口岸检疫机关签发《检疫处理通知书》，通知货主或其代理人在口岸检疫机关的监督和技术指导下，作除害处理。在国(境)外发生重大动植物疫情并有可能传入中国时，可以采取紧急预防措施。

10.2.2.8　对外贸易促进机制

根据对外贸易发展战略，我国建立了对外贸易促进机制。我国采取措施鼓励对外贸易经营者开拓国际市场，采取对外投资、对外工程承包和对外劳务合作等多种形式，发展对外贸易。

在金融服务保障方面，我国根据对外贸易发展的需要，建立和完善为对外贸易服务的金融机构，设立对外贸易发展基金、风险基金。另外，我国还通过进出口信贷、出口信用保险、出口退税及其他促进对外贸易的方式，发展对外贸易。在信息服务保障方面，我国建立了对外贸易公共信息服务体系，向对外贸易经营者和其他社会公众提供信息服务。在组织机构保障方面，对外贸易经营者可以依法成立和参加有关协会、商会。有关协会、商会应当遵守法律、行政法规，按照章程对其成员提供与对外贸易有关的生产、营销、信息、培训等方面的服务，发挥协调和自律作用，依法提出有关对外贸易救济措施的申请，维护成员和行业的利益，向政府有关部门反映成员有关对外贸易的建议，开展对外贸易促进活动。

本章小结

本章通过介绍世界贸易组织的主要内容，使学生能够利用自己掌握的有关知识深刻理解、分析国际、国内发生的与贸易有关的事件。课程内容主要包括：主要介绍了 WTO 的基本法律制度，其中包括关税与贸易总协定(GATT)的含义和地位、乌拉圭回合谈判的主要内容、WTO 的基本前提和宗旨、WTO 的基本法律原则、WTO 的一揽子协议和三大领域、WTO 与国际贸易救济措施、WTO 争端解决制度；同时也阐述了我国的对外贸易法律制度的概念、原则和具体制度。

案例分析

1) 甲国以保护本国国民健康为理由，决定禁止从乙国进口含有荷尔蒙的牛肉，但事实上甲国境内并不禁止此类牛肉的销售；另外，甲国仍然从丙国进口含荷尔蒙的牛肉。乙国认为其根据 GATT 应获得的利益受到损害，两国对此产生争议。

请问：甲国的做法是否违反 GATT1994 的原则？

2) 甲国以保护本国环境为由,决定对境内销售的所有外国生产的易拉罐装啤酒征收附加税,因为这类包装可回收而不可重复利用,有可能危害环境。事实上该国市场上销售的易拉罐装啤酒几乎都是乙国某跨国公司生产的某一品牌,本地啤酒都是瓶装。另外,本地区的罐装饮料、罐头食品不属于征税范围。乙国认为其根据 GATT 应获得的利益受到损害,而甲国认为其采取的措施为 GATT 第 20 条一般例外(其中规定允许成员方背离 WTO 基本原则实施为保障人民、动植物生命健康所必需的措施)所允许。双方因此发生争端。

请问:

(1) 甲国的做法是否属于 GATT 第 20 条允许实施的为保障人民、动植物生命健康所必需的措施?

(2) 甲国是否违反了 GATT 的原则?

练习与思考

1) 如何理解 WTO 的最惠国待遇原则和国民待遇原则?

2) 结合案例或新闻分析反倾销法律制度的主要内容。

3) 试述 WTO 争端解决制度的特色及其在国际商业活动中的功能。

11　国际商事争端的解决

⭐ **本章要点**

● 国际商事争端的概念、特点和解决方式
● 国际商事仲裁的程序
● 国际商事仲裁协议的概念、类型
● 仲裁协议法律效力、对仲裁协议无效的认定程序

11.1　国际商事争端的解决方式

11.1.1　国际商事争端的概念和特点

国际商事争端是指在国际商事交往中，各方当事人之间权利义务方面发生的各种争端。国际商事争端的特点是：

1) 具有涉外因素。即争端的主体、客体或内容至少含有一个涉外因素。

2) 发生在商事领域。如发生在公司、保险、海事等领域，以区别于国际公法领域的争端。

3) 解决方式多元化。协商、调解、仲裁和诉讼等多种争议解决方式均可用于解决国际商事争端的解决。

11.1.2　国际商事争端的解决方式

根据国际商事争端是否通过有强制约束力的司法途径解决，国际商事争端的解决方式可以分为司法方式(主要指司法诉讼)和非司法方式(协商、和解、调解和仲裁)。根据争端是否通过裁判解决，又可分为非裁判性的解决方式(包括和解或协商、调解)和裁判性的解决方式(包括仲裁和司法诉讼)。目前常见的争议解决方式主要有和解、调解、仲裁和司法诉讼等。

非司法方式又称"替代争议解决方式"或"选择性解决方式"(Alternative

Dispute Resolution，ADR)，解决国际商事争端受到格外重视，形式有和解、协商、调解、仲裁、无约束力仲裁、调解仲裁、小型审判、借用法官、私人法官、附属法院的仲裁以及简易陪审团审判等。因为其一般是以当事人自愿为基础的，当事人意思自治原则，实务中具有形式多样、程序灵活和快捷费用低廉等优点。

11.2 国际商事仲裁

11.2.1 国际商事仲裁的概念和特点

11.2.1.1 仲裁的定义和特点

仲裁是指争议双方当事人根据于争议发生前或争议发生后所达成的仲裁协议，自愿将争议提交给中立第三方，按照一定程序进行审理，并做出有约束力裁决的争议解决方式。仲裁作为一种解决民商事争议的有效方式，在国际民商事领域被广泛采用。我国 1994 年 8 月 31 日第八届全国人民代表大会常务委员会第九次会议通过的《中华人民共和国仲裁法》。

仲裁和其他争议解决方式相比，有以下几方面特点：

1) 自愿性。仲裁以双方当事人的自愿为基础。即仲裁庭受理案件的权利，并非基于法定管辖，是来自于争议双方的授权。是否将发生在双方当事人之间的纠纷提交仲裁，提交到哪个仲裁机构仲裁，仲裁庭如何组成，以及仲裁的审理方式、开庭形式等都是在当事人自愿的基础上，由双方当事人协商确定的。

2) 民间性。受理仲裁案件的仲裁机构，无论是常设仲裁机构还是临时仲裁庭，均属于民间机构。

3) 专业性。《仲裁法》第 13 条规定，仲裁委员会按照不同专业设仲裁员名册。民商事纠纷特殊性，决定着必须由具有一定专业水平和能力的专家担任仲裁员，对当事人之间的纠纷进行裁决，才是仲裁公正性的重要保障。

4) 快捷性。通过仲裁程序做出的仲裁裁决是终局的，仲裁实行一裁终局制，仲裁裁决一经仲裁庭做出即发生法律效力，若败诉方据不履行裁决规定的义务，胜诉一方可以请求有管辖权的法院承认裁决的效力并强制执行。这使得当事人之间的纠纷能够迅速得以解决。

11.2.1.2 国际商事仲裁的概念

国际商事仲裁是指含有国际因素或涉外因素的仲裁，是解决国际、跨国或涉外商事争议的仲裁。当事人各方依事先或事后达成的仲裁协议，将具有国际因素的商事争议提交某临时仲裁庭或常设仲裁机构进行审理，由其做出具有拘束力的仲裁裁决的一种争议解决程序。

根据 1985 年《联合国国际贸易法委员会国际商事仲裁示范法》的规定，"国际"仲裁包括：①其营业地在不同国家的当事人之间的争议的仲裁；②仲裁地和当事各方的营业地位于不同国家的仲裁；③主要义务履行地和当事各方的营业地位于不同国家的仲裁；④与争议标的关系最密切的地点和当事各方营业地位于不同国家的仲裁；⑤当事各方明确同意仲裁标的与一个以上国家有关的仲裁。"商事"包括不论是契约或非契约性的一切商事性质的关系所引起的种种事情。商事性质的关系包括但不限于下列交易：供应或交换货物或服务的任何贸易交易，销售协议，商事代表或代理，代理，租赁，建造工厂，咨询，工程许可，投资，融资，银行，保险，开发协议或特许，合资经营和其他形式的工业或商业合作，客货的航空、海上、铁路或公路运输。

我国《最高人民法院关于贯彻〈中华人民共和国民法通则〉若干问题的意见(试行)》第 178 条规定，凡民事关系的一方或者双方当事人是外国人、无国籍人、外国法人的；民事关系的标的物在外国领域内的；产生、变更或者消灭民事权利义务关系的法律事实发生在外国的，均为涉外民事关系。《最高人民法院关于适用〈中华人民共和国民事诉讼法〉若干问题的意见》第 304 条规定，事人一方或双方是外国人、无国籍人、外国企业或组织、或者当事人之间民事法律关系的设立、变更、终止的法律事实发生在外国，或者诉讼标的物在外国的民事案件，为涉外民事案件。

结合最高法院两个司法解释的规定，所谓"涉外"，即法律关系的三要素中至少有一个要素与外国联系。据此，在我国，凡仲裁协议的一方或双方当事人为外国人、无国籍人或外国企业或实体，或者仲裁协议订立时双方当事人的住所或营业地位于不同的国家，或者即使位于相同的国家，但仲裁地位于该国之外，或者仲裁协议中涉及的商事法律关系的设立、变更或终止的法律事实发生在国外，或者争议标的位于国外等，都应视为涉外仲裁。

11.2.1.3　国际商事仲裁的分类

依据不同的标准，可以将国际商事仲裁分为不同的类型。

1) 根据是否在常设的专门仲裁机构进行仲裁，仲裁可以划分为临时仲裁和常设仲裁。临时仲裁又称为特别仲裁，是指根据双方当事人达成的仲裁协议，将纠纷提交给由双方当事人选择的仲裁员临时组成的仲裁庭所进行的仲裁。常设仲裁又称为机构仲裁，是指根据双方当事人达成的仲裁协议，将纠纷提交给约定的某一常设仲裁机构所进行的仲裁。

2) 根据仲裁员是否依法律做出裁决为标准，仲裁可以划分为友好仲裁和依法仲裁。友好仲裁是指依据当事人的授权，仲裁庭不依据严格的法律规范，而是以公平的标准和商业惯例做出对当事人有约束力的裁决。依法仲裁是指仲裁庭依据一定的实体法律规范对当事人之间所发生的纠纷进行审理和裁决。

11.2.2　中国常设国际商事仲裁机构

11.2.2.1　中国国际经济贸易仲裁委员会

中国国际经济贸易仲裁委员会(China International Economic and Trade Arbitration Commission，CIETAC)是中国国际贸易促进委员会根据中华人民共和国中央人民政府政务院 1954 年 5 月 6 日的决定，于 1956 年 4 月设立的，当时名称为对外贸易仲裁委员会，并通过了《对外贸易仲裁委员会仲裁程序暂行规定》，这是新中国历史上第一个专门受理国际商事争议的常设仲裁机构。实行对外开放政策以后，为了适应国际经济贸易关系不断发展的需要，对外贸易仲裁委员会于 1980 年改名为对外经济贸易仲裁委员会，又于 1988 年改名为中国国际经济贸易仲裁委员会，自 2000 年 10 月 1 日起同时启用"中国国际商会仲裁院"名称。

中国国际经济仲裁委员会总会设在北京。分别于 1989 年和 1990 年在深圳和上海设立了中国国际经济贸易仲裁委员会深圳分会(以下简称深圳分会)和中国国际经济贸易仲裁委员会上海分会(以下简称上海分会)。2004 年 6 月 18 日，深圳分会更名为中国国际经济贸易仲裁委员会华南分会(以下简称华南分会)。仲裁委员会北京总会及其华南分会和上海分会是一个统一的整体，是一个仲裁委员会。总会和分会使用相同的《仲裁规则》和《仲裁员名册》，在整体上享有一个仲裁管辖权。

该会自成立以来曾数次修订其仲裁规则，现行《中国国际经济贸易仲裁委员会仲裁规则》(以下简称《仲裁规则》)于 2005 年 1 月 11 日由中国国际商会修订并通过，并于 2005 年 5 月 1 日起施行。《仲裁规则》共分总则、仲裁程序、裁决、简易程序、国内仲裁的特别程序和附则六章 71 条。同时，有关金融争议的仲裁规则于 2003 年 5 月 8 日施行。中国国际经济贸易仲裁委员会网上仲裁规则于 2009 年 5 月 1 日起施行。

经过 50 多年的不懈努力仲裁委员会以其独立、公正、高效的仲裁工作在国内外享有广泛的声誉，赢得了中外当事人的普遍信赖，现已成为世界上重要的国际商事仲裁机构之一。仲裁委员会的受案量自 1990 年以来居于世界其他仲裁机构的前列，案件当事人涉及除中国之外的 45 个国家和地区，仲裁裁决的公正性得到了国内外的一致确认，仲裁裁决在香港的执行率达到了 99%以上，仲裁裁决可以依据联合国《承认和执行外国仲裁裁决的公约》(纽约公约)在世界上140多个国家得到承认和执行。

11.2.2.2 中国海事仲裁委员会

中国海事仲裁委员会(China Maritime Arbitration Commission，CMAC)成立于1959年1月，根据《中华人民共和国国务院关于在中国国际贸易促进委员会内设立海事仲裁委员的决定》而设立。1988年6月12日，国务院批准"中国国际贸易促进委员会海事仲裁委员会"更名为"中国海事仲裁委员会"。该仲裁委员会专门解决海事争议。1959年1月8日，中国国际贸易促进委员会第七次委员会会议上，通过了《海事仲裁委员会仲裁程序暂行规则》。1988年9月12日，通过了《中国海事仲裁委员会仲裁规则》，并于1989年1月1日起正式施行。其后，仲裁规则几经修改，现行规则是2004年10月1日起施行的仲裁规则。

拓展阅读

2005年10月15日，申请人所属的"南侠9"轮在承运精矿粉从辽宁鲅鱼圈港至安徽马鞍山的途中在大连渤海湾水域沉没。之后，申请人委托被申请人对"南侠9"轮进行打捞。在签订打捞合同之前，申请人先委托被申请人对"南侠9"轮进行探摸，申请人支付了探摸费人民币14万元。2008年9月13日，双方正式签订了《"南侠9"轮沉船打捞合同》。合同签订后，申请人按约支付了合同款人民币30万元，并在营口海事局发布航行通告后支付了人民币70万元的工程进度款。在营口海事局要求被申请人提供人民币100万元的爆破解体油污风险保证金时，也由申请人代付。但是，2009年2月，被申请人以其公司负责"南侠9"轮打捞的经营部长张冬平已辞职为由拒绝继续履行合同。至今，打捞施工未见任何进展。因此，申请人向中国海事仲裁委员会上海分会提出仲裁申请，要求被申请人返还已支付的沉船打捞合同的相关费用及其利息，赔偿设立浮标的费用，赔偿申请人因被申请人违约行为而采取补救措施所遭受的其他损失，并承担仲裁费用和申请人聘请律师的费用。

争议焦点：

(1) 涉案合同是否成立并对被申请人是否有效？

(2) 仲裁庭对本案是否有管辖权？

仲裁庭认定：

(1) 关于合同是否成立，合同对被申请人是否有效的问题。通过庭审对证据材料质证，双方当事人申请的证人出庭作证，按照民事证据的优势证据理论，仲裁庭认为，可以相信《"南侠9"轮沉船打捞合同》经申请人代表郭××签字并加盖申请人的印章以及被申请人代表张冬平的签字并加盖被申请人合同专用章，该合同已经依法成立并生效。合同对涉案申请人与被申请人均具有法律约束力。

（2）关于仲裁庭对本案的管辖权问题。经查涉案合同条款第 9 条，合同双方明确约定："本合同未尽事宜，甲乙双方本着友好合作精神协商解决，协商后双方仍不能达成共识，任何一方均可提请中国海事仲裁委员会上海分会进行仲裁"。据此，可以明确，本仲裁庭对本案的管辖权是明确无误的。注意到被申请人在指定本仲裁庭仲裁员及后进行答辩时称，涉案合同对被申请人无效，故合同中的仲裁条款对被申请人没有约束力一说，仲裁庭认为，根据我国《仲裁法》第 19 条规定，仲裁条款具有相对独立性，即使合同无效，仲裁条款并不因合同无效而告无效。并且，基于上述仲裁庭意见，涉案合同成立有效、对双方均有约束力，当然包括其中的仲裁条款。因此，仲裁庭得依照我国《仲裁法》和《合同法》审理裁决涉案合同下的双方当事人的争议。

仲裁裁决：根据《合同法》第 97 条之规定，被申请人应当无条件立即返还申请人已支付工程预付款人民币 30 万元、工程进度款人民币 70 万元，合计人民币 100 万元，并支付按年利率 6% 计算的利息至实际支付之日，其中，人民币 30 万元的利息自 2008 年 9 月 13 日起算，人民币 50 万元的利息自 2008 年 11 月 1 日起算，人民币 20 万元的利息自 2008 年 11 月 5 日起算。本案仲裁费应当由申请人承担 20%，由被申请人承担 80%。

（http://www.cmac-sh.org/tx/10-02-08.htm，2010 年 4 月 2 日）

11.2.3　国际商事仲裁协议

国际商事仲裁协议是指双方当事人将关于国际商事交往中可能发生或已经发生的争议交付仲裁解决的一种意思表示。国际商事仲裁协议是国际商事仲裁的基石，它既是任何一方当事人将争议提交仲裁的依据，又是仲裁机构和仲裁员受理争议案件的依据。《仲裁规则》第 5 条仲裁协议第 2 项规定，仲裁协议系指当事人在合同中订明的仲裁条款，或者以其他方式达成的提交仲裁的书面协议。第 1 项规定，仲裁委员会根据当事人在争议发生之前或者在争议发生之后达成的将争议提交仲裁委员会仲裁的仲裁协议和一方当事人的书面申请，受理案件。

11.2.3.1　国际商事仲裁协议的类型

我国《仲裁法》第 16 条规定：仲裁协议包括合同中订立的仲裁条款和以其他书面方式在纠纷发生前或者纠纷发生后达成的请求仲裁的协议。常见的国际商事仲裁协议主要包括以下三种类型：

1) 仲裁条款。是指双方当事人在签订的合同中订立的，将今后可能因该合同所发生的争议提交仲裁的条款。仲裁条款是仲裁协议最基本和最常见的形式。《仲裁规则》第 5 条仲裁协议第 4 项规定，合同中的仲裁条款应视为与合同其他条款分离地、独立地存在的条款，附属于合同的仲裁协议也应视为与合同其他条款分离地、独立地存在的一个部分；合同的变更、解除、终止、转让、失效、无效、未生效、被撤销以及成立与否，均不影响仲裁条款或仲裁协议的效力。

2) 仲裁协议书。是指争议当事人订立的将其争议提交仲裁解决的一种专门协议。仲裁协议书是独立于主合同而存在的合同，是将订立于该仲裁协议书中的特定争议事项提交仲裁的意思表示。由于仲裁协议书并非属于双方当事人在纠纷发生之前所订立的合同的一部分，因此其不受已签订的合同的约束，具有更大的独立性。在国际商业交往中，如果合同中无仲裁条款，如双方同意将某仲裁机构解决，即可订立一份专门的仲裁协议书。

3) 其他类型的仲裁协议。在实务中，当事人之间以信函、传真、电子数据交换、电子邮件等方式进行往来并达成仲裁协议的情形也越来越普遍。其他类型的仲裁协议是指双方当事人在相互往来的信函、传真、电子数据交换和电子邮件等中，共同约定将已经发生或将来可能发生的争议提交仲裁而达成的协议。《仲裁规则》第 5 条仲裁协议第 3 项规定，仲裁协议应当采取书面形式。书面形式包括合同书、信件、电报、电传、传真、电子数据交换和电子邮件等可以有形地表现所载内容的形式。在仲裁申请书和仲裁答辩书的交换中一方当事人声称有仲裁协议而另一方当事人不做否认表示的，视为存在书面仲裁协议。

11.2.3.2　仲裁协议的法律效力

仲裁协议的法律效力即仲裁协议所具有的法律约束力。一项有效的仲裁协议的法律效力包括：

1) 对双方当事人的法律效力。仲裁协议是双方当事人就纠纷解决方式达成的一致的意思表示，因此，仲裁协议一经有效成立，即对双方当事人产生法律效力，使双方当事人受到他们所签订的仲裁协议的约束。发生纠纷后，当事人只能通过向仲裁协议中所确定的仲裁机构申请仲裁的方式解决该纠纷，而丧失了就该纠纷向法院提起诉讼的权利。《民事诉讼法》第 255 条规定，涉外经济贸易、运输和海事中发生的纠纷，当事人在合同中订有仲裁条款或者事后达成书面仲裁协议，提交中华人民共和国涉外仲裁机构或者其他仲裁机构仲裁的，当事人不得向人民法院起诉。当事人在合同中没有订有仲裁条款或者事后没有达成书面仲裁协议的，可以向人民法院起诉。

2) 对法院的法律效力。《仲裁法》第 5 条规定，当事人达成仲裁协议，一方向人民法院起诉的，人民法院不予受理，但仲裁协议无效的除外。可见，有效的仲裁协议可以排除法院对订立于仲裁协议中的争议事项的司法管辖权。

3) 对仲裁机构的法律效力。《仲裁法》第 4 条规定，没有仲裁协议，一方申请仲裁的，仲裁委员会不予受理。仲裁协议是仲裁委员会受理仲裁案件的基础，是仲裁庭审理和裁决仲裁案件的依据，没有仲裁协议就没有仲裁机构对仲裁案件的仲裁管辖权。

4) 使仲裁裁决具有强制执行力的法律效力。《民事诉讼法》第 257 条规定，经中华人民共和国涉外仲裁机构裁决的，当事人不得向人民法院起诉。一方当事人不履行仲裁裁决的，对方当事人可以向被申请人住所地或者财产所在地的中级人民法院申请执行。

11.2.3.3　仲裁协议的基本内容

《仲裁法》第 16 条规定，仲裁协议包括合同中订立的仲裁条款和以其他书面方式在纠纷发生前或者纠纷发生后达成的请求仲裁的协议。仲裁协议应当具有下列内容：

1) 请求仲裁的意思表示。当事人以仲裁方式解决纠纷的意愿是通过仲裁协议中请求仲裁的意思表示体现出来的，这要求该意思表示必须明确和肯定。请求仲裁的意思表示应当满足三个条件：一是以仲裁方式解决纠纷必须是双方当事人共同的意思表示；二是该意思表示必须是双方当事人在协商一致的基础上达成的；三是该意思表示是双方当事人自己真实的意思表示。

2) 提交仲裁的事项。仲裁协议必须首先明确需要提交仲裁的事项。一些国家明确规定，不规定仲裁事项的仲裁协议无效。如法国 1980 年 5 月颁布的《仲裁法令》第 8 条第 1 款规定，仲裁协议应该明确争议的标的，否则无效。当事人应当明确提交仲裁的事项，在提请仲裁时，严格围绕仲裁协议所约定的仲裁事项。

3) 仲裁地点。仲裁地点的选择尤为重要，选择在哪一个国家或地区仲裁就要受该国或地区法律的制约。

4) 仲裁机构。

11.2.3.4　仲裁协议的无效及其认定

1) 仲裁协议无效。各国对仲裁协议的有效要件的规定存在一定差异，当事人在签订仲裁协议时，应当关注有关国家特别是仲裁地国和裁决执行地国法律对仲裁协议有效要件的规定，以避免因仲裁协议无效影响仲裁程序的进行或仲裁裁决的承认与执行。我国《仲裁法》第 17 条规定，有下列情形之一的，仲裁协议无效：①约定的仲裁事项超出法律规定的仲裁范围的；②无民事行为能力人或者限制民事行为能力人订立的仲裁协议；③一方采取胁迫手段，迫使对方订立仲裁协议的。

2) 仲裁协议效力的认定。《仲裁规则》第 6 条第 1 项规定，中国国际经济贸易仲裁委员会有权对仲裁协议的存在、效力以及仲裁案件的管辖权做出决定。如有必要，仲裁委员会也可以授权仲裁庭做出管辖权决定。第 3 项规定，当事人对仲裁协议及/或仲裁案件管辖权的异议，应当在仲裁庭首次开庭前书面提出；书面审理的案件，应当在第一次实体答辩前提出。我国仲裁法对国内仲裁也做了同样的规定，《仲裁法》第 20 条的规定，当事人对仲裁协议的效力有异议的，可以请求仲裁委员会做出决定或者请求人民法院做出裁定。一方请求仲裁委员会做出决定，另一方请求人民法院做出裁定的，由人民法院裁定。《最高人民法院关于确认仲裁协议效力几个问题的批复》第 3 条规定，当事人对仲裁协议的效力有异议，一方当事人申请仲裁机构确认仲裁协议效力，另一方当事人请求人民法院确认仲裁协议无效，如果仲裁机构先于人民法院接受申请并已就管辖权异议做出决定，人民法院不再受理当事人的申请。如果仲裁机构接受申请后尚未做出决定，人民法院应予受理，同时通知仲裁机构中止仲裁。

11.2.4　国际商事仲裁程序

11.2.4.1　仲裁的申请和受理

1) 仲裁的申请。《仲裁规则》第 10 条规定，当事人申请仲裁时应：

(1) 提交由申请人及/或申请人授权的代理人签名及/或盖章的仲裁申请书。仲裁申请书应写明：①申请人和被申请人的名称和住所，包括邮政编码、电话、电传、传真、电报号码、电子邮件或其他电子通讯方式；②申请仲裁所依据的仲裁协议；③案情和争议要点；④申请人的仲裁请求；⑤仲裁请求所依据的事实和理由。

(2) 在提交仲裁申请书时，附具申请人请求所依据的事实的证明文件。

(3) 按照仲裁委员会制定的仲裁费用表的规定预缴仲裁费。

2) 仲裁的受理。《仲裁规则》第 11 条规定，仲裁委员会收到申请人的仲裁申请书及其附件后，经过审查，认为申请仲裁的手续不完备的，可以要求申请人予以完备；认为申请仲裁的手续已完备的，应将仲裁通知连同仲裁委员会的仲裁规则、仲裁员名册和仲裁费用表各一份一并发送给双方当事人；申请人的仲裁申请书及其附件也应同时发送给被申请人。

3) 答辩。《仲裁规则》第 12 条规定：

(1) 被申请人应在收到仲裁通知之日起 45 天内向仲裁委员会秘书局或其分会秘书处提交答辩书。仲裁庭认为有正当理由的，可以适当延长此期限。答辩书由被申请人及/或被申请人授权的代理人签名及/或盖章，并应包括下列内容：①被申请人的名称和住所，包括邮政编码、电话、电传、传真、电报号码、电子邮件或其他电子通讯方式；②对申请人的仲裁申请的答辩及所依据的事实和理由；③答辩所依据的证明文件。

(2) 仲裁庭有权决定是否接受逾期提交的答辩书。

(3)被申请人未提交答辩书，不影响仲裁程序的进行。

4) 反请求。《仲裁规则》第13条规定，被申请人如有反请求，应当自收到仲裁通知之日起45天内以书面形式提交仲裁委员会。仲裁庭认为有正当理由的，可以适当延长此期限。 被申请人提出反请求时，应在其反请求书中写明具体的反请求及其所依据的事实和理由，并附具有关的证明文件。

5) 变更仲裁请求或反请求。申请人可以对其仲裁请求提出更改，被申请人也可以对其反请求提出更改；但是，仲裁庭认为其提出更改的时间过迟而影响仲裁程序正常进行的，可以拒绝受理其更改请求。

6) 仲裁代理人。①当事人可以授权委托仲裁代理人办理有关的仲裁事项。当事人或其仲裁代理人应向仲裁委员会提交授权委托书。②中国公民和外国公民均可以接受委托，担任仲裁代理人。

7) 财产保全。当事人申请财产保全的，仲裁委员会应当将当事人的申请转交被申请财产保全的当事人住所地或其财产所在地有管辖权的法院做出裁定。

8) 证据保全。当事人申请证据保全的，仲裁委员会应当将当事人的申请转交证据所在地有管辖权的法院做出裁定。

11.2.4.2　仲裁庭的组成

1) 仲裁庭的人数。仲裁庭由1名或3名仲裁员组成。

2) 仲裁庭组成。按照《仲裁规则》规定，如果由3名仲裁员组成仲裁庭，则双方当事人应当各自在仲裁委员会仲裁员名册中选定1名仲裁员或者委托仲裁委员会主任指定。第三名仲裁员由双方当事人共同选定或者共同委托仲裁委员会主任指定。如果双方当事人在被申请人收到仲裁通知之日起20天内未能共同选定或者共同委托仲裁委员会主任指定第三名仲裁员，则由仲裁委员会主任指定。第三名仲裁员担任首席仲裁员。

双方当事人可以在仲裁委员会仲裁员名册中共同选定或者共同委托仲裁委员会主任指定1名仲裁员作为独任仲裁员，成立仲裁庭，单独审理案件。如果双方当事人约定由1名独任仲裁员审理案件，但在被申请人收到仲裁通知之日起20天内未能就独任仲裁员的人选达成一致意见，则由仲裁委员会主任指定。

仲裁案件有2个或者2个以上申请人或被申请人时，申请人之间或被申请之间应当经过协商，在仲裁委员会仲裁员名册中各自共同选定或者各自共同委托仲裁委员会主任指定 1 名仲裁员。如果申请人之间或被申请人之间未能在收到仲裁通知之日起 20 天内各自共同选定或者各自共同委托仲裁委员会主任指定 1 名仲裁员，则由仲裁委员会主任指定。

3) 仲裁员的回避。《仲裁规则》第 26 条规定：

(1) 当事人收到仲裁委员会转交的仲裁员的声明书或书面披露后，如果以仲裁员披露的事实或情况为理由要求该仲裁员回避，则应于收到仲裁员的书面披露后 10 天内向仲裁委员会书面提出。逾期没有申请回避的，不得以仲裁员曾经披露的事项为由申请该仲裁员回避。

(2) 当事人对被选定或者被指定的仲裁员的公正性和独立性产生具有正当理由的怀疑时，可以书面向仲裁委员会提出要求该仲裁员回避的请求，但应说明提出回避请求所依据的具体事实和理由，并举证。

(3) 对仲裁员的回避请求应在收到组庭通知之日起 15 天内以书面形式提出；如果要求回避事由的得知是在此之后，则可以在得知回避事由后 15 天内提出，但不应迟于最后一次开庭终结。

(4) 仲裁委员会应当立即将当事人的回避申请转交另一方当事人、被提请回避的仲裁员及仲裁庭其他成员。

(5) 如果一方当事人申请回避，另一方当事人同意回避申请，或者被申请回避的仲裁员主动提出不再担任该仲裁案件的仲裁员，则该仲裁员不再担任仲裁员审理本案。

(6) 仲裁员是否回避，由仲裁委员会主任做出终局决定并可以不说明理由。

(7) 在仲裁委员会主任就仲裁员是否回避做出决定前，被请求回避的仲裁员应当继续履行职责。

11.2.4.3　仲裁的审理

1) 审理方式。《仲裁规则》第 29 条规定，除非当事人另有约定，仲裁庭可以按照其认为适当的方式审理案件。在任何情形下，仲裁庭均应公平和公正地行事，给予各方当事人陈述与辩论的合理机会。仲裁庭应当开庭审理案件，但经双方当事人申请或者征得双方当事人同意，仲裁庭也认为不必开庭审理的，仲裁庭可以只依据书面文件进行审理。除非当事人另有约定，仲裁庭可以根据案件的具体情况采用询问式或辩论式审理案件。仲裁庭可以在其认为适当的地点或以其认为适当的方式进行合议。除非当事人另有约定，仲裁庭认为必要时可以发布程序指令、发出问题单、举行庭前会议、召开预备庭、制作审理范围书等。

2) 当事人缺席。《仲裁规则》第 34 条规定，申请人无正当理由开庭时不到庭的，或在开庭审理时未经仲裁庭许可中途退庭的，可以视为撤回仲裁申请；如果被申请人提出了反请求，不影响仲裁庭就反请求进行审理，并做出裁决。被申请人无正当理由开庭时不到庭的，或在开庭审理时未经仲裁庭许可中途退庭的，仲裁庭可以进行缺席审理，并做出裁决；如果被申请人提出了反请求，可以视为撤回反请求。

3) 举证。《仲裁规则》第 36 规定，当事人应当对其申请、答辩和反请求所依据的事实提供证据加以证明。仲裁庭可以规定当事人提交证据的期限。当事人应当在规定的期限内提交。逾期提交的，仲裁庭可以不予接受。当事人在举证期限内提交证据材料确有困难的，可以在期限届满前申请延长举证期限。是否延长，由仲裁庭决定。当事人未能在规定的期限内提交证据，或者虽提交证据但不足以证明其主张的，负有举证责任的当事人承担因此产生的后果。

4) 质证。《仲裁规则》第 39 规定，一方当事人提交的证据材料应经仲裁委员会秘书局转交对方当事人。 开庭审理的案件，证据应当在开庭时出示，由当事人质证。当事人开庭后提交的证据材料，仲裁庭决定接受但不再开庭审理的，可以要求当事人在一定期限内提交书面质证意见。

11.2.4.4 裁决

依据《仲裁规则》第三章的规定，在中国国际经济贸易仲裁委员会进行的仲裁案件，仲裁庭应当在组庭之日起 9 个月内做出仲裁裁决书。在仲裁庭的要求下，仲裁委员会秘书长认为确有必要和确有正当理由的，可以延长该期限。仲裁庭应当根据事实，依照法律和合同规定，参考国际惯例，并遵循公平合理原则，独立公正地做出裁决。由 3 名仲裁员组成的仲裁庭审理的案件，仲裁裁决依全体仲裁员或多数仲裁员的意见决定，仲裁庭不能形成多数意见时，仲裁裁决依首席仲裁员的意见做出。仲裁裁决是终局的，对双方当事人均有约束力。任何一方当事人均不得向法院起诉，也不得向其他任何机构提出变更仲裁裁决的请求。做出仲裁裁决的日期即为仲裁裁决发生法律效力的日期。

拓展阅读

2008 年 11 月 5 日，申请人股份有限公司(以下简称申请人)与被申请人液晶显示设备有限公司(以下简称被申请人)签订本案《订购合同》。双方约定，由被申请人向申请人订购 CMO 17" TFT-LCD M170E5- L05 A Grade 共 2880PCS，单价为 FCA HK USD175，合同总价为 USD5041000；装运港为台湾，目的港为经香港到深圳，运输方式为海运；装船期为收到 L/C 后 1 日内发货，付款条件为 L/C AT SIGHT；如果货物质量或数量经中国商检局或买方检测与合同不符时，买方可在到目的港后 60 天内，凭中国商检局出具的检验证明向卖方提出退货或索赔。 2008 年 11 月 9 日，申请人收到 L/C 副本；11 月 10 日，申请人发货；11 月 12 日，收到 L/C 正本；被申请人随后自行验收了此单货物。2008 年 12 月 1 日，申请人在信用证有效期内向银行申请承兑信用证时，因单证瑕疵遭到银行拒付。其后，信用证过期，申请人虽多次要求被申请人支付货款，但是被申请人却以货物质量存在问题提出部分换货，并且在没有出具中国商检局的检验证明的情况下，于 2009 年 3 月运回申请人部分货品 537 片。申请人进行维修后，继续通过信函、委派专人前去向被申请人催收合同项下的货款，但是被申请人始终拖延不予支付，从而给申请人的财务周转造成了严重的损害。为此，申请人提出如下仲裁请求：

（1）被申请人向申请人支付《订购合同》项下的货款 5 041 000 美元。

（2）本案仲裁费用及申请人因仲裁而发生的律师费、差旅费由被申请人承担。

仲裁庭认定：

（1）本案是在货物存在质量问题下为支付货款引发的争议。经庭审查明，申请人已经按照本案《订购合同》按期全部交货，有申请人提供的提单为证，双方对此没有异议。对于货物质量双方出现争议，按照《订购合同》约定，"如货物的质量或数量经中国商检局或买方检测出与合同不符时，买方可在到目的港后的 60 天内，凭中国商检局出具的检验证明向卖方提出退货或索赔。"本案中，当被申请人即买方检测出货物存在质量问题时，并未提交商检局出具商检证明，而是与申请人即卖方经协商签订了《退换货协议》。这一协议是双方真实意思的表示，依法有效。在《退换货协议》中，经双方共同认定液晶显示屏存在质量问题的共计 537 片。协议还约定，被申请人将上述不良显示屏退还给申请人进行更换，申请人有义务在收到退还的显示屏后，在 30 个工作日内无条件将其换成良品显示屏，并返还给被申请人。否则，应立即按照被申请人原定购价退还被申请人。仲裁庭认为，《退换货协议》是对原《订购合同》的补充协议，其目的在于解决履行《订购合同》出现的不良显示屏问题。因此，关于交易涉及的货款的金额及其支付应按照《订购合同》的约定履行，而对不良显示屏的按价退还问题应以《退换货协议》的约定为准。仲裁庭注意到，《订购合同》的贸易方式和价格术语选用的是 FCA，根据当前适用的《2000 年国际贸易术语解释通则》，FCA 项下买方的第一项义务就是"必须按照销售合同规定支付价款"，另一项义务则是受领货物。既然本案合同项下的全部货物已经支付给买方，则买方按照国际惯例和合同，必须如数支付价款，否则即为违约；与此同时，在本案合同项下，因货物存在质量问题，按照双方当事人签订的《退换货协议》，不良的 537 片显示屏已经退还给申请人，但由于各种原因，维修后的显示屏未能及时返还给被申请人，因此，仲裁庭认为，按照《退换货协议》的约定，被申请人应当将 537 片不良显示屏的价值 931 975 美元（每片单价为 FCA HK USD175)从货款总金额 5 041 000 美元中扣除后的剩余款项 4 101 025 美元立即支付给申请人。

(2) 关于律师费和差旅费问题。申请人虽提出要求被申请人支付其为办理本案而支出的律师费和差旅费，但却未能提供相应的证据材料。因此，对此项仲裁请求，仲裁庭不予支持。

(3) 关于仲裁费用的分担问题。考虑到对申请方仲裁申请的支持程度，仲裁庭认为，本案仲裁费用按 20%与 80%由申请人与被申请人分别承担是合理的。

仲裁裁决：

(1) 被申请人向申请人支付货款 4 101 025 美元。

(2) 驳回申请人的其他仲裁请求。

(3) 本案仲裁费 151 069 美元，由申请人承担 20%，即 31 013.8 美元；由被申请人承担 80%，即 121 055.2 美元。

(http://cn.cietac.org/TheoryResearch/Case.asp 访问时间 2010 年 4 月 2 日)

11.2.5　国际商事仲裁裁决的承认与执行

在国际商事仲裁实践中，大多数仲裁裁决能由当事人主动履行。但毕竟仲裁裁决关系到当事人的实体权利义务，也确实存在败诉方拒绝履行裁决，这要求胜诉方请求相关机构来强制败诉方履行仲裁裁决，这就带来在国际商事仲裁领域中的裁决承认和执行问题。

11.2.5.1　承认与执行外国仲裁裁决的国际公约

目前国际上关于承认与执行外国仲裁裁决的最重要的公约，是 1958 年 6 月 10 日在联合国主持下缔结的《承认及执行外国仲裁裁决公约》(《纽约公约》)，它标志着承认及执行外国仲裁裁决国际制度的形成。我国于 1986 年加入了该公约，该公约已于 1987 年 4 月 22 日对我国生效。

《纽约公约》共由 16 个条款构成，前 7 条是实体性条款，后 9 条是程序性条款。按照公约第 5 条第 1 款的规定，凡外国仲裁裁决有下列情形之一时，被请求承认与执行的国家的主管机关可依被执行人的申请，拒绝承认与执行：①签订仲裁协议的当事人，根据对他们适用的法律，当时是处于某种无行为能力的情况下或者根据仲裁协议所选定的准据法，或在未选定准据法时依据裁决地法；该仲裁协议无效；②被执行人未接到关于指派仲裁员或关于仲裁程序的适当通知，或者由于其他情况未能在案件中进行申辩；③裁决所处理的事项不是当事人交付仲裁的事项，或者不包括在仲裁协议规定之内，或者超出了仲裁协议的范围；④仲裁庭的组成或仲裁程序与当事人之间的协议不符,或者当事人之间没有这种协议时,与仲裁地所在国法律不符;⑤裁决尚未发生法律效力,或者裁决已经由做出裁决的国家或根据其法律做出裁决的国家的主管机关撤销或停止执行。按照《纽约公约》第 5 条第 2 款的规定,如果被请求承认与执行地国的主管机关依职权主动查明有下列情形之一时,也可以拒绝承认与执行:①依照执行地国的法律,争议事项不可以用仲裁的方式加以解决;②承认与执行该裁决违反承认与执行地国的公共政策。

11.2.5.2 中国承认与执行仲裁裁决的法律规定

我国民事诉讼法、仲裁法对有关仲裁裁决的承认和执行做了详细的规定。

1) 中国仲裁机构涉外仲裁裁决在我国的执行。《民事诉讼法》第 257 条规定,经中华人民共和国涉外仲裁机构裁决的,当事人不得向人民法院起诉。一方当事人不履行仲裁裁决的,对方当事人可以向被申请人住所地或者财产所在地的中级人民法院申请执行。第 258 条规定,对中华人民共和国涉外仲裁机构做出的裁决,被申请人提出证据证明仲裁裁决有下列情形之一的,经人民法院组成合议庭审查核实,裁定不予执行:①当事人在合同中没有订有仲裁条款或者事后没有达成书面仲裁协议的;②被申请人没有得到指定仲裁员或者进行仲裁程序的通知,或者由于其他不属于被申请人负责的原因未能陈述意见的;③仲裁庭的组成或者仲裁的程序与仲裁规则不符的;④裁决的事项不属于仲裁协议的范围或者仲裁机构无权仲裁的。人民法院认定执行该裁决违背社会公共利益的,裁定不予执行。《仲裁法》第 71 条规定,被申请人提出证据证明涉外仲裁裁决有民事诉讼法第 258 条第 1 款规定的情形之一的,经人民法院组成合议庭审查核实,裁定不予执行。

根据《民事诉讼法》第 257 条、第 258 条,《仲裁法》第 71 条以及最高人民法院的有关司法解释的规定,凡败诉方不能自动履行裁决,胜诉方可以向败诉方住所地或财产所在地的中级人民法院申请强制执行。当被申请人提出证据证明涉外仲裁裁决有下列情形之一的,人民法院组成合议庭审查核实后裁定不予执行:①当事人在合同中没有订有仲裁条款或者事后没有达成书面仲裁协议的;②被申请人没有得到指定仲裁员或者进行仲裁程序的通知,或者由于其他不属于被申请人负责的原因未能陈述意见的;③仲裁庭的组成或者仲裁程序与仲裁规则不符的;④裁决的事项不属于仲裁协议的范围或者仲裁机构无权仲裁的。另外,人民法院认定执行该裁决违背社会公共利益的,也得裁定不予执行。一方当事人申请执行裁决,另一方当事人申请撤销裁决,人民法院应当裁定中止执行。在这种情况下,被执行人应该提供财产担保。人民法院裁定撤销裁决的,应当裁定终止执行。人民法院驳回撤销裁决申请的,应当裁定恢复执行。如果人民法院裁定撤销或裁定不予执行的，当事人可以根据双方达成的书面协议重新申请仲裁，也可以向人民法院起诉。

2) 中国仲裁机构仲裁裁决在外国的承认与执行。我国仲裁机构的仲裁裁决需要在外国承认与执行的，可分为两种情况：

(1) 如果该外国为 1958 年《纽约公约》成员国，则当事人应根据公约规定的程序和条件，直接向该外国有管辖权的法院提出请求承认与执行的申请，然后由该国法院对裁决进行审查，做出是否承认与执行的裁定。《纽约公约》现有 120 多个成员国，我国仲裁机构做出的涉外仲裁裁决在这些国家可依公约的规定比较方便地得到承认与执行。

(2) 如果该外国为非《纽约公约》的成员国，则当事人应当直接向有管辖权的外国法院申请承认与执行，由该国法院根据有关司法协助条约或其本国法律裁定是否承认与执行。

3) 外国仲裁裁决在我国的承认与执行。根据《民事诉讼法》第 267 条的规定，外国仲裁机构做出的仲裁裁决需要我国法院承认与执行的，应当由当事人直接向被执行人住所地或者财产所在地的中级人民法院申请，人民法院应当依照中华人民共和国缔结或者参加的国际条约，或者按照互惠原则办理。

11.3 国际商事诉讼

11.3.1 国际商事诉讼的概念和特点

国际商事诉讼是指一国法院在国际商事争议双方当事人和其他诉讼参与人参加下，审理涉外商事案件的活动。国际商事诉讼的特点包括：

1) 具有涉外性。如诉讼当事人是具有外国国籍的法人或自然人，或者诉讼的客体是发生于国外的行为，或者有关的诉讼标的物位于国外。

2) 国际商事诉讼涉及程序问题一般适用法院地法解决。

11.3.2 国际商事案件的管辖

11.3.2.1 国际商事案件管辖权的冲突

目前，在国际商事交往中不存在有关国际商事案件管辖的统一标准，各国仅仅适用本国的民商事诉讼法来定夺是否对案件进行管辖。按照属地管辖原则，主权国家对于本国境内的一切人和物有管辖权；而按照属人管辖原则，当事人一方具有本国国籍，本国法院就具有管辖权。这必然导致国际商事案件管辖权的冲突。如甲国公司和乙国公司在丙地签订货物买卖合同。依据属人管辖原则，甲乙两国法院都可以受理以对方公司为被告的商事诉讼；依据属地管辖原则，丙国也可以受理甲乙任何一方提起的商事诉讼。这种情况下，甲、乙、丙三国可依据各自的民商事诉讼法取得对同一案件的管辖权，并可以做出判决，即出现平行诉讼(parallel litigation)，给争议双方当事人带来巨大的诉讼费用和不确定的诉讼结果。避免国际商事案件管辖权冲突的有效做法是通过双边司法互助协定或多边国际公约。

11.3.2.2 我国关于国际民商事案件管辖权的规定

我国民事诉讼法有关涉外民商事案件管辖权的规定包括：

1) 普通地域管辖。即原告就被告的原则，凡是涉外民商事案件中的被告住所地在我国，我国法院就有管辖权。《民事诉讼法》第 22 条规定，对自然人提起的民事诉讼，由被告住所地人民法院管辖；被告住所地与经常居住地不一致的，由经常居住地人民法院管辖。自然人的住所地指户籍所在地，经常居住地指公民离开其住所至起诉时连续居住 1 年以上的地方。法人的住所地指法人的主要营业地或者主要办事机构所在地。

2) 特别地域管辖。《民事诉讼法》第 241 条规定，对于在我国领域内没有住所的被告提起的有关合同或财产权益纠纷，如果合同在我国领域内签订或履行，或诉讼标的物在我国领域内，或被告在我国有可供扣押的财产，或被告在我国领域内设有代表机构，则合同签订地、合同履行地、标的物所在地、可供扣押的财产所在地、侵权行为地或代表机构所在地法院均可以行使管辖权。

3) 专属管辖。《民事诉讼法》第 34 条和第 244 条对我国法院专属管辖的案件做了规定，包括：①因不动产纠纷提起的诉讼，由不动产所在地人民法院管辖；②因港口作业中发生纠纷提起的诉讼，由港口所在地人民法院管辖；③因继承遗产纠纷提起的诉讼，由被继承人死亡时的住所地或者主要遗产所在地人民法院管辖；④因在我国履行的中外合资经营企业合同、中外合作经营企业合同、中外合作勘探开发自然资源合同发生的纠纷提起的诉讼，我国法院有专属管辖权。根据《最高人民法院关于适用〈中华人民共和国民事诉讼法〉若干问题的意见》第 305 条规定，属于中华人民共和国人民法院专属管辖的案件，当事人不得用书面协议选择其他国家法院管辖。可见，如果当事人选择以诉讼的方式解决争议，则当事人不得以书面协议排除我国法院的专属管辖权。

4) 协议管辖。《民事诉讼法》第 242 条规定，涉外合同或者涉外财产权益纠纷的当事人，可以用书面协议选择与争议有实际联系的地点的法院管辖。可见，我国民事诉讼法明确承认协议管辖，但选择我国法院的不得违反我国法律有关级别管理和专属管辖的规定。

5) 推定管辖。《民事诉讼法》第 243 条规定，涉外民事诉讼的被告对人民法院管辖不提出异议，并应诉答辩的，视为承认该人民法院为有管辖权的法院。

11.3.3   国际商事诉讼判决的承认与执行

11.3.3.1   国际商事诉讼判决承认与执行的条件

按照国际法上关于主权国家及其管辖范围的原则，一国做出的民商事判决，仅在本国境内有效，其他国家没有承认与执行该判决的义务。

一国法院判决要获得其他国家的承认与执行，一般应具备以下条件：①做出该判决的法院具有管辖权；②该判决为终局判决；③做出该判决的诉讼程序必须是公正的；④判决地国和执行地国之间存在条约关系或互惠关系。

11.3.3.2   我国关于国际民商事诉讼判决承认与执行的规定

1) 我国法院判决向外国法院申请承认与执行。《民事诉讼法》第 264 条规定，人民法院做出的发生法律效力的判决、裁定，如果被执行人或者其财产不在我国领域内，当事人请求执行的，可以由当事人直接向有管辖权的外国法院申请承认和执行，也可以由人民法院依照我国缔结或者参加的国际条约的规定，或者按照互惠原则，请求外国法院承认和执行。

2) 外国法院判决向我国法院申请承认与执行。《民事诉讼法》第 265 条规定，外国法院做出的发生法律效力的判决、裁定，需要我国人民法院承认和执行的，可以由当事人直接向我国有管辖权的中级人民法院申请承认和执行，也可以由外国法院依照该国与我国缔结或者参加的国际条约的规定，或者按照互惠原则，请求人民法院承认和执行。第 266 条规定，人民法院对申请或者请求承认和执行的外国法院做出的发生法律效力的判决、裁定，依照我国缔结或者参加的国际条约，或者按照互惠原则进行审查后，认为不违反我国法律的基本原则或者国家主权、安全、社会公共利益的，裁定承认其效力，需要执行的，发出执行令，依照本法的有关规定执行。违反我国法律的基本原则或者国家主权、安全、社会公共利益的，不予承认和执行。

本章小结

在国际商事活动中由于当事人彼此间利益的不同，所处文化、法律传统的不同，所在国家的政治、经济背景的不同，难免会出现各种纠纷和争议。面对这些争议和纠纷如何处理是一个非常重要的问题。本章分析了国际商事争议的特点，其中特别对国际商事仲裁和国际商事诉讼做了详细的讲解。在四种国际商事争议的解决方法中，协商、调解、仲裁都以当事人的意思自治为前提。国际商事仲裁的协议有仲裁条款和仲裁协议两种表现形式，但其法律效力相同。有效的仲裁协议是当事人将争议提交仲裁的前提，是仲裁机构审理和做出裁决的依据，同时也是排除法院管辖的有效文件。

案例分析

申请人甲有限公司和被申请人乙有限公司于 2007 年 2 月 24 日签订了 2007－BAX-24 号合同。在合同中的第 11 条规定：凡因执行本合同所发生的或与本合同有关的一切争议，应由双方通过友好协商解决，如果协商不能解决，应提交中国国际经济贸易仲裁委员会根据该会的仲裁规则规定进行仲裁。仲裁裁决是终局的，对双方都有约束力。申请人就此于 2008 年 3 月 31 日向中国国际经济贸易仲裁委员会提交仲裁申请书，请求裁决被申请人支付欠款。被申请人提出管辖异议，理由是：被申请人和申请人之间无贸易合同。申请人提交的 2007－BAX-24 号合同中买方签名和盖章是被申请人的真实行为，但被申请人将买方为空白的要约传真给申请人后，申请人未就该要约回复被申请人。合同不是双方真实意思表示，其中的仲裁条款对双方没有约束力。申请人随后又提交两份证据：证明被申请人于 2007 年 12 月 9 日致函申请人，声称资金周转困难，只能于 2008 年 4 月底向申请人支付欠款；2008 年 5 月 27 日被申请人致函申请人，再次确认了欠款事实，并明确了欠款金额是 USD64699。问：

(1) 仲裁协议的有效要件有哪些？

(2) 本案中的仲裁条款是否有效？

练习与思考

1) 国际商事争端的解决方式有哪些？

2) 国际商事仲裁协议的类型有哪些？

3) 试述一个完整仲裁协议的内容。

4) 简述国际商事仲裁协议的法律效力。

5) 我国关于国际民商事案件管辖权的规定有哪些内容？

参 考 文 献

[1] 赵相林. 国际私法[M]. 北京: 中国政法大学出版社, 2002.

[2] 沈四宝, 王军, 焦津洪. 国际商法[M]. 北京: 对外经济贸易大学出版社, 2002.

[3] 屈广清. 国际商法[M]. 大连: 东北财经大学出版社, 2004.

[4] 王玲, 郑敏. 国际商法[M]. 北京: 清华大学出版社, 北京交通大学出版社, 2004.

[5] 马树杰, 等. 国际商法[M]. 北京: 清华大学出版社, 2006.

[6] 吴兴光. 国际商法(第2版)[M]. 广州: 中山大学出版社, 2008.

[7] 韩宝庆. 国际商法[M]. 北京: 经济管理出版社, 2009.

[8] 王军, 戴萍. 美国合同法案例选评(第2版)[M]. 北京: 对外经济贸易大学出版社, 2006.

[9] 解琳, 张诤. 英国合同法案例选评[M]. 北京:对外经济贸易大学出版社, 2004.

[10] 李永军. 合同法案例[M]. 北京: 中国人民大学出版社, 2005.

[11] 冯大同 国际货物买卖法[M]. 北京: 对外贸易教育出版社.1993

[12] 刘彤. 国际货物买卖法(英文版)[M]. 北京: 对外经济贸易大学出版社, 2006.

[13] 史学瀛. 国际商法[M]. 北京: 清华大学出版社, 2006.

[14] 李永军. 合同法案例[M]. 北京: 中国人民大学出版社, 2005.

[15] 徐海燕. 英美代理法研究[M]. 北京: 法律出版社, 2000.

[16] 魏振瀛. 民法(第三版)[M]. 北京: 北京大学出版社, 高等教育出版社, 2000.

[17] 张孟才, 陈双喜. 国际商法[M]. 北京: 电子工业出版社, 2007.

[18] 王伟. 无正本提单交付货物的法律与实践: 国际海上货物运输法若干问题的比较研究
     [M]. 北京: 法律出版社, 2010.

[19] 刘瑛. 国际经济法学[M]. 北京: 中国对外经济贸易出版社, 2006.

[20] 刘德标. 新版以案说法:国际贸易实务篇[M]. 北京: 中国人民大学出版社, 2005.

[21] 马得懿. 海上货物运输法强制性体制论[M]. 北京: 中国社会科学出版社, 2010.

[22] 赵一飞, 多式联运实务与法规[M]. 上海: 华东师范大学出版社, 2007.

[23] 沈四宝. 西方国家公司法原理[M]. 北京: 法律出版社, 2006.

[24] [美]罗伯特·W.汉密尔顿. 美国公司法(第五版)[M]. 北京: 法律出版社, 2007.

[25] [美]罗伯特·W.汉密尔顿. 美国公司法(第四版)[M]. 北京: 中国人民大学出版社, 2001.

[26] [美]罗伯特·C·克拉克著. 公司法则[M]. 胡平等译, 北京: 工商出版社, 1999.

[27] 宋永新. 美国非公司型企业法[M]. 北京: 社会科学文献出版社, 2000.

[28] 苗壮. 美国公司法[M]. 北京: 法律出版社, 2007.

[29] 董学立. 商事组织法[M]. 北京: 北京大学出版社, 2007.

[30] 丁丁. 英美商事组织法(英文版)[M]. 北京: 对外经济贸易大学出版社, 2004.

[31] 陈迎. 国际商法[M]. 北京: 首都经济贸易大学出版社, 2007

[32] 李俊. 美国产品责任法案选评[M]. 北京: 对外经济贸易大学出版社, 2007.

[33] 顾百忠. 国际商法(代理法与产品责任法篇) [M]. 北京: 北京大学出版社, 2010.

[34] 刘春田. 知识产权法[M]. 北京: 中国人民大学出版社, 2003.

[35] 王迁. 知识产权法教程[M]. 北京: 中国人民大学出版社, 2007.

[36] 陈安主. 国际经济法概论[M]. 北京: 北京大学出版社, 2005.

[37] 张乃根. 国际贸易的知识产权法[M]. 上海: 复旦大学出版社, 2007.

[38] 彭欢燕. 商标国际私法研究[M]. 北京: 北京大学出版社, 2007.

[39] 余劲松, 吴志攀. 国际经济法学概论[M]. 北京: 北京大学出版社, 高等教育出版社, 2000.

[40] 陈晶莹, 邓旭. 国际商法[M]. 北京: 中国人民大学出版社, 2010.

[41] 孙南申. 国际商法[M]. 杭州: 浙江大学出版社, 2010.

[42] [英]莫里斯. 黛西和莫里斯论冲突法. 李双元, 等译. 北京: 中国大百科全书出版社, 1998.

[43] 吴兴光, 朱兆敏. 国际商法[M]. 北京: 中国商务出版社, 2010.

[44] 范健. 德国商法: 传统框架与新规则[M]. 北京: 法律出版社, 2003.

[45] 陈治东, 朱榄叶. 国际经济法学[M]. 北京: 法律出版社, 1999.

[46] 陈治东. 国际贸易法[M]. 北京: 高等教育出版社, 2009.

[47] [美]E.凯夫斯(Richard E. Caves), 杰弗里.A.弗兰克尔(Jeffrey A. Frankel), 等. 国际贸易与支付(第 9 版) [M]. 北京: 中国人民大学出版社, 2004.

[48] 王益平. 国际支付与结算[M]. 北京: 清华大学出版社, 北京交通大学出版社, 2007.

[49] 孙天宏. 国际结算与融资的纠纷及其处理[M]. 北京: 中国商务出版社, 2010.

[50] 吴百福. 进出口贸易实务教程(第 5 版) [M]. 上海人民出版社, 2011.

[51] 胡晓红. WTO 规则与国际经济法[M]. 北京: 清华大学出版社, 2004.

[52] 孙南申, 等. 进入 WTO 中国涉外经济法律制度[M]. 北京: 人民法院出版社, 2003.

[53] 孙宪忠. WTO 与中国市场经济法制[M]. 北京: 社会科学文献出版社, 2002.

[54] 赵维田. 世界组织(WTO)的法律制度[M]. 长春: 吉林人民出版社, 2000.

[55] 张乃根. 新编国际经济法导论[M]. 上海: 复旦大学出版社, 2001.

[56] 张乃根. WTO 争端解决机制论[M]. 上海: 上海人民出版社, 2008.

[57] 王传丽. 国际经济法[M]. 北京: 中国人民大学出版社, 2004.

[58] 王中, 王晓菡. 外贸法律实务[M]. 北京: 对外经贸大学出版社, 2004.

[59] 曾华群. WTO 与中国外贸法的新领域[M]. 北京: 北京大学出版社, 2006.

[60] 沈四宝, 尚明. 中华人民共和国对外贸易法规则解析[M]. 北京: 对外经贸大学出版社, 2004.

[61] 编写组. 中华人民共和国对外贸易法释义[M]. 北京: 中国商务出版社, 2004.

[62] 编写组. 对外贸易法及其配套规定[M]. 北京: 中国法制出版社, 2003.

[63] 黄东黎, 王振民. 中华人民共和国对外贸易法:条文精释及国际规则[M]. 北京: 法律出版社, 2004.

[64] 何茂春. 对外贸易法比较研究[M]. 北京: 中国社会科学出版社, 2000.